はじめに

この本は、十年以上続く西田幾多郎『善の研究』の入門講座や読書会の内容を、できるだけその雰囲気を残しながら文字にしたものです。読んでいただきたい相手として想定しているのは、そのもととなる講座・読書会と同じく、なんとなく哲学（とくに日本の哲学）に興味のある人、自分の生き方を根本から考えたい人、西田幾多郎に関心のある人、まえに『善の研究』を読んでみたけど挫折した人などです。年齢は、やはり講座・読書会と同じく、十代後半から七十代を想定しています。このように幅広い人たちを読者として想定していますから、この本を読むにあたっては、哲学についての予備知識は必要ありませんし、初めて哲学書を読むという人も問題ないので、ご安心ください。

西田幾多郎という人は、明治はじめに、石川県金沢市の少し北にある、今の「かほく市」に生まれました。現在その地には、彼を記念した「哲学の博物館」があり、私はその学芸員として、その人物像と哲学をできるだけわかりやすく伝えるための講座や読書会をひらいていました。博物館以外にも、金沢市内の新聞社・文学館・高校・大学などでも話をしており、現在は東京の社会人向け大学院でも『善の研究』の講義をしています。これまで、多くの人が講座・講義を受講してくださり、あらためて『善の研究』が、出版から百年以上がすぎながらも、今なお高い人気をほこる哲学書であることがわかります。

『善の研究』が出版されてからの百年という時間は、長いようで短いものです。いわゆる哲学書として日本でもよく読まれているプラトンの『ソクラテスの弁明』は、二千四百年前にギリシア語で書かれました。それを思えば、百年前に日本語で書かれたものを、私たちが読めないわけはありません。しかも、西田は、できるだけわかりやすいように、文語調ではなく、あえて話し言葉で『善の研究』を書いてくれました。実は『善の研究』という本は、当時の新聞記事の文章と比べても、あるいは、その四十年ほど前に出た福沢諭吉の『学問のすゝめ』と比べても、格段に読みやすい文章で書かれています。言い換えれば、「現代日本語」としてそのまま意味を理解しながら読むことのできる、ギリギリのラインに位置する「哲学書」なのです。しかし、そうは言っても、さすがに百年前の日本語ですから変化もありますし、書かれた内容もむずかしい。そこで、入門講座や、それを書籍化したこのような本が役に立つわけです。

なお、この本を読むにあたっては、できれば『善の研究』そのものを手元に置いていただければ幸いです。いちおうこの本にも原文を載せてありますが、解説の都合上から、かなり短く数行ごとに分けてあるので、通して読むにはオリジナル版を読むことをおすすめします。でも、手元に『善の研究』がなくても、読み進められるようにはなっています。

どちらにしても、読者の皆さんにお願いしたいのは、まず最初に原文（オリジナル・テキスト）を読んで、その後に、私の現代口語訳のような解説文を読んでいただきたい、ということです。講座の参加者の皆さんにも、なんだか理解できないながらもとりあえず自分で本を読んできた後に、私の話を聴いていただいていました。そうすることで、最初の「何を言っているのかわからない」が、「なるほどこういうことを言いたかったのか」へと変化する、そのプロセスも楽しんでいただきました。この本も、講座のように、そうしたビフォー・アフターの変化、理解度の深まりを楽しめるような哲学の入門書であればと思います。

大熊 玄

善とは何か　西田幾多郎『善の研究』講義｜目次

〔 〕内が原書の章タイトル

装幀　松田行正＋杉本聖士

凡例　――原文の表記と読み方について――

・本書に掲載した原文は、現在おそらく最も入手しやすく読みやすい岩波文庫の二〇一二年改版を底本とし、その漢字・仮名表記に合わせました。ただし「字下げ」段落については一部変更してあります（詳細は本文中の解説を参照）。また、さらに読みやすいように、適宜ルビを付け足しました。岩波文庫では、これまで何回も改版がかさねられ、その間に漢字・仮名の表記も改められていますが、それでも現代日本語とは異なる表記もあります。たとえば、現代ではふつう「明らか」「考え」「一つ」などと表記されるものが、「明」「考」「一」などと漢字一文字で表記される箇所があります。そのような場合は、たとえば「意識においては結合の方向が明(あきらか)でなく……」などとルビをふり、現代との読みの違いを調整しました。

・その他にも現代とは異なる点はいくつかありますが、特に「者(もの)」の使い方に違和感を持つ人が多いかもしれません。現代日本語の「者(もの)」は、ほぼ人物を表わし、抽象概念を示すことはありません。しかし『善の研究』では、たとえば最初の段落から「実在は如何なる者であるか……善とは如何なる者であるか……自己の作用というべき者は……」などと頻繁に出てきます。読んでいて気になるかもしれませんが、底本のまま漢字として残し、また、あまりに多いのでルビをふることもできませんでした。頭の中で「者→もの」と平仮名に変換してお読みください。

・文庫の最新版では、そうした読者の変換の労力を減らすため、多くの漢字が平仮名にひらかれています（たとえば「稍→やや」、「夫→それ」、「併し→しかし」など）。ただ、なぜか「いる」「おる」は、漢字の「居る」に戻っていたりもします（どちらとも読めるからかもしれません）。また、「起る」も、現代の送り仮名表記とは異なり、このままですと「おきる」とも「おこる」とも読めます。でも、どちらで読んでもとくに内容に影響はありませんから、あらためてルビは付けませんでした。読者の読みやすいほうでお読みください。

講義を始めるにあたって

ます。

それでは、日本最初の哲学書と言われる、西田幾多郎の『善の研究』の講義を始めたいと思います。

まず、その前に、哲学書を読むということについて、少しだけお話しします。哲学書というのは、なかなか一読してすぐにわかるものではありません。でも、その「わかりにくさ」を楽しむことができれば、哲学書を読むことができるようになります。もちろん、本には、小説や実用書など一読してすぐに理解できるものもありますし、そのような本を読んで多くのことを知る楽しさもあります。ただ、哲学書は、そのような読みやすい本とは違います。むしろ、少し難しい本、すぐに理解できない本をゆっくり読んでいき、そのうちに自分の頭が鍛えられ、知識の多さではなく、深く理解できるようになる、そういう楽しみがあるものなのです。

古典的な哲学書というのは、そのように時間をかけて自分を鍛えてくれる本なので、それを、読んですぐにわからないからといって投げ出してしまうのは、もったいない。もったいないどころか、たしかにシンドイだけで、少しも楽しくないと思います。ですから、すぐにわからないとしても、少し辛抱して、「いまは自分の頭に負荷がかかっているけど、それなりに鍛えられて、じきに理解できるようになるだろう」と期待しながら、そのプロセスを楽しんでいただければ嬉しく思います。また、ある程度辛抱した結果、その鍛えられた頭によって理解される、より深い思想を手にしたときの悦びを味わっていただければと思います。

哲学書というのは、普通の本とは楽しみ方が違うのです。哲学書を読んで、すぐに「難しい、つまらない」と言うのは、たとえれば、なぜか遊園地の楽しさを期待して、山に登り始めて、ただ「シンドイ、楽しくない」と言うようなものです。それでは、その山道を案内する者として、困ってしまいますし、むなしく、さびしい感じがします。私としては、登山道のガイドとして、この山を登っていく面白さ、楽しさをお伝えしようと思っていますが、そもそも登るのがイヤという人は、やはりロープウェイを使ってさっと結論だけ見たほうがよいでしょう。そのほうが、お互いに幸せでしょう。

もちろん、登山の案内人としては、ロープウェイでいきなり頂上に達するのは、「登山ではない」と思いますが、人の好みはそれぞれですから、そうした楽しみ方があってよいとも思います。ただ、そのような人は、この本をこのまま書棚に戻していただいて、もっと「短時間で要点がすぐわかる」という類（たぐい）の本を選んだほうがよいでしょう。そういう「すぐわかる」系の本は、読んでいてそれなりに楽しく、けっこう便利ですし、役にも立ちます。私もそういう本を読んで学んだり、楽しんだりしますから、それ自体を否定はしません。

ただ、この本は、そういう本ではない、ということはご理解ください。むしろ、あえて、長くゆっくりと、かみ砕きながら、一歩一歩ジグザグと登頂を目指したいと思いますので、それにお付き合いいただければ幸いです。

また、この『善の研究』という本は、西田がかなり若い時（三十代後半）に当時の高等学校生を相手にした講義をもとにして書いたものですから、ここに書いてあることが、西田幾多郎の最終的な結論というわけでもありません。実際西田は、この『善の研究』でうまく語れなかったことがあるからこそ、その後、七十五歳まで哲学書を書き続けたわけです。そういうことを聞くと、読者としたら、できれば、いきなり西田の最終的な立場を知りたい、読みたいと思うかもしれません。でも、やはり、西田の哲学を「楽しむ」ためには、この『善の研究』から読むことをおすすめします。

というのも、まだ若い西田が書いたものでも、その内容は、晩年に「西田哲学」と呼ばれるようになった「場所の論理」とちゃんとつながっているからです。ですから、『善の研究』のときの西田を知らないと、いきなり後期のものを読んでも、よくわからないし、その深いところから楽しめないのです。たしかに『善の研究』の段階では、その論の展開にムリがあったり、筆がすべったかのようなところもあるかもしれません。でも、それを差し引いても、西田自身で考え紡ぎ出している「哲学」は、やはり魅力的なのです。

『善の研究』は、日本で最初に書かれた、独立した哲学書だと言われます。そうすると、西田幾多郎は、日本で最初の哲学者ということになります。でも、もちろん明治以前にも、日本にはたくさんのすぐれた思想家がいましたし、西田もそうした先人たちの強い影響を受けています（西田が禅の影響を強く受けたことは、よく知られています）。ですから、西田が「最初の哲学者」と呼ばれるからといって、それより以前にすぐれた思想家や賢者という（広い意味での）「哲学者」がいなかったわけではありません。つまり、ここで言われている「最初の哲学者」というのは、もっと狭い意味での「哲学者」として初めての人だ、という意味なのです。

それでは、その「狭い意味での哲学」とは何かというと、つまり、西洋で発展した「哲学」という意味です。そして、明治になって日本に入って来た学問としての「哲学」ということです。ですから西田は、ただ単に、その西洋の伝統にそった形で自ら思索した最初の人という意味で、「最初の哲学者」と呼ばれるのです。言い換えれば、明治の最初のころは日本に翻訳・紹介されるだけだった「（西洋の）哲学」が、西田によって、それまでの日本の先人たちの思索をふまえつつも、日本語で「（西洋的に）哲学する」ことが始まった、というわけです。

そういった意味でも、『善の研究』を読むということは、まさに日本語で「哲学する」ことが始まったプロセスを追体験できるという点で重要です。もし、あなたが、日本語で考え、話す人であれば、なおさら重要です。先ほども言いましたように、『善の研究』が世に出てからもう百年以上が経っていますが、それでも「哲学」への入門書として選ばれるのは、そんな理由があると思います。そして、さらに言えば、『善の研究』を読むことは、狭い意味でのいわゆる学問的な「哲学」に入門しつつも、そのような学問としての領域を超えて、もっと広い意味での「哲学」につながっているところも、その魅力なのでしょう。

今回は、この『善の研究』のなかでもまさに「善」というタイトルがつけられている第三編についてのお話をすることになりますが、最初にお断りしておきたいのは、私は、特に個別的に「○○するのが善い行いです。○○をしましょう」というような話をするつもりはありませんし、西田幾多郎もあまりそのようなことは言わない、ということです。

実際のところ、何が「善い行い」なのかということについては、読者の皆さんにも、それぞれ多様な考えがあると思います。この本にも西田自身の考え方だけでなく、さまざまな考えが出てきます。読者の皆さんは、西田の考え、それ以外の考えに加えて、ご自身の考えも含めて、何が「善い行い」なのかを考えていただきたい。ですから、そういった意味で、「何が善なのかを研究する本」なのです。西田幾多郎には彼自身が思い描く「善」がありますが、読者の皆さんがそれに納得するかどうかはわかりません。私は、かなり西田に傾倒していますから、彼の言う「善」は、私にとって「けっこう腑に落ちるもの」になっています。でも、だからといって、西田の言うことを全面的に肯定するわけでもありません。こんな本を書いている私も、西田の書きぶりには疑問の残るところもあります。ただ、このように現代口語訳のような解説をする以上は、西田の側に立って、その代弁者として話をするつもりです。私はそのような立場で話をするわけですが、読者の皆さんは、無理にそれに従う必要もありませんから、ご自身でその是非をお考えください。

ところで、オリジナル・テクストである『善の研究』には、この第三編「善」の前に、「純粋経験」と「実在」という二つの編があります。どうして、それらを飛ばして三つめから話をするのかと言いますと、私も、これまであちこちでこの『善の研究』の講座や勉強会をしてきましたが、どうも、この最初の二つの編は、ふつうの人がいきなり読むにはかなり難しいようなのです。もちろん、だからといって、この第三編「善」がスラスラ読めるかというと、必ずしもそうでもないのですが、それにしても前の二つの編に比べれば読みやすい。人によっては第四編「宗教」のほうが親しみやすいという人もいますが、これまでの講座や講演などの手ごたえとしては、やはり一番受け入れやすくて一般的なのはこの第三編だと思います。

そもそも『善の研究』は、もともと第一編から第四編まで、その順番で書かれたものでもありません。西田が旧制高等学校の教師をしていたときに、それぞれ別々に書いたものですから、どの編から読んでもいいんです（西田自身も、第二編から読むことを勧めているくらいです）。なかでも、この第三編「善」は、各章ごとに同じくらいの長さにコンパクトにまとまっていて、いちばん学校の講義をイメージさせる構成となっています。章は、全部で十三章ありますから、前後に「ガイダンス」などを付け足せば、ちょうど大学の一コマの講座に相当します（実際私は、この部分を使って、毎年そのような講義をしています）。

それでは、さっそく『善の研究』の第三編「善」のページを開いてみましょう。

第一章

人間の行為を、心理学的に、意識現象（とくに意志）として考えてみる

〔行為　上〕

第一章では、タイトルの通り「行為」について考えます。なぜなら、西田の考える「善」は、人の「行為」と結びついているものだからです。ですから、ここでは人の行為と無関係な「善」については考えません（たとえば、宇宙が膨張することの善悪を論じてもしかたありません）。そこで最初に、行為とは何か、という話があり、その「行為」を説明するのに、人間の心のはたらき（意識現象）のなかでも特に大切な「意志」について考えています。その後、その他の心のはたらき（意識現象）である連想・思惟・想像などについても考えますが、それらもすべて、「意志」について考えるため、そこから「行為」について考えるためです。また、この「意志」ということに関連して、章の最後には、「自己」とは何か、ということも少しだけ触れられます。

第一段落

実在は如何なる者であるかということは大略説明したと思うから、これより我々人間は何を為すべきか、善とは如何なる者であるか、人間の行動はどこに帰着すべきかというような実践的問題を論ずることとしよう。而して人間の種々なる実践的方面の現象は凡て行為という中に総括することができると思うから、これらの問題を論ずるに先だち、先ず行為とは如何なる者であるかということを考えて見ようと思う。

この本は、『善の研究』の第三編から始まるので、この出だしではいきなりよくわからないかもしれません。もとの『善の研究』では、第一編・第二編が「実在とはどのようなものか」を理論的に説明しているので、その「実在」についての考えをふまえて、ここから「私たち人間は何をするべきか」という実践的な問題について話をしたい、と始まっています。そういった意味では、この第三編は、第二編を読んでいないと完全には理解できないものです。でも、それじゃあ第二編を読んだ後なら第三編を理解できるのかといえば、そうでもありません。むしろいきなり理論的な話を聞いたら、その抽象度の高さに困惑してしまうかもしれません。そこで私たちは、まずは入門として、具体的に実感しやすい（比較的に言えば、ですが）、この第三編の「実践的な問題」から始めたいと思います。

ただ、先ほども言いましたように、ここで「実践的な問題」といっても、ここでいきなり一つひとつの人間の行動について、「これは善い、これは悪い」という判断をしようというのではありません。たとえば、電車で席を譲るとか、教育指導の暴力とか、戦争時の殺人とかの、それぞれの行動の善悪の判断をしようというのではありません。そういう判断をする以前の、「そもそも人間の行動とは、いったいどのようなものなのか。その行動が由来し、帰着するところは何か」、あるいは「そもそも善とはどういうものなのか」などということを考えてみたい、ということです。そして、そうしたことを考えるにあたって、人間のさまざまな実際の行動をいちいち扱うのではなく、まずは、そのすべての人間の行動をまとめて言い表す「行為」ということについて考えてみるわけです。

ですから、「実践的な問題を考える」と言うと、読者によっては、まるですぐに日常の生活にそのまま応用できるような話になると思うかもしれませんが、そういうことではありません。個別のケースにすぐに応用可能で役に立ちそうな話の前に、そのすべてのケースの前提となる基礎を考える必要があります。哲学的な思考というのは、そういう「そもそも、どういうことか」を考えるものですから、まわりくどいかもしれませんが、ここでは、皆さんが自分自身で日常的な実際のことがらに応用していけるような、その基礎について考えます。ですから、「実践的な問題」というのは、ここでは「実践についての問題」だと思ってください。人間が実際に動いていくその「実践」について考えるとき、まずはそのさまざまな実践を総括している「行為」ということについて考えていこう、というわけです。

あと、読み飛ばしてしまいそうですが、「何を為すべきか」とか「行動はどこに帰着すべきか」などと書かれているところは、意識しておいてください。「善」を語るうえで「……すべき」というのは重要な言葉です。ただの「する」ではなく、「すべき」ですね。何をすべきかを考えるとき、その「されるべき何か」こそが、「善いこと」ということになります。さらに言うと、その「何か」は、人の行為と離れているものではなく、必ず行為と結びついている「何か」です。

頭の中だけで組み立てられ、「実践的問題」とならないようなものは、「善」とは言えないんです。そういった意味で、「善」という編の最初に、まずは「行為」という章が二つも続いているんですね。

第二段落

行為というのは、外面から見れば肉体の運動であるが、単に水が流れる石が落つるという様な物体的運動とは異なって居る。一種の意識を具(そな)えた目的のある運動である。

「善」について考える以上、まずは「行為」について考えなければならない、これが西田の大前提です。ふつう「行為」といえば、外から見れば、肉体のただの動き（運動）に見えます。しかし、人間の「行為」は、たんなる動き（運動）とは違います。たとえば、たんに水が流れたり、石が落ちたりするような物体の動きを「行為」とは言いません。ここでは、たんなる動き（運動）と「行為」を区別しておきます。もちろん、人間の身体を物体として見たら、その動きをたんなる物体運動として見ることもできますが、それでは「善」について語ることはできません。杵(きね)で餅(もち)をつくのと、刀で人を切るのが、筋肉や骨の動きとしては同じような動き（運動）であったとしても、「行為」として見ればまったく違ったものになります。そこで、ここでは、話が行き違って混乱しないように、人の「行為」のことを、ただの動き（運動）ではなく、「何らかの意識

をそなえた、目的のある運動」と決めておこう（定義しておこう）と言うわけです。

> しかし単に有機体において現われる所の目的はあるが、全く無意識である種々の反射運動や、やや高等なる動物において見る様な目的ありかつ多少意識を伴うが、未（いま）だ目的が明瞭に意識されて居らぬ本能的動作とも区別せねばならぬ。

そして、この「行為」の定義で、わざわざ「一種の意識を具（そな）えた……」と言っているのは、ここで西田が考えたい「行為」に、《たとえ目的があったとしても無意識になされる反射的な運動》は含めないためでしょう。たとえば、植物などの有機体は、光のほうに枝葉を伸ばしたり、水分や栄養のある土壌に根を張るような動きをします。この場合、枝葉には「光エネルギーを得る」、根には「水分や栄養を得る」という目的があるわけですが、ここで西田が話したいことは、善か悪ということに結びつくような「人間の行為」についてですから、このような植物の無意識的な動き（運動）は、その「行為」からははずしておこう、というわけです。べつに、植物を軽んじているわけではありませんし、植物を「擬人的」に見れば、それもある種の「行為」だと言えるのかもしれませんが、話をわかりやすくするために、ここではとりあえずはずしておいたほうがよい、ということです。

また、動物になれば、植物より複雑ですし、いわゆる「高等」ですから、その行動には、目的があり、かつ、ある程度の意識が伴っているでしょう。本文の「多少意識を伴う」というところが、微妙な表現ですね。たとえば本能的な動作（疲れたら寝る、とか）であれば、明らかに目的はありますが、その目的は明瞭に意識されていません（動物は、わざわざ「ワタシ、疲れたから、寝る」とか意識しません）。本能的な動作というのは、意識しなくてもついやってしまうものです。でも、それではいわゆる「本能的動作」はまったくの無意識かというと、そうでもありません。他の動物が意識しているかどうかはわかりませんが、人間について言えば、「本能的動作」であっても、多少は意識を伴っていることもあるでしょう。ただ、そのような本能的（生理的）な動作は、やはり、ここで「善」について考えるための「行為」からははずしておこう、というわけです。

たとえば、西田は和菓子が大好きでしたが、あまり腹も減っていないのに目の前の菓子を食べてしまうという行動は、「つい食べてしまった」と言ったとしても、本能というよりは、意識した行為と言えるでしょう。少なくとも、意識して行える行動なのですから、その善し悪し（よしあし）を問うことができます（習慣化された行為なので、微妙なところですが）。それに対して、食べた菓子を消化するための胃腸の動きは、善悪をウンヌンしてもしかたありません。西田は身なりをあまり気にしない人で、無精髭（ぶしょうひげ）を生やしたまま学校に行くこともあったそうですが、そのように無精髭のまま出勤することの是非（善悪）を問うことはできますが、人間にとって髭が生えること自体の是非を問うてもしかたありません。このような本能的な「動き」というのは、意識があってもなくても、どちらにしても人間における「動き」なのですが、とりあえず無意識的な行動については、ここでいう「人間の行為」とは区別しています。

行為とは、その目的が明瞭に意識せられて居る動作の謂（いい）である。我々人間も肉体を具（そな）えて居るからは種々の物体的運動もあり、また反射運動、本能的動作もなすことはあるが、特に自己の作用というべき者はこの行為にかぎられて居るのである。

繰り返しますと、ここでいう「行為」とは、その目的が明瞭に意識されている動作のことです。私たち人間も肉体をそなえている以上は、さまざまな物体としての運動もありますし、また反射や本能による動きもあるでしょう。でも、ここでとりあげる「行為」というのは、たとえば「私は何をするべきなのか」と自分に問うて、自らの動きを決めて、「これが私の行動（自己の作用）です」と言えるような動きを指します、ということです。だから、ここで言いたい（善悪に結びつくような）「行為」のことを、「何らかの意識をそなえた、目的のある運動」と定義したわけです。

第三段落

この行為には多くの場合において外界の運動即（すなわ）ち動作を伴うのであるが、無論その要部（ようぶ）は内界の意識現象にあるのであるから、心理学上行為とは如何なる意識現象であるかを考えて見よう。

つまり、ある人の動き（動作）が、ここでいう「人間の行為」であるかどうかは、外から見てわかる物体の動きではなくて、「意識」や「目的」があるかないかという（外から見てもよくわからない）ことが決め手となります。もちろん、意識と目的が十分にそなわっている動き（行為）の多くは、ただ内側で意識しているだけでなく、外から見てもわかるような動作が生じます。しかし、その「行為」としての最も大事なところは、意識や目的といった、いわゆる内的な意識現象のほうにあるというわけです。もしある動作に、この「内的な意識現象」がなければ、それは、先ほど説明したような、植物や動物の動作と変わりませんから、その善悪をウンヌンしてもしかたありません。ですから、行為の善し悪しを考えるには、まずはその「行為」がどのような意識現象なのかを考えてみる必要があるわけです。そこで、心理学ではどのように考えられているかを簡単に見てみることになります。

行為とは右にいった様に意識されたる目的より起る動作のことで、即ちいわゆる有意的動作の謂である。ただし行為といえば外界の動作をも含めていうが、意志といえば主として内面的意識現象をさすので、今行為の意識現象を論ずるということは即ち意志を論ずるということになるのである。

繰り返しますが、「行為」とは、「意識されている目的から起きる動作」のことです。短く言えば、いわゆる「有意的動作」ということです。言い換えれば「意志を伴っている動作」ということになります。ふつう「意志」というのは、「……しよう」という何か動作をしようとする意識のはたらきのことです。この意志があるというのは、もちろんいわゆる内的な意識現象に含まれます。ふつう「動作」といえば、いわゆる外的な物体現象をさすのですが、ここで西田は、「意志を伴っている動作」である「行為」について考えるために、外的な動作よりも、内的な意識現象について考える必要性を説くわけです。つまり、「行為」が生じるときの意識現象について考えるということは、すなわちその行為をしようとする「意志」について考えるということになるのです。

ここまでの話を整理しておきましょう。まずは、人間の実践的な行動の善悪を考えるとき、その「行為」を考えようとしていました。その行為には、意識や目的がそなわっている必要がありました。そして、この「意識＋目的」のセットをひとことで言い換えれば「意志」となります。ですから、ここで西田は、意志のない行動について論じるつもりはありません。意志こそが、人間の行為を考えるうえで、そしてその善悪を考えるうえで重要となる鍵となる概念（キー・コンセプト）なのです。

ちなみに、この「意**志**」は、「意**思**」とは意味が異なるのでお気をつけください。たとえば、私たちは、今この文章を読み続けることも中断することもできますが、そこで「読もう」という意志によって、読み続けることができます。これが、「……しよう」とする意志です。「意志が固い」とか「意志が弱い」などと言われるときの意志です。これに対して、「意思」のほうは、そこに「思い・考え」が入っています。「自分の意思を伝える」とか「意思疎通をはかる」とか、「患者の意思を尊重する」などというふうに使う場合は、その「意思」には、「（その人の選択に結びつく）思い・考え」というニュアンスが強く表れています。「意志」が哲学や心理学でよく使われるのに対して、「意思」のほうは、社会学や法学などで使われます。

> さて意志は如何にして起るか。元来我々の身体は大体において自己の生命を保持発展するために自ら（おのずか）適当なる運動をなす様に作られて居り、意識はこの運動に副（そ）うて発生するので、始（はじめ）は単純なる苦楽の情である。

それでは、意志はどのようにして起こるのでしょうか。

ふつう私たちは、喉が渇けば水を飲み、腹が減ったら何か食べるように、もともと私たちの身体は、だいたいのところ自己の生命を持続し発展させるために、自然と適切な運動をするようにできています。そして、私たちの「意識」というものは、この生命を維持して発展させるための本能的（生理的）運動に合致するように発生してきたのだと思われます。もちろん例外もありますが、人の意識の発達がだいたい生命を維持発展させることと一致していなければ、人はもっと早い段階で絶滅していたでしょう。べつに進化論の知識がなくても、赤ちゃんの発育を見ていればわかります。単純に、不快か快適か、苦か楽かという「情」があって、そこから意識が始まったと考えればいいでしょう。自分の生命の維持・発展に合致していれば「楽」、反していれば「苦」の情が生じて、それらを意識するようになる、というわけです。

こうして私たちは、さまざまな出来事に対して、「これは楽（快適）、これは苦（不快）」というような意識が生じて、すぐさま「適切な運動」を行います。たとえば、お腹のすいた赤ちゃんは、すぐに乳を飲み始めますし、これ以上飲んだら「苦」だということになったら、すぐに飲まなくなります（この段階では、まだ「意識」はしておらず、本能的に行動しているだけかもしれません）。それが、もう少し大きくなれば、たとえば森の中でむこうに黒っぽい大きな動物があらわれたら、「熊だ！逃げろ！」などと意識して、すぐさま「適切な運動」をするわけです。

しかるに外界に対する観念が次第に明瞭となりかつ聯想(れんそう)作用が活潑(かっぱつ)になると共に、前の運動は外界刺戟(しげき)に対して無意識に発せずして、先ず結果の観念を想起し、これよりその手段となるべき運動の観念を伴い、而して後(のち)運動に移るという風になる、即ち意志なる者が発生するのである。

この原文から、「観念」という言葉が頻繁(ひんぱん)に出てきます。なかなか他の言葉に言い換えにくいので、「観念」のまま使っていますが、いろいろな意味があって理解しにくいかもしれません。たとえば時代劇で「観念しろ」などと言ったりしますが、これは〈あきらめろ、降参しろ〉という意味です。しかし、ここで西田が使っている「観念」は、もちろんその意味ではありません。むしろ、ここでは、たとえば「あの人は固定観念が強い」とか「子どもには時間の観念がない」などというときの〈考え〉とか〈アイディア〉に近い意味で使われています。ただもう少しくわしく、哲学の言葉としては、〈主観的な思考や意識の対象・内容・カタチ〉を意味します。でも、それが難しければ、とりあえずは、単に〈考え〉〈アイディア〉あるいは、いっそ〈イメージ〉などと置き換えて読んでおいてください。

さて、たとえば赤ちゃんが乳に対して、あるいは森の中で大きな動物に出くわしたときなど、なにか刺激にすぐに反応する運動を繰り返していきますと、いわゆる外界に対する観念がだんだんハッキリしてきて、連想のはたらきも活発になります。そうしますと、これまでは、いわゆる外界からの刺激に対して無意識にパッと行われていた運動が、いきなりパッとは行われなくなります（「熊だ！　逃げろぉ？　いや、死んだふりする？」などとなります）。どういうことかと言うと、まず、その外からの刺激に対してパッと行動を起こした場合に生じるであろう結果をイメージするようになります。西田の言葉を使えば、その「結果の観念を想起」するわけです。そして、その結果の観念を得るための手段となるはずの運動の観念も想起して、そうした後に運動に移ります。言葉にするとヤヤコシイですが、私たちは、このようなことをいつもやっているわけです。図にしてみましょう。

（a）外からの刺激

↓すぐさま行動

（b）外からの刺激

↓すぐに行動しないで、その行動の結果（目的）をイメージ

↓結果（目的）を得るための手段（行動）をイメージ（場合によっては変更も可能）

↓やっと行動

それで意志の起るには先ず運動の方向、意識上にていえば聯想の方向を定むる肉体的もしくは精神的の素因というものがなければならぬ。

私たちは、このように、最初の「パッと行動」（a）に比べ、（b）になると少し込み入ったことをするようになるのです。これがすなわち、いわゆる「意志」というものの発生です。そういうわけで、このような意志が生じるためには、まずは何らかの「この刺激には、この行動」という方向性が、最初に設定されていなければなりません。この初期設定の段階では、まだハッキリ

とはしていない、なんとなくの「方向」なのですが、その方向に対して、とりあえず「いいねぇ、このままいこう」とか、「いや、待てよ、これはマズイぞ」というような、ぼんやりした意識が生じます。

たとえば山道を歩いていて、いきなり熊に出くわしたら、恐怖で身体が硬直し悲鳴を上げようとするかもしれません。でも、もしそれをしてしまったら、熊も怯えて逆に襲い掛かってくるという状況がイメージされます（そんな残念な結果の観念が想起されます）。そのような最悪の状況を避けるために、よりよい結果を得ようとして、慎重に熊の目を見ながら、ジリジリと後ずさりしていくという行為に移ることもできます（自らの恐怖を意志の力でねじ伏せて行為するわけです）。つまり、初期設定されている運動の方向がまずあって、そのなんとなくの方向に合わせるように意識が発生していたのですが、その意識のおかげで自分にとって良いことも起こるし、その意識のせいで悪いことも起きる。そこで、何でもいきなりパッと外的な行動に移らずに、まずは意識の上で連想が生じて、その方向を調整・設定しなおすことが可能になる。そして、その連想の方向の調整・設定が終われば、その方向にある何らかの目的に向かって、いわゆる「意志」が生じるというわけです。言葉にするとシツコイですけど、私たちがいつもやっていることですし、実際にはシンプルです。こうした意志が生じるためには、まずは連想の方向を定めるような素因（素(もと)となる原因）が必要です。そして、この素因というのは、生命維持をベースにしたこれまでの肉体としての行動と、そこに沿うように生じてきた意識現象という両方にまたがった、「初期設定」のことなのです。

この者は意識の上には一種の衝動的感情として現われてくる。こはその生受的なると後得的なるとを問わず意志の力とも称すべき者で、ここにこれを動機と名づけて置く。

そしてこの意志というのは、意識の上では、一種の衝動的な（つき動かすような）感情として現われてきます。このつき動かすような感情は、生まれたときからそなわっている（生得）か、生後に得られた（後得）かの違いに関わりなく、「意志の力」とも呼ぶべきもので、それを「動機（motivation）」と呼ぶこともできます。

次に経験に由りて得、聯想に由りて惹起せられたる結果の観念即ち目的、詳しくいえば目的観念という者が右の動機に伴わねばならぬ。この時漸く意志の形が成立するので、これを欲求と名づけ、即ち意志の初位である。

そのように、私たちをなんとなくある方向につき動かす「動機」が生ずれば、その次には、ハッキリとした目的が登場してきます。生まれつき、あるいは生まれた後の経験によって身についていた、なんとなく生きている状態を保っていたものが、もっと明確なビジョンでもって、目指す結果（目的）のイメージが、その動機（意志の力）によってハッキリしてきます。それ以前にもなんとなくこっちの方という方向はあったのですが、そっちに向かってつき動かされているうちに、そっちの方向に特定の目的が想定されるわけです。こうして、しっかり目的が置かれることにより、ようやくいわゆる「意志」というものがはっきりとした形となって成立します。このような意志の最初の段階が、ここでは「欲求」と名づけられます。

この欲求がただ一つであった時には運動の観念を伴うて動作に発するのであるが、欲求が二つ以上あった時にはいわゆる欲求の競争なる者が起って、そのうち最も有力なる者が意識の主位を占め、動作に発する様になる。これを決意という。

私たちの中で、この欲求が一つだけならば、ことはシンプルです。単純に、一つの意志（欲求）があって、一つの目的をイメージして、そこに向かっていく手段が一つの運動としてイメージされ、肉体的な動作に移るだけです。言っていることはややこしいですが、実際には非常にシンプルな状況です。私たちが困るのは、欲求が二つ以上あったときです。欲求が二つあるときには、いわゆる欲求の競争というものが起こります。たとえば、「菓子も食いたいし、煙草も吸いたいが、同時にはできない」とか、「友達に会いたいし、本も読みたいが、両方はできない」という場合です。二つの欲求が競争した結果、最も有力な欲求が意識の主な位置を占め、その勝利をおさめた欲求に合った動作が実際に行われることになるわけです。このように、複数の欲求から一つが選ばれて動作に移るということを、「決意」と言ったりします。

> 我々の意志というのはかかる意識現象の全体をさすのであるが、時には狭義においてはいよいよ動作に移る瞬間の作用或いは特に決意の如き者をいうこともある。

私たちの「意志」というのは、広い意味では、このような意識現象の全体をさすわけですが、特に狭い意味としては、いよいよ動作に移る瞬間の意識作用を「意志」と呼んだり、あるいは、特に最後の「決意」のようなものを「意志」と呼んだりすることもあります。ここで西田は、どうやら「意志」を広い意味にとって、このような、方向・衝動・目的・欲求・決意というさまざまな意識現象の総体として考えているようです。

> 行為の要部は実にこの内面的意識現象たる意志にあるので、外面の動作はその要部ではない。何らかの障碍のため動作が起らなかったとしても、立派に意志があったのであればこれを行為ということができ、これに反し、動作が起っても充分に意志がなかったならばこれを行為ということはできぬ。

話をもとに戻しますと、どんな動作でも、それを「……しよう」という意志がない場合は、それを「行為」と呼ぶことはできず、ただの「運動」ということになります。つまり、「行為」と呼ぶに値するためには、この内面的な意識現象である「意志」が必要なのだ、ということです。私たちが外から見ることのできる「動作」は、ここで言うところの「行為」にとっては重要な部分ではありません。ですから、何かをしようとしていたのにジャマが入って、いわゆる外的な動作が起こらなかったとしても、それをしようという意志がいわゆる内面にあったのなら、これを「行為」と言うことができるはずだ、というのです。これに対して、いわゆる外的な動作が起こったとしても、そこに十分な「意志」がなかったとしたら、それを「行為」と言うことはできない、ということです。

> 意識の内面的活動が盛（さかん）になると、始（はじめ）より意識内の出来事を目的とする意志が起ってくる。かかる場合においても勿論（もちろん）行為と名づけることができる。心理学者は内外という様に区別をするが、意識現象としては全然同一の性質を具えて居るのである。

「行為」の善悪を問う重要なポイントが、いわゆる外的な動作ではなく、その行為をする人の内的な意識（意志）だとしたら、頭の中だけで完結している意志も、その善悪が問えるのでしょうか。ここで西田は、意識のいわゆる内的な活動が活発になってくれば、最初から外的な動作を目的としないで意識内だけで完結するような「意志」も起こってくる、と言います。このような、いわゆる結果的に内的にとどまる意志も、「行為」と名づけることができる、というわけです。

たとえば、「憎い相手を殺すという想像にふける」ということも、「行為」の一つとみなされるでしょう。たしかに、「憎い相手を殺すという想像」は、べつに身体としての行動に移されていませんが、そこには、目的と意識がありますし、私たちはその善し悪しを論ずることができます（もちろん法的には問題ありません）。あるいは夢の中で窃盗（せっとう）をしても、外から見れば、その人はただ寝ているだけなのですが、現在進行形で夢の中で窃盗をしている本人の意識現象からすれば、やはりその行為の是非が問われます。また、夢から覚めた後でも、なんだか悪いような気がするのは、それがその人にとって現実的な「行為」だからです。どちらも、外から（後から）見れば、ただの「**想像上の**殺人」や「**夢の中の**窃盗」なのですが、当の本人の意識現象としては、現実としての「殺人**行為**」であり「窃盗**行為**」なのです（べつに法的責任が問われるわけではありませんが、そこに善・悪が発生していることは確かです）。心理学者（そして刑法家）にすれば、もちろん「意識上の殺人」と「実際の殺人」は区別しなければなりません。しかし、西田がここで考えようとしているのは、そもそも善と悪ということに結びつく「行為」とは何か、ということです。ここまで、「内的／外的」という言葉が使われてきましたが、「行為」を「意識現象」としてとらえれば、そのようないわゆる「内的／外的」という区別もあまり意味がなく、むしろまったく同一の性質をそなえている、ということになります。

第四段落

右に述べたところは単に行為の要部たる意志の過程を記載したのにすぎないから、今一歩を進んで、意志は如何なる性質の意識現象で、意識の中において如何なる地位を占める者であるかを説明して見よう。

西田がこれまで述べてきたのは、人間の行為というものを内と外に分けたとして、その行為の重要な部分が、いわゆる外に現れる動作なのではなくて、内側の「意志」のほうが重要なのだ、という話でした。そして、これまでは、その「意志」の段階的な過程を述べてきただけなので、さらにもう一歩進めて、「意志」がどのような性質の意識現象なのかを考えてみることになります。言い換えれば、「意志」が、いろいろある意識の中で、どのような地位を占めるものなのかを説明していくことになります。

心理学から見れば、意志は観念統一の作用である。即ち統覚（とうかく）の一種に属すべき者である。意識における観念結合の作用には二種あって、一つは観念結合の原因が主として外界の事情に存（ぞん）し、意識においては結合の方向が明（あきらか）でなく、受動的と感ぜらるるので、これを聯想といい、一つは結合の原因が意識内にあり、結合の方向が明に意識せられて居り、意識が能動的に結合すると感ぜらるるので、これを統覚という。

この「意志」を心理学から見れば、《さまざまな観念が一つにまとまっていくはたらき》だと言えます。ここで西田は、意識においていろいろな観念が結びついていくパターンを、大きく二つに分けて説明しています。

一つめは、「連想」と言われるもの。さまざまな観念が結合する原因が、主として、いわゆる意識内ではなくて、その外の事情にあって、勝手に観念が結合していく場合です。たとえば、外からラーメンの匂いがしてきたら、つい、麵とかスープとかいろいろなことが連想されます。この「連想」の場合、自分の意識の外に主な原因があるわけですから、意識の内では、その結合の方向が明らかではなく、ふつう受動的に観念が結合させられていると感じます。日常的に、この「連想」によって、イメージとイメージが結びついていくことはよくありますが、これをふつうは「意志」とは言わないでしょう。

二つめが、「統覚（apperception）」と言われるもの、西田はこちらを「意志」だと考えているようです。この「統覚」というのは、《ある方向へと統(す)べてつかんでいく意識》です。ちょっとわかりにくい言葉ですが、言い換えれば、さまざまな観念を束(たば)ねて（結合させて）いく上で、ある一定の方向に向かっていく意識の働きです。先ほどの「連想」に比べて、さまざまな観念が結合していく原因が意識の内にある特定の方向に向かっていきます。「一定の方向に向かっている」という感じがあるので、いくつかの観念が結合する方向は、明らかに意識されています。ですから、この「統覚」は、外から受動的に勝手につながっていくというよりも、意識のほうから能動的に結合していくように感じることができます。

しかるに右にいったように、意志とは先ず観念結合の方向を定むる目的観念なる者があって、これより従来の経験にて得たる種々の運動観念の中について自己の実現に適当なる観念の結合を構成するので、全く一（いち）の統覚作用である。

そして、私たちがいま検討している「意志」というのは、この二つめの「統覚」に属することになります。では、先ほど図（30ページ）で述べた「意志」をあらためて、長い文で順を追って説明的にまとめてみましょう。

意志とは、

「意識の中にさまざまな（物体とか運動などについての）観念があり、それらを結合していくぼんやりした方向があって、その方向をある程度はっきりと定めるような目的の観念が生じる。そして、この目的観念によって、それまでに得られてきたさまざまな運動についての観念の中から、今の目的を実現するのに適切な観念を結合させて構成していくこと」

だと言えます。ですから、このようにさまざまなものを一つに結合させていくはたらきをする

「意志」は、明らかに「統覚」の作用の一つだと言えるのです。

斯く意志が観念統一の作用であるということは、欲求の競争の場合において益々明となる。いわゆる決意とはこの統一の終結にすぎないのである。

このように意志は、さまざまな観念を統一する作用なのですが、その「統一」する感じは、先ほど見たような複数の欲求が競争して、最終的に一つに決まる状況で、より明らかでしょう。ぶつかり合っている複数の欲求を統一する、いわゆる「決意」とは、そうしたさまざまな観念が統一した終結ということになります。

第五段落

しからばこの意志の統覚作用と他の統覚作用とは如何なる関係において立ち居るのであるか。意志の外に思惟、想像の作用も同じく統覚作用に属して居る。これらの作用においても或る統一的観念が本となって、これよりその目的に合う様に観念を統一するので、観念活動の形式においては全く意志と同一である。ただその統一の目的が同じくなく、従って統一の法則が異なって居るから、各相異なった意識の作用と考えられて居るのである。しかし今一層精細に何点において異なり何点において同じきかを考究して見よう。

整理しますと、意識において観念が結合するには、大きく分けて「連想」と「統覚」があると言いました。意志は、この統覚に属するわけですが、意志の他にも統覚の作用をもつ意識現象があります。そして、その他の統覚作用と意志が、絡み合って「統覚作用」が成り立っているわけです。

まず、「意志」以外に統覚作用に属する意識現象として、「思惟」や「想像」が考えられます。統覚作用には、さまざまな意識を特定の方向へと「統べる」はたらきがあります。何かを思惟したり、想像したりするときにも、やはりある統一的な観念が基本となり、その基本となる観念を中心に、それぞれの目的に合うようにして、さまざまな観念が統一していきます。したがって、観念が結びついていく形式としては、思惟も、想像も、まったく意志の場合と同じなのです。ただし、その統一する目的が同じではなく、そのために統一する法則も異なっているので、意志、思惟、想像などは、それぞれ互いに異なった意識作用だと考えられています。しかし、それらはどこまで異なっているのか。ここから西田は、さらに精細に、それらの意識現象のどこが異なっていて、どこが同じなのかを、よく考えていきます。

先ず想像と意志とを比較して見ると、想像の目的は自然の模擬(もぎ)であって、意志の目的は自身の運動である。従って想像においては自然の真(しん)状態に合う様に観念を統一し、意志では自己の欲望に合う様に統一するのである。

まず想像と意志とを比較してみます。私たちは、よく想像をしますが、この「想像する」とは、どういう意識現象なのでしょうか。「想像」とは、《実際に知覚に現れていないもの・ことを、思い浮かべること》です。言い換えれば、実際のもの・ことを心の中で模倣しているわけです。この模倣は、それによっていわゆる外の状況を変えてやろうと思っているわけではなく、ただ頭の中で想像しているだけです。つまり、想像の目的は、いわゆる外部の状況を模倣すること（自然の模擬）だと言えます。それに対して、「意志する」という意識現象は、ただある状況を想像するだけでなく、それから自らの行動を起こそうとします。つまり、意志の目的とは、その人自身の動作なのです（たとえ何かジャマが入って実際には動作できなかったとしても）。想像するときは、べつに外の現状を変える気はありませんから、そのまま実際の状況に合うように頭の中だけで真似しながら観念を統一していればいいわけですが、意志の場合はそれだけではすみません。何かを「意志する」ときには、いわゆる外の状況を自分自身の欲求に一致させていこうとします。そこに、想像と意志の違いがあるというわけです。

しかし精しく考えて見ると、意志の運動の前には必ず先ず一度その運動を想像せねばならず、また自然を想像するには自分が先ずその物になって考えて見なければならぬ。ただ想像というものはどうしても外物（がいぶつ）を想像するので、自己が全くこれと一致することができず、従って自己の現実でないという様な感がする。即ち或る事を想像するというのとこれを実行するというのとはどうしても異なる様に思われるのである。

しかし、そうは言うものの、そんなに想像と意志は違うものなのかというと、そうでもありません。この意志と想像についてもう少しくわしく考えてみると、何かをしようと（意志して）運動を起こす前には、必ずまず一度その運動を想像しなければなりません。それに、何か外的状況（自然）を想像するにしても、自分自身がまずそのものと重なり合うというか、そのことに一致してみないと、ちゃんと想像することができないのです。もっとも、ふつうに想像といえば、いわゆる外にあるもの（外物）を想像するだけで、「自己と外物が完全に一致する」ということまでは含まれません。もし、「自己と外物が一致する」というレベルまでの想像ができるのであれば、それはもう、いわゆる想像の域を超えて、自分にとっての「現実」となるでしょう。ただ、ふつうはそこまで想像できませんから、そうした外物が一致しないものは、あくまでただの想像であって、自己の現実でない感じがするのです。つまり、或ること・ものを「想像する」という意識と、これを自分自身のこととして「意志する（実行する）」という意識とは、ふつうに考えれば、違うもののように思われるのです。

しかし更に一歩を進めて考えて見ると、こは程度の差であって性質の差ではない。想像も美術家の想像において見るが如く入神の域に達すれば、全く自己をその中に没し自己と物と全然一致して、物の活動が直に自己の意志活動と感ぜらるる様にもなるのである。

しかしさらに一歩を進めて考えてみれば、この意志と想像の間に明確な質の違いがあるわけではありません。たしかに明らかに自己と一致する意識現象を「意志」と言い、明らかに自己から離れた外のもの・ことを扱う意識現象を「想像」と言うとしても、そこはグラデーション（程度）があって、どこからが意志でどこからが想像なのかというハッキリしたラインがあるわけではないのです。極端なことを言えば、想像といっても、たとえば芸術家の想像に見られるような神来というレベルに達して、まったく自己をその中に没して自己と外物とが完全に一致するレベルにいたれば、いわゆる外のものの活動を想像することが、そのまま自己の活動として感じられるということもあり得ます。こうなると、想像がそのまま意志と直に結びついていて、どこまでが想像でどこまでが意志かという区別がつけられません。

次に思惟と意志とを比較して見ると、思惟の目的は真理にあるので、その観念結合を支配する法則は論理の法則である。我々は真理とする所の者を必ず意志するとは限らない、また意志する所の者が必ず真理であるとは考えて居らぬ。

次に思惟（考えること）と意志とを比較してみましょう。

私たちが思惟し（考え）ているときに、何を目的としているかというと、そこでは真実（真理）を得ようとしています。「想像」の場合は、ただなんとなくぼーっと思っていてもいいわけですが、「思惟する」ということになると、そこでの意識の動きには、なにか秩序と法則がなければなりません。つまり、ただの「想像」ではなく、「思惟」としてさまざまな観念が結合する際には、その結合を左右しているのは、真理を得るための論理の法則ということになります。真理へと向かう論理法則にのっとらずに、その人にしかわからないような飛躍ばかりしていたら、それはもう「思惟」というよりも、「連想」（あるいは妄想）です。

では、そのような「思惟」の作用と比べてみたとき、「意志」はどのように作用しているでしょうか。どうやら、私たちが意志するときというのは、その目的が必ずしも真実（真理）である必要はないようです。私たちは、かならずしも真実（真理）だと考えないことでも、それを求めて意志することができるからです（たとえば、世界に永遠の平和を望む行動をしたり、宙に浮こうとしたり）。

――しかのみならず、思惟の統一は単に抽象的概念の統一であるが、意志と想像とは具体的観念の統一である。これらの点において思惟と意志とは一見明（あきらか）に区別があって、誰もこれを混（こん）ずる者はないのであるがまた能く考えて見ると、この区別もさほどに明確にして動かすべからざるものではない。意志の背後にはいつでも相当の理由が潜んで居る。その理由は完全ならざるにせよ、とにかく意志は或る真理の上に働くものである、即ち思惟に由って成立するのである。

さらに言えば、「思惟」と「意志」には、それらが対象とする観念の種類にも違いがあると考えられます。私たちが思惟しているときに統一しているさまざまの観念は、単に抽象的です（より抽象度を増した観念が「概念」と呼ばれています）。たとえば「1＋2＝3」などと思惟をしたとき、「1」「2」「3」「＋」「＝」という抽象的な概念を、一定の法則に従って統一しているわけです。これに対して、意志は、どちらかと言うと、具体的な観念を統一しています。たとえば、「私一人とあの二人の合計三人で、海に行こう」などと意志することができます（ちなみに、「……行こう」と意志せずに、単に「……行くこと」を想像することもできますが、この「想像」の場合も、「思惟」よりは具体的です）。このような点から考えると、ふつうは思惟と意志には、一見明らかな区別があって、誰もこの二つを混同しないことになるのです。

しかし、これもまたもう少しよく考えてみますと、この区別もそれほど明確で不動の区別というわけでもありません。なぜなら、私たちの意志がはたらいている場合には、その背後にはいつでも、それなりの理由が潜んでいるからです。何か理由があって意志が生じる、つまり、「・・・だから、〜しよう」という意志です。もちろん、その理由は、意識上にはハッキリと現れず、不明瞭で不完全かもしれません。でも、とにかく意志であっても、何らかの真理の上で、論理の法則に基づいてはたらいているはずです（たとえば「宙に浮こう」という意志にも、何らかの理由があることでしょう）。ここでは、何かしらの秩序と法則にのっとった（論理的な）意識作用を、「思惟」と言っているわけですから、大きく見たら、意志が成立するには、何らかの思惟がはたらいていることになります。

――これに反し、王陽明（おうようめい）が知行（ちぎょう）同一を主張した様に真実の知識は必ず意志の実行を伴わなければならぬ。自分はかく思惟するが、かくは欲せぬというのは未（いま）だ真に知らないのである。

そのように意志の背後に思惟がある一方で、思惟の背後にも意志がなければなりません。思惟（論理的で抽象的な意識作用）によって真実を認識するとしても、そうして得られた知識が真実なのであれば、その知識は意志とも合致しなければなりません。十六世紀はじめの王陽明（明代の儒学者・思想家）が、知ることと行うことの合一（知行合一）を主張したように、真実の知識は必ず意志の実行を伴わなければならないはずです。つまり、「自分はこのように思惟するが、このように行為することは望まない」というのであれば、それはまだ不十分な思惟なのであって、真実の知識には至っていないのです。知ることによって行為が始まり、行為によって知ることは完成する。最終的に行為に結びつかない知識は、真の知識ではない、というわけです。

> 斯く考えて見ると、思惟、想像、意志の三つの統覚はその根本においては同一の統一作用である。そのうち思惟および想像は物および自己の凡てに関する観念に対する統一作用であるが、意志は特に自己の活動のみに関する観念の統一作用である。これに反し、前者は単に理想的、即ち可能的統一であるが、後者は現実的統一である、即ち統一の極致であるということができる。

以上、統覚作用の一つ「意志」と、それ以外の統覚作用である「想像」「思惟」を比べながら見てみました。このように、これら意志・想像・思惟と三つに分類される統覚のはたらきは、けっきょくは相互に絡み合い、関わり合い、その根本では同じ「統一する作用」であることがわかります。ただ、根本的には同じ統一作用ではありますが、あえて区別することもできます。たとえば、「思惟」と「想像」は、いわゆる外物と自己の両方の観念すべてを扱う統一作用であり、「意志」は特に自己の活動のみの観念を扱う統一作用であると言えるでしょう。ただ、こう言いますと、「思惟」や「想像」のほうが、すべての観念を統一するようでエライように思われるかもしれませんが、実は「思惟」や「想像」のほうが、「意志」に比べてまだ統一が徹底されていないところがあります。なぜなら、「意志」における統一が、現実的な統一であるのに対して、「思惟」や「想像」における統一は、まだ単に理想的・可能的なものだからです。私たちは、意志（行為）においてこそ、理想と現実を統一させることができるのですから、意志こそが統一の極致であると言えるのです。

第六段落

已に意志の統覚作用における地位を略述した所で、今度は他の観念的結合、即ち聯想および融合との関係を述べよう。

整理しておきましょう。これまで、人間の行為について考える上では、いわゆる外的な動作だけでなく、むしろ内的な意識現象が大切だ、その中でも意志が重要だ、という話をしました。この意志は、さまざまな観念を統一する作用であり、意識現象には、この「意志」とはふつう区別される「思惟」や「想像」という統一作用もあると思われていました。ですから、それら「思惟」「想像」との比較から、大まかに意志について述べられました。

そこで今度は、思惟・想像・意志とは違って、あまり統一作用（統覚）とは言えないながらも、やはり何らかの観念が結合して生じる意識現象である、「連想」や「融合」について、簡潔に「意志」と比べています。

一　聯想については曩に、その観念結合の方向を定むる者は外界にありて内界にないといったが、これは単に程度の上より論じたので、聯想においてもその統一作用が全く内にないとはいわれない。ただ明に意識上に現われぬまでである。融合に至っては観念の結合が更に無意識であって、結合作用すら意識しないのであるが、それとて決して内面的統一がないのではない。

まず「連想」についてです。先ほども（第四段落で）言いましたように、連想とは、「私たちが何かの観念を結合するにあたって、その方向が外部に決められてしまうもので、それ自体としては受動的に観念が結びつけられていく意識現象」のことでした。しかし、これも、どちらかと言えば「外から受動的」というだけの話で、この「連想」がまったく外から受けるだけのものというわけでもなく、内的な能動性がまったくないということでもありません。連想においても、やはりいわゆる内から統一していく作用が少なからずあります。ただ、その内からの統一性が明らかに意識の上に現われてこないだけなのです。

つぎの「融合」にいたっては、そこで観念が結合していても、連想よりもさらに意識の上にあがってくることがありません。そこでは結合作用があることすら意識されないのですが、だからと言って決して内面的な統一がないわけではありません。

これを要するに意識現象は凡て意志と同一の形式を具（そな）えて居て、凡て或る意味における意志であるということができる、而してこれらの統一作用の根本となる統一力を自己と名づくるならば、意志はその中にて最も明に自己を発表したものである。それで我々は意志活動において最も明に自己を意識するのである。

したがって、連想であれ、融合であれ、ようするに意識現象というのは、それが生じている限りは必ず何らかの統一がある、つまりはすべて意志と同一の形式をそなえている、と言えます。さらに極論してしまえば、すべての意識現象は、大きな意味での「意志」である、と言うこともできます。

このように意識現象を分析すれば、私たちには、思惟・想像・意志・連想・融合など、さまざまに観念を結合するはたらきがあります。こうした観念を統一していく作用は、けっしてバラバラなのではなく、さらにそこに全体を統一する力がはたらいており、私たちはそのような統一する力を「自己」と呼ぶわけです。

そして、そのように根本的に統一する力を「自己」と呼ぶならば、ここで述べている「意志」こそが、すべての意識現象のなかで、最も明らかに「自己」というものを表だって現したものだと言えます。それで私たちは、何かしようとしている（意志している）ときに、最も明らかに「自己」を意識するのです。もちろん思惟や想像でも、自己を感じないわけではありませんが、いわゆる意志よりは自己意識が低い。さらに、連想にいたっては、自己の能動性よりも、外からの受動的な方向付けのほうが強く意識されてしまうので、あまり自己というものを意識できません。

しかし、だからと言って、連想において自己（意志）がまったくないというわけでもありません。いわゆる意志が最も自己を表し、思惟や想像もある程度は自己を感じ、連想では自己があやふやとは言うものの、けっきょくは相対的な比較の問題なのであって、そこに絶対的な質的な違いがあるわけではないのです。

第二章

人間の行為（＝意志）は、科学的だけでなく、哲学的にも考えるべきだ

〔行為　下〕

第二章で西田は、意志（そして行為）の性質を、科学的というよりは、哲学的に明らかにしようとします。そのため、第二編「実在」で語られていた哲学的キーワード「実在」や「直接経験」も出てきます。いちおう説明しますが、読んでみてよく理解できない場合は、「きっと、前にそのようなことを言っているんだな」という程度に受けとめて、読み進んでください。初めて出会って理解できないことも、いちど通りすぎてから振り返ったら、あんがいわかることがあります。第三編を読み通してから第二編を読めば、そんな立体的な理解が得られます。

また、この章を読むポイントとして、西田自身の見解ではない「科学者」の説が複数登場してきますので、西田がそれに対して、どのような立場で応答しているかが見どころです。また、最初の短い段落で、西田なりの「問い」が立てられていますが、その問いに西田がどうやって答えていくのか、これも頭の片すみにとどめながら読んでもらえればと思います。話はかなり錯綜（さくそう）します。第二章で、いきなりかなりの「難所」となりますが、ここを通り抜ければ少し楽になりますから、ゆっくり読み進めてください。

第一段落

これまでは心理学上より、行為とは如何なる意識現象であるかを論じたのであるが、これより行為の本たる意志の統一力なるものが何処より起るか、実在の上においてこの力は如何なる意義をもって居るかの問題を論じ、哲学上意志および行為の性質を明にして置こうと思う。

西田は、第一章で、心理学を参考にして「行為とはどのような意識現象なのか」を説明してきました。そこで言われてきたのは、行為の根本には意志があるということ、そして、この意志はさまざまな観念を統一していわゆる内（心）と外（物）をも統一するということでした。そこで、この第二章で西田は、「では、こうした行為の基本となる意志の力（統一する力）は、どこから生じるのか」という問いを立てています。この章で西田は、その意志の由来を、心理学ではなく、哲学上の問題として、「実在」との関わりの上で考えようとします。

第二段落

或る定まれる目的に由りて内より観念を統一するという意志の統一とは果して何より起るのであるか。

先ほどの「問い」を言い換えています。読点のないわかりにくい文章ですが、たいしたことは言っていません。第一章でみたように、私たちは、意志によってさまざまな観念を統一していました。では、このような「意志の統一」とは、何から生じるのか。これが、西田のここで示している「問い」です。私たちは、何らかの目的をもって、いわゆる心のなかでさまざまに観念を統一していますが、このような私たちの作用（はたらき）は、はたして何より起こるのか。ここで言う「目的」というのは、「生きる目的」などと大げさなことではなく、「明日の朝ごはんに何を食べるか」でもかまいません。とにかく、何らかの決まった「目的」によって、頭の中でいろいろなイメージ（白米・味噌汁 or パン・コーヒー）を統一して、「じゃあ、……を食べよう！」と行為するわけですが、そのような統一は、どうして起こるのか、という話です。

> 物質の外（ほか）に実在なしという科学者の見地より見れば、この力は我々の身体より起るというの外なかろう。我々の身体は動物のそれと同じく、一（いち）の体系をなせる有機体である。動物の有機体は精神の有無に関せず、神経系統の中枢において機械的に種々の秩序立ちたる運動をなすことができる。即ち反射運動、自動運動、更に複雑なる本能的動作をなすことができるのである。

まずは、常識的（？）に、「物質のほかに、実在するものはない」とする、いわゆる自然科学者に登場してもらっています。このようないわゆる科学者にしてみたら、これまで見てきたような「統一する力（意志）」の作用（はたらき）は、私たちの身体（物質）から生じることになります（もちろん、そう思わない「科学者」もいるかもしれませんが、とりあえず、ここではそのような設定で話が進みます）。

さて、私たちの身体は、他の動物の身体と同じく、一定の体系（秩序）をもって機能的に動く、「有機体」です。動物の身体は、そこに精神が有るとか無いとかに関わりなく、とにかく「有機体」として、その身体内の神経系統が中枢となって、機械的に秩序立った運動をいろいろとすることができます。すなわち、反射的な運動や、自動的な運動、さらにそれらが絡み合って本能的動作と言われるような複雑な動きをすることもできます。まあ、そうでしょう。

> 我々の意志も元はこれらの無意識運動より発達し来ったもので、今でも意志が訓練せられた時にはまたこれらの無意識運動の状態に還るのであるから、つまり同一の力に基づいて起る同一種の運動であると考えるの外はない。

そして、科学的に見れば、私たち人間の意志も、元はこのような無意識の運動から発達して来たものだと考えられるでしょう。だからでしょうか、何かはっきりした意志で（意識的に）行われていた行為も、それが習慣化したり、よく訓練されてきたら、やがてその行為も、また無意識の状態ですることになります。このような「自然科学者」の考えに従うと、「特に意志のない無意識的な動作も、いわゆる意志による行為も、もともとは同じ物質の力に基づいて起こる、同一種の運動だ」と考えるしかなくなります。まだ、科学者の意見が続きます。

而して有機体の種々の目的は凡て自己および自己の種属における生活の維持発展ということに帰するのであるから、我々の意志の目的も生活保存の外になかろう。ただ意志においては目的が意識せられて居るので、他と異なって見えるのみである。

そうしますと、いわゆる動物であれ、人間であれ、すべての生物（有機体）の運動というのは、どれも自己の生命を維持し発展させることを目的としていることになります（原文の「生活」は生命の意味です）。あるいは、自らの属する種を存続させ発展させることを目的としているということになります。そして、私たちの意志の目的も、生命維持のほかにないことになります。つまり、科学者に言わせれば、「〝意志による行為〟と〝本能（反射）による行動〟とが異なって見えるのは、たんに、そこに目的が意識されているかいないかの違いだけで、そこに本質的な違いはない」ということになります。このように考えれば、すべての動作は物質的な生命維持のために行われているにすぎない、ということになるのです。

それで科学者は我々人間における種々高尚なる精神上の要求をも皆この生活の目的より説明しようとするのである。

ただ、そうすると、私たち人間だけにありそうな特殊な要求も、その考えで説明できるのか、ということが気になります。たとえば、真理を求めたり、善い行動をしようとしたり、美を愛したりというような、いわゆる「高尚な」精神上の要求です。先ほどからの科学者にすれば、「『高尚』であろうとなかろうと、人間の要求はすべてこの身体的な生命の維持発展という目的に由来する」という説明になります。つまり、雄大な自然、可憐な花、音楽、絵画などに感動するのも、あるいは宗教的な願いや信仰も、すべて元は身体の生存維持のためだ、ということになります。まあ、そう言えないこともないかもしれませんが、西田は納得しません。

第三段落

しかし斯(か)く意志の本(もと)を物質力に求め、微妙幽遠(ゆうえん)なる人生の要求を単に生活慾(よく)より説明しようとするのは頗(すこぶ)る難事である。たとい高尚なる意志の発達は同時に生活作用の隆盛を伴うものとしても、最上の目的は前者にありて後者にあるのではあるまい。後者はかえって前者の手段と考えねばならぬのであろう。

西田にしたら、「しかし、そのような説明は、かなりムリがある」というわけです。たしかに、人間の意志や欲求は、物質的な力を根拠としています（遺伝的にある程度は欲求が決まっています）。しかし、だからといって、そのようにたんに物質的に機能しているような本能的な生存欲によって、人間が生きていく上で必要とする、微妙で幽遠（？）な欲求のすべてを説明するというのは、かなり難しいことだ、というわけです。

たとえば美を求めるような、いわゆる高尚な意志や欲求が発達すれば、もしかしたら、それに伴って実際の生活の上でもいろいろとよい方向に作用して、生活が豊かになる（生命力が増す）ということがあるかもしれません。しかし、その意志や欲求が目指す最上の目的というのは、あくまでその「高尚な何か（美）」なのであって、「とりあえず身体として生存し続けること」ではありません。「ただ生存するだけ」ではなく、ただの生存とは別の目的をもって生きている人は、その「身体的生命よりも大切な目的」を成し遂げるために生きているのです。そのように生きている人にとっては、ただ身体的な生命維持のために、その「大切な目的」を持っているわけではない。たとえば、すぐれた芸術家であれば、「美」を少しでも高く（あるいは深く）表現するという目的のために長生きしようと思うかもしれません。しかし、そこでこの芸術家は、ただ身体的に長生きするための手段として作品を量産したりはしないでしょう。

しかし姑（しばら）くこれらの議論は後にして、もし科学者のいう様に我々の意志は有機体の物質的作用より起る者とするならば、物質は如何なる能力を有するものと仮定せねばならぬであろうか。有機体の合目的運動が物質より起るというには二つの考え方がある。

しかしまあ、生存とは別の目的についての議論は後のほうの章に出てくるので、ここではこれくらいにして、物質主義的な考えについての話が続きます。では、先ほどからの「科学者」が言うように、仮に、私たちの意志が有機体の物質的な作用から生じるものだとしたら、どういう話になるでしょう。その場合、物質はどのような能力を有していることになるでしょうか。ただの無機物と違って、物質の中でも特に有機体（生物）の運動の場合は、何らかの目的に合った（合目的）運動をしているようにも見えます。そうすると、この「物質」と「目的」とは、どのような関係になるのでしょうか。物質には、何か目的に向かわせるような力があるというのでしょうか。科学者たちにすれば、「そのような、有機体の目的に合っているような運動も、物質の力によって引き起こされる」と言うのでしょう。ただ、そうした科学者の見解にも、二つの考え方があると西田は言います。

一つは自然を合目的なる者と見て、生物の種子においての如く、物質の中にも合目的力を潜勢的に含んで居らねばならぬとするので、一つは物質は単に機械力をのみ具するものと見て、合目的なる自然現象は凡て偶然に起るものとするのである。厳密なる科学者の見解はむしろ後者にあるのであるが、余はこの二つの見解が同一の考え方であって、決してその根柢までを異にせるものではないと思う。

一つめは、物質に目的があるということを基本にした（目的論的な）考え方です。つまり、「そもそも自然（物質）は、すべて目的に合ったものである。たとえば生物の種子がその目的を持ちながらもいまだ能力が顕在化していないのと同じように、すべての物質の中には、何らかの目的に合った力が潜在的に含まれているのだ」という考え方です。

二つめは、物質の仕組みを基本にした（機械論的な）考え方です。つまり、「自然（物質）には、たんに機械的な仕組みがあるだけだ。そして、その仕組みに従って動くだけなので、いわゆる目的に合っていると思われる自然現象も、その実は目的に向かっているのではなく、すべて機械的にたまたま（偶然に）起きているにすぎない」という考え方です。

このように西田は、科学的（物質主義的）な考えを二つに分けて、そのなかでも特に厳密な人であれば、むしろこの二つめの「すべて機械的な因果関係で偶然に決まっている」という考え方をするだろうと言うわけです。でも、けっきょくこの二つも、決して根本的に異なるものではなく、同一の考え方のように思われる、と言います。

後者の見解にしてもどこかに或る一定不変の現象を起す力があると仮定せねばならぬ。機械的運動を生ずるにはこれを生ずる力が物体の中に潜在すると仮定せねばならぬ。かくいいうるならば、何故に同じ理由に由りて有機体の合目的力を物体の中に潜在すると考えることができぬか。

物質主義的な考え方のうちの一つめでは「はじめから定まった目的がある」と考えられているのに対して、二つめの考えでは「結果から見れば目的に合ったように見えるけど、はじめから決定された不変の目的があるわけではない。たまたま機械的に事が進んでそうなっているだけだ」と主張されます。つまり、二つめの考えでは、何ら特定の目的に向かう傾向もなく、その目的によって統一されることもなく、ただ機械的に変化していきます。しかし、そこにまったく秩序もなく、ただ偶然にバラバラと事が進んでいくのかというと、そんなことはありません。偶然とされる自然現象にも、一定の変わらない法則や仕組みがあります。それでは、その「一定不変の現象」がどのように生じるのかというと、けっきょくは、そのような現象を引き起こす仕組みを形作っている「一定不変の力」が物体の中に潜在的にはたらいている、という話になるのです。つまりは、二つめの機械論的な考え方でも、ようするに「さまざまな現象を統一する力（法則）がはたらいている」ということになります。そうすると、この二つめの考えも、西田にしたら、一つめの「有機体としての物質には、目的に合った力が潜在している」という考えと、あまり違いがなくなります。つまり、両方とも言っていることは、「さまざまな現象には統一性がある」ということになる。一つめの考えで「目的」と言ったものを、二つめの考えで「法則」と言い換えただけで、どちらにも統一性があることには変わりはない、というわけです。

> 或いは有機体の合目的運動の如きは、かかる力を仮定せずとも、更に簡単なる物理化学の法則に由りて説明することが出来るという者もあろう。しかしかくいえば、今日の物理化学の法則もなお一層簡単なる法則に由りて説明ができるかも知れぬ。否知識の進歩は無限であるから必ず説明されねばならぬと思う。かく考うれば真理は単に相対的である。

そうすると今度は、次のように言う人がいるかもしれません、と別の人が登場します。

――それなら、有機体（生物）のしている「目的に合った運動」に、わざわざ「潜在的な統一する力」というよくわからないものを仮定しなくてもいいだろう。もっとシンプルな物理や化学の法則によって説明することができるはずだ――と。

しかし、それを言ってしまえば、今日の物理・化学の法則も、なおいっそうシンプルな法則によって説明ができるかもしれません。いや、知識は無限に進歩していきますから、のちのち必ずさらにシンプルな法則で説明されることになるでしょう。でも、それを現段階で言ってもしょうがないじゃないか、というわけです。

たとえば、天文学の歴史においても、複雑な天動説から、よりシンプルな地動説に替えられました。天動説の「大地は動かずにその周囲を星々が動いている」という設定では、星々の実際の動きを考えるときに、えらく複雑な計算が必要で、惑星などは、その名もまさに「惑っている星」で、フラフラと複雑な動きをしているように思われていました。それが、地動説の「この大地（地球）が動く」という考えによって、もっと単純な（シンプルな）法則で説明されることになりました。たしかに科学的な知識は、このようにどんどんより本質的でシンプルな説明へと進んでいくかもしれません。そのような「より単純な説明のほうが真理なのだ」というのも一つの考え方ですが、そうすると、真理と思われるものは、いつの段階でもたんに相対的なものとなります。

——余はむしろこの考を反対となし、分析よりも綜合に重きを置いて、合目的なる自然が個々の分立より綜合にすすみ、階段を蹈んで己が真意を発揮すると見るのが至当であると思う。

もちろん、「現象を分析的に考えていき、より相対的な真理が得られる」という考え方もあります。しかし西田は、ここではこのような考え方に対して反対の立場をとるのです。もっとも、西田は、けっこう科学好きで、科学の発展それ自体を否定するわけではありませんし、それによって明らかにされる「科学的な事実」を否定するつもりもありません。ただ、それはあくまで「科学的な」ものであり、分析され抽象化されたものにすぎません。ここで西田が問題としているのは、私たちにとって具体的な実在（リアル）とは何か、そこから導き出される「善」とは何か、ということなのです。この「余はむしろ……至当であると思う」という短い一文には、そうした西田の哲学的な立場が表明されています。つまり、「純粋経験（直接経験）こそが実在である」という立場なのですが、この第三編では、そのくわしい内容についてはあまり語られていません。

この西田の「哲学的な立場」をくわしく説明しだすと、この第三編の範囲を超えてしまいますから、とりあえずこの編に関係する範囲で説明しておきましょう。まず、この西田の「哲学的な立場」からすると、いわゆる「分析」よりも「統合」に重きが置かれます。言い換えれば、ここでは、「自然（物質）は、もともと個々別々に分立している」という前提に立って分析するのではなく、「もともと一つの目的に合った自然が、その本の一つの総合に向かって進んで（戻って）行き、段階を踏んで自然それ自身の真意を発揮する」という前提に立って物事をとらえたほうが現実に合っている、というのです。つまり、科学（分析）的に考えるより、哲学（総合）的に考えたほうが、実際のところに当たっている、と考えるわけです。

たとえば、「リンゴがなぜ落ちるのか」と問われたら、ただ「万有引力の法則によって（メカニカルに）落ちる」と答えるのではなく（これはこれで間違いではありませんが）、そうではなくて、「落ちるという目的があるから、落ちる」という見方があります。まるでリンゴが落ちたいから落ちるように聞こえるかもしれませんが、この見方はけっして人間と物体を分離した後にリンゴを擬人化してとらえているのではありません。今ここでリンゴが落ちるとしたら、ここでの西田の（直接経験の）立場からすれば、それは「自分とは別に自分の外にあるリンゴが、落ちた」のではありません。

そのリンゴが落ちるという、まさにそのことが実在（リアル）なのであれば、むしろ「私が落ちている」と言えるほどに主と客は統一されています。いわゆる物体現象のように思われる「リンゴが落ちる」ということも、できるだけ分析・抽象しないで現実そのままに総合的・具体的にとらえるためには、統一性をもってとらえたほうが現実に即している、と西田は考えるのです。何を言っているんだ、と思うかもしれませんが、とりあえず、全否定をせずに、「そういう考え方もあるのかな」ぐらいでけっこうですので、先に進んでいきましょう。

第四段落

更に余が曩に述べた実在の見方に由れば、物体というのは意識現象の不変的関係に名づけた名目にすぎないので、物体が意識を生ずるのではなく、意識が物体を作るのである。最も客観的なる機械的運動という如き者も我々の論理的統一に由りて成立するので、決して意識の統一を離れたものではない。

ここでも西田は、第二編「実在」の哲学理論を基礎にして、話を展開します。つまり、ここでの西田の哲学的立場である「直接経験の立場」から見た「実在」をふまえれば、実は「物体」というのは、《意識現象のなかでも比較的に変わらない関係にあるもの》に付けられた名称にすぎない、というのです。目の前にリンゴという物体があったとして、おそらくそれは百回見ても変わることなくリンゴとしてあるでしょう。そういう意識に現れてくる像のなかで、比較的に不変なものを物体現象というわけです。言い換えれば、「物体」として抽象されたものにすぎません。

あるいは、私たちが「これは物体、あれは物体ではない」などと判断するのも、すべて意識現象において判断されるわけですから、物体が意識現象を生ずるのではなく、意識現象が「物体」を作っていることになります。

そうすると、「物体の運動」と言っても、それは「ただの物体の運動」ではなく、実際には「意識現象において生じ判断された『物体』の運動」ということになります。そして、そうした物体の運動のなかでも特に客観的だとされる「無機物の機械的な運動」も、けっきょくは私たちの意識現象が論理的に統一することによって成立していることになります。この「論理的な統一」というのは、けっきょくは「因果律に基づく自然法則」なのですが、だからといって、そうした物体の自然法則も、私たちの「意識の統一」を離れては成立できないのです。なぜなら、いかなる「物体の運動」も、それがフォーカスされて意識される以上は、どうしたって意識現象において生じるしかないからです。くわしくは、第二編を読むしかありませんが、現在私たちは、「善」とは何かを考えていて、そのために「行為（意志）」を考えているわけですから、その文脈では、これくらいでいいと思います。

これより進んで生物の生活現象となり、更に進んで動物の意識現象となるに従って、その統一はいよいよ活溌（かっぱつ）となり多方面となりかつ深遠となるのである。意志は我々の意識の最も深き統一力であって、また実在統一力の最も深遠なる発現である。外面より見て単に機械的運動であ

り生活現象の過程であるものが、その内面の真意義においては意志であるのである。

このように物質（無機物）の物体現象から始まって、生物（有機物）の生命現象となり、さらに生物のなかでも動物のいわゆる意識現象になると、それに従って状況はますます分化・発展して、複雑化・多様化していきます（もっとも、どの現象も、そのように判断されたものにすぎません）。そして、分化・発展が増し、多様化していくということは、それらの多様性を統一する力も、いよいよ活発となり、多方面となり、かつ深化していくことになります。

そして、ここで西田は、そのように最も深く分化・発展した状況下で、そのすべてを意識として統一する力のことを、「意志」と呼ぶのです。物体現象と言われるものや、精神現象と言われるものも、やはり一つの実在（直接経験）が多様に「現れてくる象（すがた）」として、これは「精神現象」、あれは「物体現象」と分類（分析）しているわけです。そして、そのように「これは有機物、あれは無機物」などと分類（分析）しているとしても、その分類を統一している何らかの力（はたらき）があります。そして、そうした統一する力のなかでも、特にこの「意志」こそが、最も深いところから発現しているんだ、というわけです。したがって、いわゆる外から見れば、たんに機械的な運動や生命現象の過程にしか見えないものも、その内（自己・自然）から見た真の意義としては、そこには「意志」がある、というのです。

恰（あたか）も単に木であり石であると思って居たものが、その真意義においては慈悲円満なる仏像であり、勇気満々たる仁王（におう）であるが如く、いわゆる自然は意志の発現であって、我々は自己の意志を通して幽玄なる自然の真意義を捕捉することができるのである。

たとえば、ここに木片や石ころがあったとします。しかし、ただの木片や石ころだと思っていたモノでも、もし何らかの分化・発展と深い統一があれば、そこに、慈悲ある円満な仏像や勇気に満ちる仁王像という「意義」を見いだすことができるかもしれません。もっとも、たんに科学的に抽象されたものとして見たら、ただの木片であり石ころであることに違いはありません。あるいはまた、単に迷妄によって抽象されれば、それはただの偶像となるでしょう（川辺の柳が恐怖で幽霊に見えるかもしれません）。もちろん、そうした仏像や仁王像だけが真の「意義」だとは言いません（幽霊にも何らかの意義はあるかもしれません）。何が真の意義なのかはわかりませんが、ここで言えることは、科学的には木片と見え、美的あるいは信仰としては仏像に見えるにしても、そこには必ず何らかの「統一する力」がはたらいている、ということです。そして西田は、その「統一する力」を、広い意味で「意志」と言っています。自然（物質）と言われるものも、このような「意志（統一する力）」が発現しているからこそ、自然（物質）でありえるわけです。そして私たちは、この自然（物質）を、常に自己の意志を通して把握するわけですが、その「意志」がより深くなればなるほど、より幽玄な自然（物質）の真の意味を把握することができるというわけです。

固より現象を内外に分ち精神現象と物体現象とが全く異なれる現象と見做す時は、右の如き説は空想に止まる様に思われるかも知れぬが、直接経験における具体的事実には内外の別なく、斯の如き考がかえって直接の事実であるのである。

もっとも、常識的に考えれば、現象は内と外に区別されます。そして、そのような区別を前提にすれば、精神現象と物体現象もまったく異なったものということになり、このような西田の説明も、まるで幼稚な空想のように思われます。しかし、そのような内と外の区別こそが空想なのではないか、たんに抽象化されたものなのではないか、というのが西田の着想です。もともと直接の経験における具体的事実としては、内と外の区別はありません。それに反して、むりに「内と外の区別がある」と決めてしまえば、そう前提された話の中では、（当然のことながら）内と外を統一することはできなくなります（そのように前提したのですから）。

たとえば「目の前にある木片」について、いわゆる精神現象としての側面を無視して、物体現象としてのみ抽象し、その物体としての性質を科学的に分析することは、可能です。しかし、それが総合的な意味での「具体的な事実」なのでしょうか。ある木片に対して、植物学者ならばその樹齢と生息地を見るかもしれませんし、大工ならば家の柱を見るかもしれませんし、彫刻家ならば仁王像を見るかもしれません。植物学者と大工と彫刻家のうちで、誰が最も「具体的な事実」をつかんでいるのかはわかりません（西田の好みでは「彫刻家だ」と言いそうです）。ただ言えることとは、そこには各人にとっての意志があり、統一性があるということです。そして、もしその統一性が各人にとって深いものであれば、そのいわゆる「人」と「木片」は分かたれていないはずなのです。その人は、ただ今まさに見ているそれ（木片）になりきっている。そして、そうした統一性（意志）は、各人にとってどこまでも深まっていくことができます。

さらに言えば、その深まりは、大工は大工として、彫刻家は彫刻家として、各々職種ごとに深まっていくだけではなく、そのような職種の別を超えて深まっていきます。たとえば、植物学者でありかつ彫刻家でもある、ということも可能でしょう。優れた彫刻家であれば、まずはその素材へのいわゆる科学的知識も必要ですし、仁王像を彫るのであれば身体構造への理解も必要です。もちろん現実的には、私たちは、なかなか植物学者であり大工であり彫刻家であることはできません。しかし、可能性としては、それらすべての意志を統一する「意志」を無限に深めていくことができるのではないか。西田はそのように考えるわけです。そして、その考えの根拠として、私たちにとってもっとも直接的な事実として「直接経験（純粋経験）」を挙げているわけです（これは第一編のメインテーマです）。

第五段落

右に述べし所は物体の機械的運動、有機体の合目的をもって意志と根本を一つにし作用を同じうすると見る科学者のいう所と一致するのであるが、しかしその根本とする所の者は全く正反対である。彼は物質力を以て本となし、これは意志を以て本とするのである。

このように西田にとっては、そもそも物体と精神が分かれていることが、最も深い事実なのではありません。むしろ、そのようないわゆる物体現象や精神現象を統一する根本的な力があり、それを「意志」と言うわけです。ただ、そうは言っても、ふつうの考えでは意志は精神現象の一部だとみなされますし、その精神現象は物体現象とは区別されて考えられます。しかし、そのようなふつうの考えに対して、西田は、「いや、物体が機械的に運動したり、有機体が目的に合って運動したりするのは、意志と同じ根本（直接経験という実在）を持っているので、どれも同一の作用なのだ」と言うわけです。すると、この西田の主張というのは、けっきょくは一つの根本しか認めない一元論的な思考であり、先ほどの物質の存在しか認めない科学者の物質主義的な思考とたいして違わない（一致している）ように思われてしまう可能性がでてきます。

しかし西田にしたら、そういう科学者と自分の考えは、そもそもの前提が違うと言うのです。科学者は、物質と精神（意志）の二項対立的な区別を前提とした上で、物質力のほうだけを根本だとしています。西田は、まったく正反対なのです。「正反対」と言っても、西田は、二項対立的な区別をそのままにして、「いや物質力ではない、精神（意志）の力が根本だ」と反対しているわけではありません。原文を読むと、「科学者（彼）は物質力を、西田（これ）は意志を根本とする」とあって、「物質／精神」という二項的な構図にも読めてしまいますが、ここまでの全体的な文脈からいえば、ここで西田が言っている「意志」は、「物質／精神」という二項のうちの精神に含まれるものではありません。西田がここで言いたいのは、そのように科学者が前提としている「物質／精神」という二項対立それ自体を統一する力こそが根本なのであって、その統一力を「意志」と言うのだ、ということなのです。西田の主張は、そういう意味での「意志」が根本だ、ということなのですから、いわゆる科学者の言っていることとは、まったく「正反対」と言いますか、正反対にすらなっていないのです。けっして西田は、唯物論に反対して唯心論を主張したいわけではありません。ここで西田は、「物／心」という対立ではなく、統一性の高さ（深さ）の度合いとして、どちらかと言えば、いわゆる意識現象こそが根本だとしているのです。

第六段落

この考に由れば、前に行為を分析して意志と動作の二（ふたつ）としたのであるが、この二者の関係は原因と結果との関係ではなく、むしろ同一物の両面である。動作は意志の表現である。外（そと）より動作と見らるる者が内（うち）より見て意志であるのである。

それでは、ここまで見てきた西田の言う「意志」をふまえた上で、第一章で言ったこともふり返ってみましょう。第一章で西田は、「行為を分析すれば、意志と動作の二つがある」というようなことを言っていました。しかし、このように「行為」を構成する意志と動作という二つは、実はもともと分かれているわけではありません。心理学的に「分析すれば……、二つがある」と言っているのです。ムリに分析や抽象をしなければ、その二つが分かれてあるわけではありません。

ですから、実はこの意志と動作の関係も、ふつうに思われているような「原因→結果」の関係というわけでもないのです。むしろ、同一のものをあえて二つに分析して、その二つの面としているだけなのです。ただ、あえて分けて言うのであれば、「動作は、意志の表現だ」とも言えます。「表現」というのは外に表すことですから、外から見れば「動作」とされるものが、その表現の内から見れば「意志」と言われるのです。ただし、このような「外から……内から……」という言い方も、心理学の立場から分析した場合の言い方であって、西田の直接経験の立場からすれば、そうした分析それ自体をも統一する力としての「意志」こそが根本だ、ということになります。

以上が、西田から見た「意志」という「統一する力」の意味です。それでは、この章の冒頭に出てきた問い、「この意志という統一力はどこから来るのか（その根源は何か）」はどうなったのかというと、西田は直接に答えてくれていません。そこで、しかたないので、ここでその問いについて補足的に考えてみましょう。まず、ここまで見てきたように、西田の言う「意志」は、けっして単なる物質の力に由来しているわけではありません。そして、この「意志」は、物質とは区別された精神に由来しているわけでもありません。むしろ、物質と精神という区別を統一する「直接経験の事実」にこそ、この意志は由来していました。いや、その統一こそが「意志」なのですから、この意志こそが根源で、実在だ、ということになります。つまり、最初の問い「意志の根源は何か」は、「根源の根源は何か」と言い換えられ、問い自体がこわれてしまいます。あえて問いに答えるとすれば、「意志（統一力）こそが根源である」となります。

第三章

意志の自由とは、選択できることではなく、自己の内から必然的に出てくること

〔意志の自由〕

第三章では、「意志の自由」について考えます。ここまで西田は、人の「善」について考えるためにまず「行為」を取りあげ、その「行為」について考えるために「意志」について考えてきました。次に出てくるのが、その「意志」を扱う上で欠かすことのできない「自由」です。自由な意志はありえるのか、あるいは、そんなものはありえず、「原因・結果の法則」によって、すべてがすでに決まっているのか。西田は、この二つの説を紹介しながら、「必然的な自由」としての意志という考え方を主張します。

この章の前半はそれほど難しくありませんが、後半（特に第六・七段落）では、かなり独特の考え方が出てきます。読者として、ここに書かれていることを理解するためには、自分がすでに持っている「自由」という言葉の意味をいったん解体しなければなりません。ふつうに言われる「自由」ではなく、西田が言おうとしている「自由」とは何なのか。説明を補いながら、できるだけわかりやすく浮き彫りにします。

第一段落

意志は心理的にいえば意識の一現象たるに過ぎないが、その本体においては実在の根本であることを論じた。

前の章まで西田が論じてきたことは、「意志は、心理学的には多様な意識現象の一つにすぎないけれども、意志の本質を理解して広い意味でとらえれば、それは実在そのもの（実在の根本）なのだ」ということでした。ふつうに考えれば、意志はいわゆる物体現象とは別の意識（精神）現象の一つということになるのですが、ここで西田が言いたい「意志」は、それだけではなくて「哲学的」な意味において、それ自体が実在であるということでした。ただ、そのように「意志（意識現象）がすべての根本である」などと言いますと、今度は、意志が何か確固とした実体的なものに思われるかもしれませんが、そうでもありません。むしろ西田は、「意志が根本だ」ということを、「意志がすべてを統一する力（作用・はたらき）だ」という意味で言っています。

> 今この意志が如何なる意味において自由の活動であるかを論じて見よう。意志が自由であるか、はたまた必然であるかは久しき以来学者の頭を悩ました問題である。この議論は道徳上大切であるのみならず、これに由りて意志の哲学的性質をも明にすることができるのである。

では、その「意志」が「統一する力」だとして、この意志がどのような意味において「自由の活動」であるか、ということを論じていきます。実は、「はたして意志は自由なのか」という問題は、哲学の歴史のなかで長らく学者の頭を悩ましてきた問題でした。この議論は、道徳について考える上で大切であるだけでなく、この問題が明らかになれば、意志が哲学的に見てどのような性質なのかということも明らかにできる、哲学史上重要なものなのだ、というわけです。

第二段落

先ず我々が普通に信ずる所に由って見れば、誰も自分の意志が自由であると考えぬ者はない。自分が自分の意識について経験する所では、或る範囲において或る事を為すこともできればまた為さぬこともできる。即ち或る範囲内においては自由であると信じて居る。これがために責任、無責任、自負、後悔、賞讃、非難等の念が起ってくるのである。

まず、ふつうに私たちが信じていることからすれば、誰もがある程度は「自分で自由な意志を持っている、意志を自由に決めている」と思っています。私たちは、自分の意識において、ある程度は自由に何かを行うこともできれば、行わないこともできるということは、日常的に実際に経験しているでしょう。もちろん不自由もありますが、少なくともある範囲内においては自由であると信じています。たとえば、ほとんどの人が、今この文章を読み続けることも、目を閉じて少し止めることもできるでしょう。また、数行前の文章を読み直すこともできるでしょう。このような本を読むかどうかという「範囲内」では、べつに強制的に読まされるようなものでもありませんから、どうぞ「自由」にしていいわけです（読み続けてほしいですが）。

さらに大げさに言えば、私たちは、自分に自由な意志がある（自由に何かを行うことができる）と思うからこそ、その行為に責任を感じます（これを「有責性」と言いますね）。自分の意志に関係なくムリヤリやらされた行為には、あまり責任を感じません。また、自分の意志で行ったことだからこそ、その行為に自負をもったり、あるいは後悔したりします。あるいは、私たちが誰かを賞賛したり非難したりするのも、だいたいその人が自らの意志で行った行為に限られます。その人の意志がないままに偶然した行為や、意志に反してイヤイヤした行為によって、その人を賞賛したり非難したりしようとは思いません。極端に言えば、ある人に催眠術をかけて、いわゆる善行や悪行をさせても、そこにはその人の意志がまったく反映されていないのですから、その人は褒められも貶されもしません（これは、罰することが可能かどうか、という「可罰性」の話とつながります）。

> しかしこの或る範囲内ということを今少し詳しく考えて見よう。凡て外界の事物に属する者は我々はこれを自由に支配することはできぬ。自己の身体すらもどこまでも自由に取扱うことができるとはいわれない。随意筋肉の運動は自由のようであるが、一旦病気にでもかかればこれを自由に動かすことはできぬ。

そうした意味で、私たちはある範囲のなかでは確かに「自由」と言えます。しかし、この「ある範囲のなかで」とは、どのような範囲のことなのでしょうか。そこをもう少しくわしく考えてみるために、逆に、私たちが自由にできない範囲について考えてみましょう。たとえば私たちは、いわゆる外の世界の事物をなんでも自由にコントロールすることはできません。天体の運行や、天気の移り変わりを自由に変えることはできません。小さいところでも、数メートル遠くにあるコップを（念力で）動かすこともできません。また、ふつう自分の内側だと思われるこの身体でさえも、どこまでも自由に取り扱うことができるわけではありません。また、この身体の筋肉には随意筋と不随意筋というものがありますが、胃腸の蠕動運動などを行う不随意筋を意志の力で動かしたり、止めたりはできません（だから不随意筋と言うのです）。それに、随意筋の運動も、「意に随う」というくらいですから、意志によってある程度は自由に動かしたり止めたりできるようですが、日常的に使っていなかったり、いったん負傷したり病気にでもかかったりすれば、すぐに自由に動かすことができなくなります。やはり、あくまで「ある程度の範囲のなかで」の自由ということになります。

> 自由にできるというのは単に自己の意識現象である。しかし自己の意識内の現象とても、我々は新に観念を作り出す自由も持たず、また一度経験した事をいつでも呼び起す自由すらも持たない。

そうしますと、意志する通りに自由に動かせる範囲というのは、自分の意識現象だけに限られるということになるでしょうか。しかし、自己の意識のなかといえども、私たちはそうそう簡単に新しい観念を作り出すことができません。新しい天才的なアイディアを自由に創出できればいいのですが、残念ながらそうはいきません。また、そんなに目新しいことではなく、以前に一度経験したことでも、すぐにそのことを思い出すこともできません。前に思い付いた観念をいつでも自由に呼び起こすことができないので、メモしたりノートをとったりするわけです。どうやら私たちは、意識においても、すぐ創造したり再現したりできるわけではない。つまり、そんなに「自由」でもないのです。

> 真に自由と思われるのはただ観念結合の作用あるのみである。即ち観念を如何に分析し、如何に綜合するかが自己の自由に属するのである。勿論この場合においても観念の分析綜合には動かすべからざる先在的法則なる者があって、勝手にできるのではなく、また観念間の結合が唯一であるか、または或る結合が特に強盛であった時には、我々はどうしてもこの結合に従わねばならぬのである。

それでは何が真に自由なのかと言うと、次に考えられるのが「観念と観念を結合する作用」です。つまり、観念をどのように分析し、どのように総合（統合）するかなどは、さすがに自分のやりたいようにできる、自由に属していると言えるかもしれません。しかし、実は、かならずしもそうではないのです。なぜなら、観念と観念を分析したり総合したりするにあたっても、そこにはすでに動かしがたい思考法則というものがあるからです。私たちは、すき勝手に観念を扱えるわけではないのです。たとえば、基本的な思考法則としては、同一律・矛盾律・排中律と呼ばれるものがあります。

同一律　Aは、A　である。
矛盾律　Aは、非A　ではない。
排中律　Aは、Bでなく非Bでないもの　ではない。

私たちにとって、このような思考のルールを無視して観念と観念を自由勝手に結びつけるというのは、なかなか難しいことなのです。たとえば、この原理に逆らって、勝手に「太郎は、太郎ではない」とか、「太郎は、次郎である」とか、「太郎は、生物でもないし、無生物でもない」とは、なかなか「自由」に思えません。また、ふつう「私は、あなたである」とも思えません。そこからさらに、「私が、あなたを、見る」と能動態で考える場合、それを逆転させて「あなたが、私によって、見られる」と受動態に変換して思考することは容易(たやす)いのですが、この能動・受動の「枠」から外れて思考するというのも、なかなか難しいでしょう。

また、観念と観念の間の結合が、「これしかない」と唯一に確定していて、そこから自由に抜け出せないこともあります。あるいは、そこまで確定していなくても、ある結合が特に強力なこともあります。それらの場合には、私たちはどうしても、その「唯一の結合」や「強力な結合」に従わなければなりません。たとえば、ユークリッド幾何学において、「三角形」という観念は、「内角の和が二直角（180度）である」という観念とだけ結びつき、けっして「内角の和が四直角（360度）である」という観念とは結びつきません。あるいはまた、人によっては、「高所・暗闇」と「恐怖」という観念が強く結びついて離れないということがあります。また、「赤ちゃんの笑顔」と「愛情・幸福」という観念の結びつきもあるでしょう。赤ちゃんの笑顔を見て「憎悪・恐怖」の観念を結びつけたいと思っても、なかなか自由にできるものではありません。

> ただ観念成立の先在的法則の範囲内において、しかも観念結合に二つ以上の途があり、これらの結合の強度が強迫的ならざる場合においてのみ、全然選択の自由を有するのである。

　このように、自由だと思われそうな「観念の結合」にしても、そうそうまったくの自由とは言いにくいようです。しかし、逆に言えば、そのように観念と観念が結びつくには、あらかじめある程度の思考法則がすでに存在しているわけですから、その法則の範囲のなかならば、自由に意志することもできると言えます。また、観念が結合するルートが一つに決まっているわけでもなく、二つ以上の選択肢があったり、あるいは、それら複数の選択肢（観念結合）があまり強度に違いもなく、特にグイグイ強く迫ってくるわけでもないならば、私たちは選択する自由を持っていると言えるでしょう。これが「ある範囲のなかで」の自由、ということになります。まあ、私たちは全能の神ではありませんから、そうそうまったくの自由意志を持つというわけにもいきません。ただ、それにしても何らかの自由な意志があるということは否定されない、これがふつうの考え方です。

　このように、ふつうは「意志には自由がある。私たちは意志するときに何かを決める（変える）ことができる」と考えます。しかし、この「意志の自由」を主張する考えに対して、哲学の歴史上、むしろ「意志の必然」を説く考え方があるのです。つまり、「意志と言われるものも、けっきょくは原因と結果によって必然的に決まっているんだ」という考え方です。西田は、次の段階から、この「意志の自由」と「意志の必然」の考えを比較していきます。

第三段落

　自由意志論を主張する人は、多くこの内界経験の事実を根拠として立論するのである。右の範囲内において動機を選択決定するのは全く我々の自由に属し、我々の他に理由はない、この決定は外界の事情または内界の気質、習慣、性格より独立せる意志という一（ひとつ）の神秘力に由るものと考えて居る。即ち観念の結合の外（ほか）にこれを支配する一の力があると考えて居る。

まず、「意志の自由」を主張する場合、その多くは、今ほど見てきたように、「私たちが内的に観念を結合しようとするとき、そこには実際、何らかの自由がある」という経験的な事実（実感）を根拠にして論を立てます。この自由意志論によれば、私たちは、同一律（AはAである）などの思考法則にちゃんと基づいていて、かつ、あまり強迫的でない範囲においては、自由に何かの観念を結びつけて、その動機を選択・決定できている、と考えられます。

その選択・決定はあくまで自分の自由意志に属し、この自由意志のほかには、その決定を引き起こすような理由や原因はまったく存在しません。この決定は、あくまで自由な意志によってなされたのであり、この意志は、いわゆる外的な事情（自然・社会的環境など）や内的な事情（気質・習慣・性格など）からは独立している、と考えられます。しかし、そうすると、このように自由意志論で言う「意志」というのは、ちょっと特別なポジションを占めていることになります。と言うのは、このような「意志」は、《観念と観念を結合させる何か》なので、それ自体はただの観念ではありませんし、《観念と観念が結合されたもの》でもありません。どうやら、この自由な意志は、その観念結合の外にあって、それらをコントロールする力ということになります。そうすると、この意志は、外的にも内的にも他のものから独立した力ということで、ある種「神秘的な力」とも言えそうです。

これに反し、意志の必然論を主張する人は大概外界における事実の観察を本としてこれより推論するのである。宇宙の現象は一として偶然に起る者はない、極めて些細なる事柄でも、精しく研究すれば必ず相当の原因をもって居る。この考は凡て学問と称するものの根本的思想であって、かつ科学の発達と共に益々この思想が確実となるのである。自然現象の中にて従来神秘的と思われて居たものも、一々その原因結果が明瞭となって、数学的に計算ができる様にまで進んできた。

このような「(神秘的な力としての)自由な意志」という考えに反対するのが、「意志の必然」論です。つまり、「いわゆる意志と言われるものも、けっきょくは必然的に決まっているのだ(意志にはそんな力はない)」という考えです。このように考える人は、いわゆる外的な事実を観察し、その観察をもとに推論して得られた結果を根拠として、論を立てています。

いわゆる外的な出来事というのは観察できますから、推論もしやすいわけです。たとえば、太陽が昇れば気温が上がる、沈めば気温が下がる。AならばB、BならばC、CならばD。このような因果関係は、観察から明らかに知ることができますから、そのような因果関係は、私たちのいわゆる内的な現象にも当てはまるだろう、と考えるわけです。この考えによれば、宇宙におけるあらゆる現象は、それが外的だろうが内的だろうが、一つとして恣意的に(偶然に)起こるものはありません。なぜなら、きわめて些細な事柄でも、その出来事をくわしく研究すれば、必ずそれ相応の原因があることがわかるはずだからです。これは、「学問」と称されるすべての根本となる考え方です。たしかに、科学が発達するにしたがって、以前は神秘的だと思われていた自然現象も、いちいちその原因と結果の関係が明らかになってきましたし、数学的に計算ができるようになってきました。つまり、どんどん原因と結果の関係が明らかにされてくるにしたがって、この「いわゆる『意志』も必然的に決まっている」という考えがさらに確実視されているわけです。

> 今日の所でなお原因がないなどと思われて居るものは我々の意志くらいである。しかし意志といってもこの動かすべからざる自然の大法則の外（そと）に脱することはできまい。今日意志が自由であると思うて居るのは、畢竟（ひっきょう）未だ科学の発達が幼稚であって、一々この原因を説明することができぬ故である。しかのみならず、意志的動作も個々の場合においては、実に不規則であって一見定まった原因がない様であるが、多数の人の動作を統計的に考えて見ると案外秩序的である、決して一定の原因結果がないとは見られない。

では、この「意志は、自由だ／必然だ」という二つの主張を比べてみましょう。「意志は自由だ」説によれば、そうした科学が発展した今日でも、「意志だけは、その前に原因があるわけではなく、自らの意志のままに（恣意的に）自由に決めることができる」と言います。しかし、「すべて因果で必然的に決まっている」説ではそうは考えません。そこでは、外の現象の観察を基本にして推論していますから、まずはこの自然現象の動きが基本になります。そうすると、この動かすことのできない大いなる自然法則を見るにつけ、どうしても「人間の意志だけが因果法則から脱することができる」などとは、とうてい考えられません。むしろ、ふつうに「意志が自由である」などと思われているのも、けっきょくのところ、まだ科学の発達が幼稚なだけで、そのために適切に意志の原因を説明することができないだけだ、と考えるわけです。

さらに言えば、意志による動作といっても、それぞれ個々人の場合だけを見ていたら実に不規則で定まった原因がないように見えますが、多数の人の動作を統計的に考えてみれば、そこには案外と秩序があるものです。自分では自由な意志で決めていると思っていても、実はその決定も、その人が背景としている文化や環境によって左右されているはずです。つまり、そこには必ず一定の原因と結果の関係があるはずだ、と言うわけです。

これらの考は益々（ますます）我々の意志に原因があるという確信を強くし、我々の意志は凡ての自然現象と同じく、必然なる機械的因果の法則に支配せらるる者で、別に意志という一種の神秘力はないという断案に到達するのである。

この「因果によって必然的に決定されている」という考えは、科学（生物学・脳科学・心理学・社会学など）が進歩するにしたがって、ますます「私たちの意志と言われるものにも他に原因がある」という確信を強くしています。そして、私たちが「意志」と言っているものも、すべての自然現象と同じく、必然的で機械的な因果の法則に支配されているのであり、べつに自由意志などという一種の神秘的な力などはない、という「意志の必然性」という結論に達しているのです。

第四段落

さてこの二つの反対論のいずれが正当であろうか。極端なる自由意志論者は右にいった様に、全く原因も理由もなく、自由に動機を決定する一の神秘的能力があるという。しかしかかる意義において意志の自由を主張するならば、そは全く誤謬（ごびゅう）である。我々が動機を決する時には、何か相当の理由がなければならぬ。たとい、これが明瞭に意識の上に現われて居らぬにしても、意識下において何か原因がなければならぬ。

さて、それでは、この「意志（だけ）は自由だ」説と、「意志も必然的に決まっている」説では、どちらの主張が正しいのでしょうか。自由意志論を極端に主張する人は、「私たちの意志は、まったく原因も理由もなく、自由に動機を決定することができる」と考えます。この意志の力とは、因果の法則を超えた、一種の神秘的な能力です。しかし実は、このような意味で、「意志には原因（理由）なんかいらない、それこそ自由だ」と主張しますと、実感としてある誤謬におち

いってしまうのです。と言うのは、私たちは、自分が自由な動機で決めているのだとしても、そこには少なくとも**自分自身の中には**それ相応の理由が必要だからです。私たちは、もし自分の中にまったく理由のない行為をしたとき、その行為を自由だとは感じられないのです。ある行為をしようと意志するとき、たとえその理由が明瞭に意識の上に現われていなくても（意識下に潜在していても）、やはりどこかに「自らに何らかの理由がある」ということを（なんとなくでも）持っていなければ、「自由に決めた」とは思えないのです。

> またもしこれらの論者のいう様に、何らの理由なくして全く偶然に事を決する如き（ごと）ことがあったならば、我々はこの時意志の自由を感じないで、かえってこれを偶然の出来事として外（そと）より働いた者と考えるのである。従ってこれに対し責任を感ずることが薄いのである。自由意志論者が内界の経験を本（もと）として議論を立つるというが、内界の経験はかえって反対の事実を証明するのである。

極端な自由意志論者が言うように、もし仮に「何を決めるにせよ、その決定する意志の前にはまったく理由がない」のだとしたら、逆に私たちは、そのような意志決定によって自由を感じられないのです。もしその意志決定にまったく理由がないならば、決定以前からのつながりも脈絡もなく、その場でいきなり決まるわけです。それで「自分が決めた」と言えるのでしょうか。それではまるで偶然に決まっているようなものです。ですから、もしそのように理由もなく、偶然かのように決まるのであれば、そこには意志の自由の実感がないことになります。かえって、これを偶然の出来事として、逆に何か外から動かされたように感じてしまう。それでは、自らの自由意志で行為したとは思えません。

そして私たちは、そのように偶然に決まったり、外からムリヤリ決まったことに関しては、たとえそれを行ったとしても、その行為に対する責任も薄く（軽く）なってしまいます。なぜなら、その行為は、自分の一貫した理由でもって決めたわけではないからです。そんな何の理由もなくパッと決まった行為には、なかなか責任を持てるものではありません。責任の軽さ重さということで言えば、たとえば、いろんな理由が前からあって意図的に行われた計画殺人のほうが、その場でパッとたまたまやってしまった衝動的殺人よりも、罪（責任）も重くなります。この罪（責任）の軽重の違いは、そこにその人（殺人者）の「自由意志」があるかどうかが根拠になっているからでしょう。

もともと自由意志論では、実感として「（ある程度は）いつも自由に決めてるよ」という内的な経験をもとにして論を立てていたわけですが、「意志は自由だ、そこに理由（原因）はない」ということを突き詰めていくと、その内的にすら理由（原因）がなく、その場でパッと意志が決定されることになってしまい、結果的にかえって自由がなくなる主張になっているのです。これでは、反対の事実が明らかになってしまいます。

第五段落

次に必然論者の議論について少し批評を下して見よう。この種の論者は自然現象が機械的必然の法則に支配せらるるから、意識現象もその通りでなければならぬというのであるが、元来この議論には意識現象と自然現象（換言すれば物体現象）とは同一であって、同一の法則に由って支配せらるべきものであるという仮定が根拠となって居る。しかしこの仮定は果して正しきものであろうか。

それでは次に「意志は因果で決定されている」という必然論の考えをもう少し批判的に見てみましょう。この必然論の主張では、「物体現象は、機械的な必然の法則に支配される。だから、意識（精神）現象もその通りでなければならない」と考えています。しかし、この「だから」は、どうして成り立つのでしょうか。おそらく、この「だから」には、その前提として「物体現象と意識現象とは、同じ法則によって支配されるべきものだ」という考え（論拠）があるのでしょう。さらに、「そして、物体現象の法則は、観察することで理解される。だから、その観察によって得られる物体現象の法則に、意識現象も従うはずだ」という仮定（前提）があるようです。しかし、西田は、この仮定がはたして正しいのか、いつ確定となったのか、と懐疑的なんですね。

意識現象が物体現象と同一の法則に支配せらるべきものか否かは未定の議論である。斯の如き仮定の上に立つ議論は甚だ薄弱であるといわねばならぬ。たとい今日の生理的心理学が非常に進歩して、意識現象の基礎たる脳の作用が一々物理的および化学的に説明ができたとしても、これに由りて意識現象は機械的必然法に因って支配せらるべき者であると主張することができるだろうか。

たしかに物体現象に関する法則は、科学的な観察から明らかなのかもしれません。しかし、その物体現象と同一の法則を意識（精神）現象に当てはめてよいかどうかは、まだ確定したことではないはずだ、と言うのです。このような未定のことを前提にして成り立っている議論というのは、その確証性が非常に薄く弱いものだ、と。もちろん、もしかしたら今日の生理学や脳科学・心理学も、将来的にさらに発達・進歩して、意識現象の基礎とされる脳の作用がいちいち物理的・化学的に説明されるようになるかもしれません。しかし、そうだとしても、このような科学的な説明だけで、人間のすべての意識現象を、同じく機械的・必然的な法則に支配されるものとして説明することができるのでしょうか。それは、技術が進歩すれば解決できるという問題ではないように思えます。西田は、具体的な例を出してきます。

――例えば一銅像の材料たる銅は機械的必然法の支配の外に出でぬであろうが、この銅像の現わす

――意味はこの外に存するではないか。いわゆる精神上の意味なるものは見るべからず聞くべからず数うべからざるものであって、機械的必然法以外に超然たるものであるといわねばならぬ。

たとえば、ある銅像のことを考えてみましょう。この一つの銅像は、銅像と言うぐらいですから、その材料としては、銅が使われています。原子番号が29で元素記号はCuの物質としての「銅」です。そして、その銅としては、もちろん、機械的・必然的な法則、つまり自然法則の支配を越え出ることはありません。しかし、この銅像の表わす意味は、その他に何もないのでしょうか。たとえば芸術上の意味や歴史的な意味もあるはずです。そうした、いわゆる「精神的」な意味というものは、対象的に見たり聞いたりはできないかもしれません。また、客観的に数値化することもできないでしょう。しかし、対象化・数値化できないからといって、その意味が「無い」ということにはなりません。このような価値は、機械的・必然的な法則とは異なった、それ以外の、それを超えたものとして、「有る」のではないでしょうか。人間の営みのすべてに物理的・化学的な法則が当てはまるわけではない。これが西田の主張です。

もっとも、ここで西田は、「自然法則を超えている」とか「法則が当てはまらない」と言っても、いわゆる「超自然的」とか「神秘的」ということではありません。べつだん銅像が超常現象を起こして涙を流すとか歩き出すというのではありません。銅（Cu）としての機械的・必然的な法則を否定するのではなく、それはそれとして、ただ、それ以外にも法則があり、そしてそれらの法則を含んだ統一（意志）があると言いたいのだと思います。

これを要するに、自由意志論者のいう様な全く原因も理由もない意志はどこにもない。かくの如き偶然の意志は決して自由と感ぜられないで、かえって強迫と感ぜらるるのである。

第六段落

では、西田の言う「意志の自由」とは、どのような意味になるのでしょうか。自由意志論者が言うような「まったく原因も理由もない意志」は、ありえません。つまり、「因果関係を何ももたずに、単独でなんでも決めてしまう神秘的な意志」などというものはどこにもないのです。原因のない（偶然の）意志では、けっして自由だとは感じられませんし、かえって強迫だと感じられてしまうのだ、という話でした（誰かに脅されたら「脅迫」ですね）。

我々が或る理由より働いた時即ち自己の内面的性質より働いた時、かえって自由であると感ぜられるのである。つまり動機の原因が自己の最深なる内面的性質より出でた時、最も自由と感ずるのである。

そこで西田が、「自由」をどう考えるかというと、実は、自分自身の中にある原因（理由）から

動き出したときに起こることだと言うのです。逆に、自らの内にある性質を原因としないで動く（つまり「動かされる」）のであれば、そこには自己の主体性がないので、「自由」とは言えません。つまり、行為する動機の原因（理由）が、自己の最も深い内的な性質から出てきたとき、私たちは最も自由だと感じる、というのです。

しかしそのいわゆる意志の理由なる者は必然論者のいう様な機械的原因ではない。我々の精神には精神活動の法則がある。精神がこの己自身の法則に従うて働いた時が真に自由であるのである。

しかし、この場合の意志を引き起こす「内的な原因」は、先ほどの因果決定論者が言うような「物体法則を基礎とする機械的原因」と同じものでもありません。内的な原因は、物体の因果関係のように、観察によって知られるわけではありません。先ほどの銅像のたとえで言えば、私たちのいわゆる精神的な活動には、やはり物理法則とは異なった、精神法則のようなものがあることになります。つまり、精神がこの自らの精神法則に従ってはたらいたときが、真に自由なのだと言えるのです。

自由には二つの意義がある。一は全く原因がない即ち偶然ということと同意義の自由であって、

一は自分が外の束縛を受けない、己自らにて働く意味の自由である。即ち必然的自由の意義である。意志の自由というのは、後者における意味の自由である。

そうすると、「意志の自由」といっても、その「自由」には、二つの意味が考えられそうです。一つめは、自由意志論者が言っていたような、まったく原因がない自由、すなわち偶然ということとほとんど同じ意味の自由です。二つめは、自分が外の束縛を受けない自由、自らに基づいて動くという意味の自由です。この二つめの自由は、自らに原因があり、その原因によって必然的に意志が生じるわけですから、「必然的な自由」ということになります（この「内的必然」の話は、第十一章の三、四段落で、また登場します）。

では、この「**必然的な自由**」とはどういう意味なのでしょうか。この言葉に違和感を持つ人が多いかもしれません。なぜなら多くの人が、「必然的な」と「自由」という言葉に、どこか矛盾を感じてしまうからです。

ふつう、「必然的」と言うと、《他の選択肢はあり得ずに必ずそうなる》という意味が思い起こされるでしょうし、「自由」と言うと、《自分で選択できること》という意味が思い起こされるでしょう。もしそのような意味をイメージしながら「必然的な自由」という言葉を聞けば、「必然的な（選択できない）自由（選択できる）」などと形容矛盾が起きてしまうでしょう。

「必然的」↓《自分で選択できずに必ずそうなる》？
「自由」　↓《自分で選択できること》？

しかし、この形容矛盾は、「自由」という言葉をどう理解するかによって解消されます。ここで「自由」という言葉が強調している本来の意味は、《自分で選択できること》ではなくて、《自分で選択できること》なのです。「選択」はむしろ副次的なものにすぎません。大事なのは、「自分で……できる」というところです。そして、「必然」とは、《この原因には必ずこの結果》ということですから、もし「この原因」が自らの中にあるのであれば、「必然的な自由」と言っても、まったく問題なく、そのまま意味が成り立ちます。つまり「自らが原因となり、自らに由って必ずそうなる」ということです。ここで言う「必然」とは、「自らを原因とする必然」であり、「自由のある必然」なのです。

「必然的」↓《或る原因から或る結果へと、必ずそうなる》
「自由」　↓《自分で……できる》

ところで、先ほど登場していた因果決定論者が言っていた「必然」は、物体現象の因果法則に基づき、自分以外の他者によってすべてが決まってしまう「必然」でした。つまり、「他者を原因とする必然」であり、「自らを原因としない必然」ですから、対照的に言えば「自由のない必然」ということになります。それに対して、「自由のある必然」としての意志には、その原因が自らの中にあります。自らの中に原因がある意志、つまり「自らに由る意志」という意味で、「自由な意志」だと言えます。この意志は、自らに由って因果的に必ず導き出されるものなので、因果的に必然的でかつ自由でもあるのです。

しかしここにおいて次の如き問題が起ってくるであろう。自己の性質に従うて働くのが自由であるというならば、万物皆(みな)自己の性質に従って働かぬ者はない、水の流れるのも火の燃えるのも皆自己の性質に従うのである。しかるに何故に他を必然として、独(ひと)り意志のみ自由となすのであるか。

しかし、そうしますと、ここで次のような疑問が出てくるかもしれません。

――いや、自らに由って動く、自己の性質に従ってはたらくのが「自由」であると言うならば、それはべつに私たちの意志に限らない。万物すべてがそれぞれ自らの性質に従って動いているではないか。水が流れるのも、火が燃えるのも、すべてそれ自らの性質に従っているはずだ。そうすると、水や火なども「自由」ということになってしまうが、それでいいのか？——と。

たしかに、因果決定論者が言うように、ふつう、自然現象のことは「必然」として考えられるわけですから、「意志」だけに自由をあてはめるのもオカシイ気がします。別な見方をすれば、先ほど、自然現象などは「自由のない必然」であり、意志は「自由のある必然」という分け方をしましたが、自由であろうがなかろうが、どちらにせよ「必然」であることには違いがありません。そうなると、意志も、けっきょくは因果決定論（必然論）と同じになるのではないか、という疑問が出てくるわけです。

第七段落

いわゆる自然界においては、或る一つの現象の起るのはその事情に由りて厳密に定められて居る。或る定まった事情よりは、或る定まった一(ひとつ)の現象を生ずるのみであって、毫釐(ごうり)も他の可能性を許さない。自然現象は皆かくの如き盲目的必然の法則に従うて生ずるのである。

たしかに、いわゆる自然界においては、なにかある一つの現象が起こるときは、その現象が起こるための何らかの事情があります。その事情（原因）によって、次の現象（結果）が起こることは、厳密に決定されています。この「ある定まった事情から、ある定まった一つの現象が生ずる」というのは、まさに原因と結果が一対一で対応しており、そこにはほんの少しも他の可能性はありえません。自然現象は、すべてこのように「盲目的」と言えるほどに、必然の法則にしたがって決定的に生じていると言えるでしょう。

> しかるに意識現象は単に生ずるのではなくして、意識されたる現象である。即ち生ずるのみならず、生じたことを自知して居るのである。

さて、それでは、意識現象はどうなのでしょうか。いわゆる自然（物体）現象と意識現象は何が違うのでしょうか。その違いは、いわゆる物体現象がただ生じる（意識される）だけなのに対して、意識現象は「意識され、そして意識する現象」だということです。意識現象は、「ただ生じて、はいお終い」というものではなくて、常に意識し意識されている現象ということになります。すなわち、ただ生じるだけではなく、生じたことを自ら知っている（自知している）、ということです。

> 而してこの知るといい意識するということは即ち他の可能性を含むということである。我々が取ることを意識するということはその裏面に取らぬという可能性を含むという意味である。

そして、この「知る」ということ、「意識する」ということは、実はそこに、現実とは別の可能性を含んでいるということでもあります。たとえば、何かの作業に夢中になって、持っていたボトルの水を、気づかないうちに飲みほしていたとしましょう。この場合は、知らずに水を飲んでしまったので、「水を飲もうか、やめようか」と選択する意識はありません。それに対して、今あらためて「水を飲もう」と意識して飲んだとします。そうすると、この「**知りながら**水を飲む」という行為をしたということは、明らかにその背後には「水を飲まない」という可能性（選択肢）も含んでいることになります。知らないうちについ食べてしまうという人は、食べることをコントロールしたいのであれば、まずは「自分が食べている」ということを意識しなければなりません。たとえけっきょくは食べてしまうにせよ、その「食べる」ということを意識することにより、それ以外の「食べない」という選択肢が可能性として浮上してくるのです。あるいは、私たちが「ボトルを手に取る」と**意識する**ということは、その裏面に「取らない」という可能性を含んでいる、ということなのです。たとえ実際には手に取っていたとしても、意識の中では可能性としては「取らない」を保ち続けていることになります。

更に詳言（しょうげん）すれば、意識には必ず一般的性質の者がある、即ち意識は理想的要素をもって居る。これでなければ意識ではない。

さらにくわしく言えば、何か特定のことを意識するとしても、そこには必ず一般的なことが含まれることになります。「特定のこと」というのは、たとえば、今ここにある具体的なこのボトルの水、そして今ここにいるこの私の身体です。このボトルをこの身体で取るということは、べつに意識しなくても、知らないうちにも行われます。しかし、そこで、そのことをあえて「意識する」とどうなるかというと、「今ここ」という特定の具体的なこれを越えた「より一般的なこと」を意識の中に含んでいることになります。たとえば、先ほどの「知らないうちに飲んでいた」という無意識な行為の場合、まさに個別・具体的なこの私がやっているわけですが、もしそれを「身体ヘノ水分補給ヲ目的トシテ、水ヲ飲ンデイルワタシ」などと意識して行為する場合は、その個別性・具体性が薄まり、客観性・一般性が明らかになっています。

言い換えれば、ある行為を意識しているときは、その行為が「概念化」されているとも言えます。この意識することによって、「より一般的なものとしてアイディア化」され、そこには「理想的要素」と言えるものが含まれることになります。つまり、「ただ、行う」というときの具体的で現実的な特定の行為に比べて、「行うことを意識しながら、行う」という意識的な行為には、今ここの現実とは異なった、抽象的で一般的な「理想」が含まれているのです。この一般性（理想的要素）がなければ、意識ということが成り立ちません（第九章第二、四段落の「理想の実現」や、第十章第四段落の「観念の要求」などを読んだ後に、またこの部分を読んでもらえたら理解が深まると思います）。

> 而してこれらの性質があるということは、現実のかかる出来事の外更（ほか）に他の可能性を有して居るというのである。現実にしてしかも理想を含み、理想的にしてしかも現実を離れぬというのが意識の特性である。

そして、このように「行為を意識することで、そこに何らかの一般的なもの・理想的なものが含まれる」ということは、《まさにこの現実の行為の他に、別の可能性がある》ということも意味しています。たとえば、つい知らないうちに菓子を食べてしまうのではなく、「自分が菓子を食べている」と意識する場合、そこには「食べない自分」という可能性があります。また、「食べる自分」や「食べない自分」というように、そこには「食べる」とか「自分」という、より一般化された概念（理想）が含まれています。私たちが何か行為を意識する（意識しつつ行為する）ということには、「現実（具体）でありかつ理想（一般）を含み、理想（一般）的でありかつ現実（具体）を離れない」という特徴があります。

> 真実に云えば、意識は決して他より支配される者ではない、常に他を支配して居るのである。故に我々の行為は必然の法則に由りて生じたるにせよ、我々はこれを知るが故にこの行為の中に窘束（きんそく）せられて居らぬ。

ところで、そもそも「意識がある」ということは、「自らが意識する」ことであって、「他に意識される」ことではありません。いわゆる物体は、「自ら意識する」ことができず、「他に意識される」しかないので、「意識がない」と考えられます。したがって、「意識がある」という以上は、かならず自ら動きを起こすものだということです。つまり、意識についての真実とは、けっして他から動かされない（支配されない）ということであり、常に自ら動くということです。ですから、もし私たちの行為がいわゆる必然的な自然法則によって生じたのだとしても、私たちがこれを「知る（意識する）」ことができれば、その「意識がある」というまさにそれ自体によって、単なる必然的な自然法則の中に束縛されるだけではない、ということになります。

そして、このような「自ら動くことのできる（能く動く）意識」は、現実と理想を合わせ含むものでもあります。先ほど言いましたように、たとえ現実の中で何らかの個別具体的行為Aを選びとっていても、そこに意識がある限り、その具体的行為Aとは別の選択肢として行為Bが可能性として残されています。そしてさらに、この意識の底には、それらの可能性のある選択すべてを総合する「理想」が潜在しています。そうした「理想」は、この意識が成り立つための根底とも言えます。そして、この意識は、「自らの意識」なのですから、当然その現実は「自らの現実」ですし、その根底としての理想も、もちろん「自らの理想」です。

——意識の根柢たる理想の方より見れば、この現実は理想の特殊なる一例にすぎない。即ち理想が己自身を実現する一過程にすぎない。その行為は外より来たのではなく、内より出でたるのである。また斯の如く現実を理想の一例にすぎないと見るから、他にいくらも可能性を含むこととなるのである。

それでは、このように自らの意識に含まれる「現実の行為」と「理想の行為」との関係をどのように考えればいいのでしょうか。「現実の行為」は、実際に行われる特定の行為です。それに対して、「理想の行為」は、より一般的な行為で、実際には行えません。この「現実の行為」と「理想の行為」という二つの関係を考えてみると、「現実の行為を一般化したものが、理想の行為だ」と言えますし、逆に「現実の行為は、理想（一般）が具現化（特殊化）された一つの例にすぎない」とも言えます。つまり、理想の行為と現実の行為は、分析的に見れば別々なのですが、総合的に見ればすべてが「理想」の分化発展（表現）として統一的に見ることができるのです。

また、たとえ「現実」と「理想」を分析的に見たとしても、その意識は、けっきょくは自らの意識なのですから、この現実は、自らが自らの理想を実現する過程の一つにすぎないと言えます（原文で言えば「理想が己自身を実現する一過程」です）。そうしますと、具体的なこの「現実」は、たとえ「理想」を根底として生じたのだとしても、けっして自ら以外の何かからやって来たのではなく、やはり自らの内から出てきた（自由な）行為ということになります。

このように、「今ここの現実は、理想のなかの一例にすぎない」と見たり、あるいは「より一般的なものが、ここで特定の姿で現れているにすぎない」と見ることができれば、今ここの現実とは別の可能性があることも理解されます。現実の行為とは別の行為を導き出す（現実を変える）可能性は、やはり自らのなかにある理想が基礎となっているのです。

第八段落

それで意識の自由というのは、自然の法則を破って偶然的に働くから自由であるのではない、かえって自己の自然に従うが故に自由である。理由なくして働くから自由であるのではない、能く理由を知るが故に自由であるのである。

最後にまとめておきましょう。私たちの意識が自由であると言っても、けっして、まったく原因もなく（偶然的に）いわゆる自然の因果法則を破って動くことができるわけではありません（それではむしろ不自由を感じてしまう）。そうではなくて、かえって自己の自然に従うからこそ「自由」と言えるのです。なんの理由もなく動き出すから自由なのではなく、むしろ自らが動くための理由を自らが知り得るからこそ、私たちは「自由」なのです。

我々は知識の進むと共に益々自由の人となることができる。人は他より制せられ圧せられてもこれを知るが故に、この抑圧以外に脱して居るのである。更に進んでよくその已むを得ざる

— 所以(ゆえん)を自得すれば、抑圧がかえって自己の自由となる。

ですから私たちは、まさにその「知る」ということを向上させ、自らの知識を進歩させればさせるほど、ますます「自由」になることができます。たとえ他の何か（誰か）に抑圧され、いわゆる外的な行為を制限されたとしても、これを「知る（意識する）」からこそ、そうした他者による抑圧から離脱できるのです。さらにその知を深化させ、どうしてこのような状況にならざるを得なかったのか、その根拠を自ら把握すれば、その抑圧もかえって自己の「自由」の契機となるでしょう。

— ソクラテースを毒殺せしアゼンス人よりも、ソクラテースの方が自由の人である。

たとえばソクラテスは、アテナイにおいて死刑を宣告され、毒死することとなりました。しかし、ソクラテスを投獄し、その死を望んだアテナイ市民たちよりも、投獄され毒死したソクラテスのほうが、むしろ「自由の人」だと言えます。なぜなら、ソクラテスは、自らがなぜ死ぬことになるのかを知り抜いていたからです。アテナイの人たちは、自分たちが何をしているのか、なぜソクラテスが自ら死を選んだのか、知ることができませんでした。（プラトン『ソクラテスの弁明』）

パスカルも、人は葦（あし）の如き弱き者である、しかし人は考える葦である、全世界が彼を滅（めっ）さんとするも彼は彼が死することを、自知するが故に殺す者より尚（たっと）しといって居る。

また、パスカルも『パンセ』で次のように述べています。

人間はひとくきの葦にすぎない。自然のなかで最も弱いものである。だが、それは考える葦である。彼をおしつぶすために、宇宙全体が武装するには及ばない。蒸気や一滴の水でも彼を殺すのに十分である。だが、たとい宇宙が彼をおしつぶしても、人間は彼を殺すものより尊いだろう。なぜなら、彼は自分が死ぬことと、宇宙の自分に対する優勢とを知っているからである。宇宙は何も知らない。

だから、われわれの尊厳のすべては、考えることのなかにある。われわれはそこから立ち上がらなければならないのであって、われわれが満たすことのできない空間や時間から〔立ち上がるの〕ではない。だから、よく考えることに努めよう。ここに道徳の原理がある。〔前田陽一訳『パンセI』、中公クラシックス、三四七）〕

意識の根柢たる理想的要素、換言すれば統一作用なる者は、かつて実在の編に論じた様に、自然の産物ではなくして、かえって自然はこの統一に由りて成立するのである。こは実に実在の根本たる無限の力であって、これを数量的に限定することはできない。全然自然の必然的法則以外に存する者である。我々の意志はこの力の発現なるが故に自由である、自然的法則の支配は受けない。

ここで原文では、段落全体が、二文字ほど下がっています。『善の研究』という本では、このような段落がいくつかあり、ここで西田は、その前の段落を補足したり、実例を挙げて説明をしたりしています。ここでは、話を少し戻して、第七段落の「理想」について付け足しをしています。

先ほどの話では、「何らかの行為を意識するとき、その根底には、理想的要素が潜在している」と言っていました。この意識の根底にある「理想」には、特殊で個別的なもろもろの行為を総合するはたらきがあります。言い換えれば、理想は、「現実の行為」や「可能な行為」を、統一する力を持っていると言えます。これも、実は、第二編「実在」で述べられていたことなのですが、この「統一力」は、いわゆる物体（自然）から産みだされるものではなく、かえって、物体のほうがこの統一力（自己）に由って成立するものだと考えられています。この統一力こそが、いわゆる物体であれ精神であれ、あらゆる実在と思われるものの根本的な無限の力なのです。ですから、この統一力そのものを数量的に限定することはできません。この統一力は、いわゆる必然的な物体法則に支配されるようなものでもなく、物体法則とはまったく別なのです。

そして、この統一力とは、まさに自らの力でもあり、本当の意味での「自己」のことです。この「自らの力（自己）」は、統一する力なのですから、自他の区別を前提として他者によって統一されるということはありません。そもそも、統一する力なのであれば、そこに自己と他者の区別はないはずです。そのような「自らの力、統一する力」が最も深く最も多様に発現しているのが、「意志」なのです。この「意志」は、このような「自らの力、統一する力」の発現であるからこそ、まさに「自らに由(よ)る」という意味で「自由」であり、他者に支配されることなく、いわゆる外的な物体（自然）法則による支配を受けることもないわけです。

第四章

実在は、理論的にだけでなく、価値的に考えてこそ、真に理解できる

〔価値的研究〕

第四章は、そもそもどうして「善」について研究する必要があるのか、その大前提の話になります。これは、実は「善」に限らず、たとえば、「真」、「美」、「良」、「正」など、いわゆる価値があるとされる「よいこと」について研究するとはどういうことなのか、そういうかなり根本的な話をしています。いきなり話が変わったように思われるかもしれませんが、もちろん、これまでの話とつながっています。

簡単につなげておきましょう。まず、何が善なる行為なのかを考えるには、その行為が行われるときの意志や欲求について考える必要がありました。その「……しよう」という意志や欲求には、何らかの目的があります。そして、私たちは、その目的に向かってプラスとなること（少なくともマイナスではないこと）に、「価値」を見いだすわけです。そうすると、善、行為、意志などについて考える以上は、「目的」とは何か、目的に合致する「価値」とは何か、という話をする必要があるのです。回りくどくて、すみません。哲学というのは、そういうものなのです。むしろ、西田にしたら、ほんの少しだけ触れている程度で、言葉が足りないくらいです。でも、ゆっくりと読み進めていけば、第三章に比べて、そんなに難しくはありません。

第一段落
凡て現象或いは出来事を見るに二つの点よりすることができる。一は如何にして起ったか、また何故にかくあらざるべからざるかの原因もしくは理由の考究であり、一は何のために起ったかという目的の考究である。

ここまで西田は、「物体現象」や「精神現象」という言葉を使っていました。でも、ここで彼が本当に言いたいこと、重要視していることは、そのように「物体」と「精神」を区別することなのではなく、それらがともに「現象」であるということです。西田は、この「……現象」ということを（誤解されやすいのですが）「意識現象」と呼んでもいました。さて、この「現象（意識に現れている象）」は、「出来事（出て来ている事）」と言い換えることもできます。そこで、この章では、この現象（出来事）ということを、「価値」という視点から考えてみることになります。

ここで西田は、大まかに言って「現象」のすべては、二つの視点から見ることができる、と言います。

一つめは「その現象がいかにして起こったか、どうしてそうでなければならなかったのか」という視点、つまり①「原因や理由を考える視点」です。二つめは「その現象が何のために起こったのか」という視点、つまり②「目的を考える視点」です。この章でいう「価値的研究」というのは、「価値という視点からの研究」ということで、この二つめの目的と結びついたものになります。

例えばここに一個の花ありとせよ。こは如何にして出来たかといえば、植物と外囲の事情とにより、物理および化学の法則に因（よ）りて生じたものであるといわねばならず、何のためかといえば果実を結ぶためであるということとなる。

たとえば、ここに一輪の花があるとします。この「花が咲いた」という現象（出来事）を、一つめの視点①から、「この花は**いかにして**できたのか」と考えれば、たとえば、気温、水分量、日照時間、養分、ｐｈ値、類似植物との競争関係などによって、どのようにして、そこに花が咲くに至ったかが説明されます。つまり、その植物自身の内的な要因と、その外的（周囲の）事情をふまえて、物理的および化学的、あるいは生物学的な法則から説明することができるでしょう。

また、二つめの視点②からは、「この花は**何のために**できたのか」と目的を考えることもできます。目的を考えれば、その植物自体にとって「そのあとに果実を結ぶためだ」とも言えるでしょう。あるいは、それ以外の事情を考えて「蜜蜂の蜜のため」とか、「人を喜ばせるため」という目的も考えられるかもしれません。

前者は単に物の成立の法則を研究する理論的研究であって、後者は物の活動の法則を研究する実践的研究である。

このような現象（出来事）に対する二つの視点のうち、一つめの「原因の視点」は、ただたんにモノが事実としてどのように成立するのかについて研究するもので、ここで西田は「理論的研究」と言っています。それに対して、二つめの「目的の視点」は、そのモノがいかなる目的をもって活動するのかについて研究するもので、これを西田は「実践的研究」と言っています。

第一章の最初にも、理論ではなく、実践的な問題を扱うという話がありました。ここで西田は、一つの現象を、《すでに完了した固定的なもの》として理論的に見るのではなく、《現在進行形で何かを生み出しつつある動的なもの》として見るような研究、という意味で「実践的な研究」と言っているようです。私たちは、ある現象（出来事）を考えるとき、それを何かの「結果」ととらえて、その原因を考えることもできますし（図の視点①）、その現象を「原因」ととらえて、

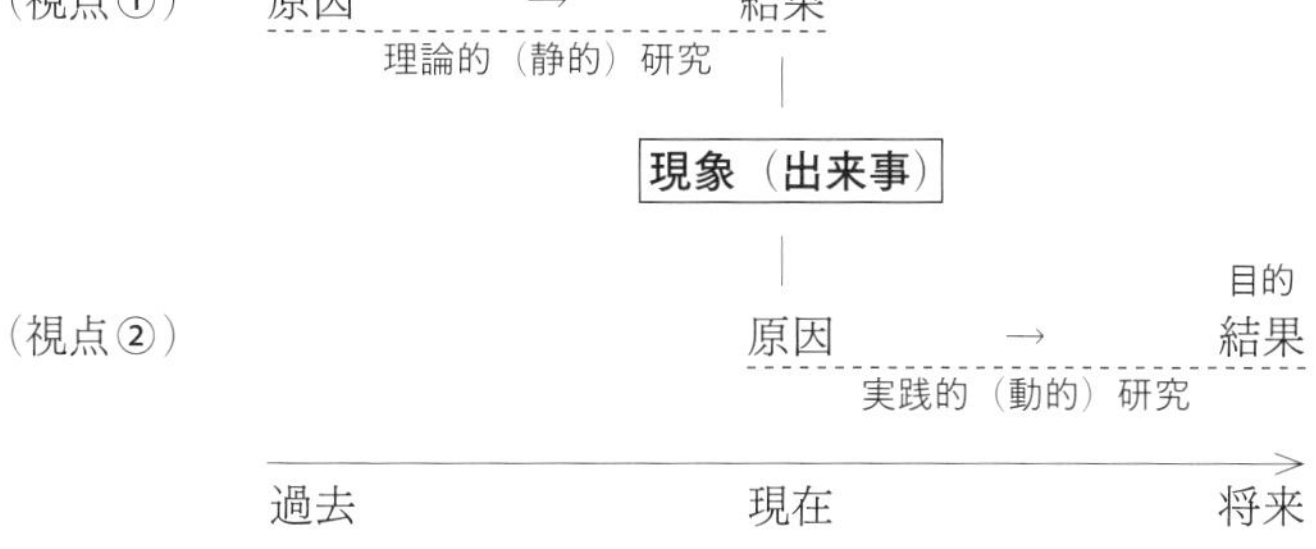

その現象によって次に生ずる結果（その現象が向かうべき目的）を考えることもできます（図の視点②）。つまり、一つの現象に対して、①すでに決定された過去との関係を理論的にすでに固定したものとして考えることもできますし、②未定ながらもそれが目指している将来との関係を実践的にまだこれから動いていくものとして考えることもできる。ここでは、これぐらいの意味でとらえておけばよいと思います。

第二段落

いわゆる無機界の現象にては、何故に起ったかという事はあるが、何のためということはない、即ち目的がないといわねばならぬ。

このように二つの視点から現象を考えるとしても、ふつう現代では、いわゆる無機物の世界での現象について「どうして起こったのか」とその原因を考えることはあっても、あまり「何のために起こったのか」とその目的を考えたりはしません。たとえば、ある日の気温（暑さ）について、その原因を考えることはありますが、「何のために暑いのか」ということは考えません。雷が落ちても、その原因を考えることはあっても、ふつうその目的を考えたりはしません（「ゼウスが天罰を下すため」とは考えません）。つまり、現在の通常の考え方では、いわゆる自然現象には、原因はあっても目的はないということになります。

> ただこの場合でも目的と原因とが同一となって居るという事ができる。例えば玉突台の上において玉を或る力を以て或る方向に突けば、必ず一定の方向に向って転るが、この時玉に何らの目的があるのではない。或いはこれを突いた人には何か目的があるかも知れぬが、これは玉其者の内面的目的でない、玉は外界の原因よりして必然的に動かされるのである。

ただ、このようないわゆる物質的な現象の場合でも、「たんに目的がないのではなく、目的と原因とが同一となっている」と言うことができるかもしれません。たとえば、ビリヤード台の上で、ある力で玉をある方向に突けば、必ず一定の距離と方向をもって転がります。もちろん、この転がっている玉を擬人化して、「玉それ自身に、何か目的がある」とは言えないでしょう。目的があるとしたら、この玉そのものではなく、この玉を突いた人に目的があるのでしょう。たとえば、他の玉にぶつけて穴に落とすとか、ゲームに勝つという目的です。

先ほどの花であれば、特に擬人化しなくても、花にとっての目的（果実）があると言えるかもしれませんが、その花を咲かせようとしている人（花畑の管理者）の経済的・美的な目的は、花それ自体の内にはありません。ビリヤード玉の場合は、外側にある何らかの原因によって必然的に動かされているわけで、玉それ自体の内側に何か目的があるわけではないようです。

――しかしまた一方より考えれば、玉其物に斯の如き運動の力があればこそ玉は一定の方向に動くのである。玉其物の内面的力より云えば、自己を実現する合目的作用とも見ることができる。

しかし、別の考え方もできます。と言うのは、どうして玉が「転がる」という動きをするのか、というと、そもそも玉それ自体が「転がる」ことができるからです。玉に、そのような運動を可能とするような特殊能力（？）が備わっているからこそ、玉は一定の方向に転がっていくことができます。ビリヤードの玉も、玉というからには、その形状が球体です。もしそれが立方体だったりゴツゴツしたりしていたら、転がることはできません。たしかに、その玉が外からの力を受けて必然的に「転がされる」ということも事実なのですが、それに加えて、その玉それ自体に（内的に）「転がることができる」という能力（資質）がなければ、その「転がる」という動きは成り立ちません。

ですから、考えようによっては、「転がる」という能力があり、「転がる」という目的を自ら持っている玉それ自体が、何らかの外的なキッカケによって、実際に「転がる」という運動を生じた、とも言えるのです。これはべつに玉を擬人化しているわけではありません。玉そのものに内在的な「能力」があると言っているだけです。そう考えれば、その玉の運動は、たんに他に転がされるだけではなく、玉それ自体の目的に合っており、さらに言えば自己実現をはたしていると見ることもできそうです。つまり、玉それ自体に目的があると想定したとしても、その「玉が転がる」という現象には、原因と目的が一致していると言えます。

もっとも、ビリヤードの玉というのは、そもそも人によって目的をもって作られた道具ですから、目的があるのは当たり前です。その「ビリヤード台の上を転がる」という目的でもって作られ存在している玉が、実際に適切な状況で突かれて転がったのだとしたら、原因と目的が一致しているというのは当たり前でしょう。

でも、これは、たとえば石ころのようないわゆる自然物にも当てはまります。たとえば、崖の上にある自然石が風に吹かれて下に落ちたとします。その落下の原因を考えれば、そこに石があったということ、風が吹いたということ、石が風に動かされる程度の質量であったことなどが挙げられます。それでは、先ほどのビリヤード玉に「転がる」という能力がそなわっていたように、この石それ自体には何がそなわっているのでしょうか。ここでは「落ちる」という能力(?)でしょう。もし崖の上にあったのが風船であれば、下には落ちずに、風にフワフワと流されていくでしょう(風船には「浮かぶ」という能力があります)。

つまり、この自然石は、その石に起こりうる現象の可能性から考えれば、「風に動かされ、落下するという適度な重さがある」ということになります。そして、「落ちる」ということを石それ自体にそなわった能力が目指す目的だと考えれば、やはり原因と衝突することなく、自然に落ちているわけです。まさに、いわゆる無機物の運動の場合は、原因と目的が一致していると言えます。

ここでの話では、「目的」という言葉の意味が「能力」にまで広がって、なんだかムリのある説明に聞こえるかもしれません。実際、そもそも無機物に目的があると考えること自体がムリな設定とも言えます。無機物にそのような目的などを考えないほうが、話はシンプルなのかもしれません。なぜ、西田がこのようなことを言うのかというと、次の植物や動物と比べるためでしょう。と言うのは、植物や動物になると、そこには明らかに何らかの目的がそなわっており、目的と原因が別々のものだとみなされるからです。ですから、ここでは、動植物における目的をこの後に考えていく都合上、無機物にもそのような目的ということを当てはめて考えてみたのでしょう。つまり、まずはここで、無機物に目的ということを考えるとしたら、そこには原因と目的がまったく一致した状況がある、と言っているだけです。いろいろ言いたいことはありますが、次に進みましょう。

更に進んで動植物に至ると、自己の内面的目的という者が明[あきらか]になると共に、原因と目的とが区別せらるる様になる。動植物に起る現象は物理および化学の必然的法則に従うて起ると共に、全然[ぜんぜん]無意義の現象ではない。生物全体の生存および発達を目的とした現象である。

それでは、さらに進んで、先ほどの花のような植物、または動物について考えてみましょう。生物であれば、それが植物であれ、動物であれ、たとえば「生き残る！」という目的をはたす機能を有する組織体（つまり、有機物）なわけです。ただの石と違って、有機物である植物や動物には、明らかに、それら自身のなかに、何らかの「目的」がありそうです。そして、先ほど、無機物（石）は、原因と目的が一致していると言っていましたが、有機物（生物）になると、どうも、実際に現象を引き起こす「原因」とは必ずしも一致しない「目的」を持っているようなのです。有機物（生物）は、自らの目的を持ち、その目的と現状とのズレを埋めるべく動き出すことができます。

たしかに、植物や動物における現象も、もちろん物理や化学の必然的法則に従って起きるわけですが、だからといって、目的がまったく無いというわけではありません。たとえば樹木にしたら、地面に根をはる、幹や枝を空に伸ばす、葉を茂らせるという動きは、物理・化学の法則に従っていながらも、そこには、有機物である樹木それ自体にとっての「意味（意義）」があります。それぞれの現象（動き）は、たとえば樹木であれば、その樹木全体として生き残り、成長し発達することを目的としている、「意味」のある現象だと言えます。

> かかる現象にありては或る原因の結果として起った者が必ずしも合目的とはいわれない、全体の目的と一部の現象とは衝突を来す事がある。

しかし、有機物にとっては、ある原因の結果として起こった現象が、必ずしも、自らの生存や成長という目的に合うわけではありません。たとえば、全体としては生きていこうとして枝葉を茂らせたことが、逆効果になることもあります。暴風を受けて倒れてしまえば、それは樹木としては生存目的に合った現象ではなくなります（種としての目的は果たしているかもしれませんが）。また、地中深くはった根が、植物にとって好ましくない化学物質を吸収するかもしれません。全体としての目的と一部の現象との間に、衝突が生じることがあるのです。無機物である石が、風に吹かれて崖から落ちて二つに割れても、ただそれだけですが、有機物である樹木の幹が、風に吹かれて折れて倒れたら、その現象は、その樹木単体の生存成長という目的からは逸脱することになります。

先ほど言いましたように、「いわゆる無機物にも目的がある」というのはムリがあったかもしれませんが、少なくとも有機物である生物（植物や動物）に何らかの目的があるというのは、そんなにムリのない話でしょう。そして、目的があるということは、さまざまな現象が起こったとき、「その現象が、その目的に合致しているのか、あるいは目的に反している（衝突している）のか」ということで、その現象がどういう「価値」があるのかが決まることになります。

先ほどのビリヤードの玉にしたら、ただの自然の無機物ではなく、道具として「ビリヤード台の上で転がる」という目的がありました。ですから、もし台から落ちて二つに割れてしまったら、もうその目的は果たせなくなってしまうので、その現象は（それを道具として使う人にとっては）「価値」がないことになります（玉それ自体にとっては、どうでもいいことかもしれませんが）。

そこで我々は如何なる現象が最も目的に合うて居るか、現象の価値的研究をせねばならぬようになる。

このように、さまざまな現象を考えていくにあたっては、たんにその原因を考えて理論的に事実をつかむという視点①だけではなく、目的との関わりから、その現象に価値があるのかという視点②で考えることも必要なのです。私たちは、いわゆる無機物の自然現象はともかくとしても、少なくとも植物や動物であれば、そして人間の行為であればなおさら、「どのような現象が最も目的に合っているのか」という、その現象の「価値」についての研究をしなければならないのです。

第三段落

生物の現象ではまだ、その統一的目的なる者が我々人間の外より加えた想像にすぎないとしてこれを除去することもできぬではない。即ち生物の現象は単に若干の力の集合に依りて成れる無意義の結合と見做(みな)すこともできるのである。

ここまでの話をまとめれば、このように現象（出来事）を無機物や有機物などと区別したとして、やはり、それらの現象について、たんに事実としての理論的研究だけでなく、目的をふまえた価値的研究が必要だ、という話でした。ただ、そうは言っても、無機物である自然石については、それ自体に目的があるとは言いにくいし、そうすると（目的に合っているかどうかという）価値についても考えにくい。

さらに言えば、植物や動物という生物においても、いくら「そこには統一的な目的がある」と言ったとしても、やはり、そのような目的というのは、どこか、私たち人間が外から加えた想像にすぎないとも思われます。もし、その目的が私たちの勝手な想像なのだとしたら、そのような「生物の目的」という想像（思いこみ？）は取り除いたほうがいいでしょう。なぜなら、別の考え方として、「有機体（生物）の現象といっても、けっきょくは部分と部分が集まってできているわけで、それぞれの部分の作用が集合して成り立っているにすぎない」と考えることもできてしまうからです。これは、いわゆる機械論的、要素還元的な考え方です。

たしかに、生物を、《何らかの目的をもった有機的に統一された組織》として考えれば、その目的に照らし合わせて、そこに生じる現象の「意義」を考えることもできます。しかし、たとえ生物が有機的な組織なのだとしても、自(みず)ら能動的に組織したわけではなく、たとえば「機械仕掛けの時計」のように、他者によって機械的に結びつけられた「物の集合」にすぎない、とも考えられます。

仮にそう考えて、そのような「機械としての生物」ならば、そんな生物（機械）上の現象も、たんにいくつかの作用（力）が集合することで成り立つ「意義のない結合」だとみなされてしまいます。そして、そんな生物（機械）には、先ほどのビリヤード玉と同じことがあてはまってしまいます。つまり、ビリヤード玉に目的があっても、玉それ自体にとってはどうでもよかったように、たとえその生物（機械）に何らかの目的があって動いていたとしても、それがただ機械的（必然的）に目的に向かっているだけならば、その生物（機械）それ自体にとっては、どうでもよいことになってしまいます。偶然そこにある物体には特に意味も目的もなく、その集合体である「機械としての生物」にも、それ自体にしたら意味も目的もない、ということになるわけです。

> 独り我々の意識現象に至っては、決してかく見ることはできない、意識現象は始より無意義なる要素の結合ではなくして、統一せる一活動である。

それでは、私たち人間はどうなのでしょうか。私たちも有機的に結びついた身体を持つ生物ですから、私たち人間も物体にすぎないというのであれば、目的も意味もなくなってしまうのでしょうか。ただ、前章で述べられていた因果決定論のように、たとえば「脳を含んだこの身体は精巧な機械であって、そこに生じるとされる意識現象もすべて機械的・必然的な法則に支配されるものだ」と考えるのは、やはりムリがありました。これは、けっして因果論そのものを否定するわけではなく、因果論**だけ**ですべてを説明することはできない、ということでした。すべてがいわゆる自然現象と同じく因果決定論的に動いているのであれば、前章でみたように、人間の自由意志は考えられなくなりますし、ここで述べている「意味（意義）」も消滅します。

そこで西田が断言するのが、むしろ、唯一、私たちの意識現象にこそ、そうした「意味（意義）」がある、ということなのです。なぜ西田は、そう言い切れるのでしょうか。西田によれば、私たちの意識現象は、それが始まった時点で、ただの無意味な寄せ集めなのではなく、そこにはすでに何らかの統一が成立しており、一つの活動としてこそ成り立つものだから、です。

> 思惟（しい）、想像、意志の作用よりその統一的活動を除去したならば、これらの現象は消滅するのである。これらの作用については、如何にして起るかというよりも、如何に考え、如何に想像し、如何に為すべきかを論ずるのが、第一の問題である。ここにおいて論理、審美（しんび）、倫理の研究が起って来る。

実際のところ、もし思惟・想像・意志などという意識作用から、その統一性を除去してしまったならば、これら思惟などの現象それ自体が消滅してしまいます（思惟などについては第二章で登場していました）。これら思惟などの意識現象は、何らかの統一性があるからこそ、思惟として成り立っているのです。もちろん、思惟などの作用について、「それらの作用がどうして起こるのか」という、その機械的な因果関係を考察することも可能です。

しかし、個別的な因果関係の考察だけでは、現象のすべてを説明したことにはなりません。それら思惟などの意識現象が、けっしてバラバラの寄せ集めではなく、一つのまとまった作用として成り立っている根拠（統一性）を考えなければなりません。私たちが、思惟し、想像し、意志し、行為する、その根拠は何か、その目的は何なのか。ここで重要なのは、そこに統一性があるということ、（広い意味で）目的があるということです。そして、それぞれの現象について、より大きな統一性があるかどうか、より深い目的に合致しているかどうか、という視点から、価値について考えることが可能となるのです。そして、こうした思考から、論理（真）、審美（美）、倫理（善）についての研究が起こってきます。

第四段落

或る学者の中には存在の法則よりして価値の法則を導き出そうとする人もある。しかし我々は単にこれよりこれが生ずるということから、物の価値的判断を導き出すことは出来ぬと思う。赤き花はかかる結果を生じ、または青き花はかかる結果を生ずという原因結果の法則からして、何故にこの花は美にしてかの花は醜であるか、何故に一は大なる価値を有し、一はこれを有せぬかを説明することはできぬ。これらの価値的判断には、これが標準となるべき別の原理がなければならぬ。

それでは、そのような「価値の研究」はどのようになされるべきなのでしょうか。また、私たちは、どうしてそのような価値的研究をする必要があるのでしょうか。それについて西田は、次の第五章からくわしく論じていくわけですが、とりあえずここでは簡単に、異なる三つのタイプの考え方を参考に、価値的研究について述べています。

一つめのタイプ。まず、学者によっては、価値について考えるとき、「存在の法則」から「価値の法則」を導き出そうとする人がいる、と西田は言います。つまり、「AからBが生じる（Aが原因で、Bが存在する）」という事実的判断から、「だからA（あるいはB）には意義がある」という価値的判断を導き出そうとするのです。

しかし、これにはムリがあります。私たちは、たんに「AからBが生ずる」ということ自体から、そのAやBの価値を判断することはできません。たとえば「赤い花から甘い果実が生じ、青い花からにがい果実が生じる」という因果関係があったとしても、そこから「赤い花のほうが美しく、青い花は醜い」と美的価値の優劣を言うことはできません。もし、このような価値判断をするのであれば、そこには、その判断基準となるべき別の原理が必要になります（たとえば「甘い実を生じる花が美しい」? など)。つまり、ただの事実としての説明から、いきなり価値の説明はできないのです。

我々の思惟、想像、意志という如き者も、已に事実として起った上は、いかに誤った思惟でも、悪しき意志でも、また拙劣なる想像でも、尽くそれぞれ相当の原因に因って起るのである。人を殺すという意志も、人を助くるの意志も皆或る必然の原因ありて起り、また必然の結果を生ずるのである。この点においては両者少しも優劣がない。ただここに良心の要求とか、または生活の欲望という如き標準があって、始めてこの両行為の間に大なる優劣の差異を生ずるのである。

私たちの思惟・想像・意志などの意識現象も、すでに事実として起こった以上は、たとえそれがいかに誤った思惟、悪い意志、稚拙な想像だと思われたとしても、すべて、あくまで事実としては、それぞれ何らかの理由があって起こったわけで、**事実としての**優劣はありません。たとえ人を殺すという意志も、人を助けるという意志も、どれも何らかの原因があって起こっていると言えますし、きっとまたそこから新たな因果関係に基づく新たな結果が生じることになります。「人を殺すという意志」と「人を助けるという意志」について、その原因と結果について事実的な判断をしたとしても、**事実としては**両者の間に少しも優劣はありません。もしその二つに価値的な優劣の判断をするのであれば、その行為（意志）について、たとえば「自らの内なる良心の要求に従っているか」とか「その人の生存欲求を尊重しているか」などの別の基準にあてはめる必要があります。そうすることで、はじめてこの二つの行為の間に価値の優劣が生じるのです。

もっと簡単にたとえてみましょう。どの時代・どの地域の社会においても一定数の「殺人」は発生します。これは、善し悪しを抜きにして、ただの事実なのです。ただ、事実として「殺人がある」からといって、「殺人は（あっても）よい」ということにはなりません。また、逆に、その事実から「殺人は（あったら）よくない」という結論を導き出すこともできません。事実は事実、価値は価値なのです。「ある／ない」を理由に、「善／悪」や「すべき／すべきでない」という価値的な判断はできません。殺人を「よくない」と判断するには、事実とは異なる根拠が必要なのです。「いじめ」や「差別」などもそうですね。

或る論者は大なる快楽を与うる者が大なる価値を有するものであるという様に説明して、これに由りて原因結果の法則より価値の法則を導き得た様に考えて居る。しかし何故に或る結果が我々に快楽を与え、或る結果が我々に快楽を与えぬか、こは単に因果の法則より説明はできまい。我々が如何なるものを好み、如何なるものを悪（にく）むかは、別に根拠を有する直接経験の事実である。

二つめのタイプ。また別の論者は、価値について考えるとき、「結果として、より大きな快楽を与えることのできるものが、より大きな価値を有するものだ」と説明します。そして、「価値の法則も、そのような原因結果の法則から導き出すことができる」と考えます。しかし、西田は、これもムリのある考え方だと言います。なぜかと言うと、私たちは、同じ原因であっても、ある時には結果として快楽を得ますが、別の時は快楽を得ないことがあり、私たちが何に快楽を得るかは、たんに因果の法則によっては説明できないから、です（これについては、第八章でくわしく論じられます）。

この「説明できない」ということは、たんに科学（心理学）が発達していないからというのではなくて、そこに前章で話をした「自由意志」が関わっているからです。つまり、私たちがどのようなものを好み、どのようなものを嫌がるのかは、まさに自らの「自由意志」に関わる「直接経験の事実」に基づくものなので、たんに快楽を与えるかどうかとは別の話なのです。

心理学者は我々の生活力を増進する者は快楽であるという、しかし生活力を増進するのが何故に快楽であるか、厭世家(えんせいか)はかえって生活が苦痛の源であるとも考えて居るではないか。

もっとも、もしかしたら心理学者によっては、「私たちの生命活動を増進するようなものが、私たちに快楽を与える」と言うかもしれません。しかし、必ずしも、生命活動を増進することが、そのまま快楽に結びつくわけでもありません。人間というのは、そんなに単純ではないのです。私たちは、命を縮めたり不快なことを選んで行うこともあります。また、死後に期待して現世の生活を厭（いと）う人というのは、かえって「この世で生きていること」それ自体を、苦痛の源だとも考えたりします。そうなると、「生命活動を増進すること」が、かならずしも価値に結びつきません（ここでいう「生命活動」が何を意味するのか、という問題もありますが……）。

> また或る論者は有力なる者が価値ある者であると考えて居る。しかし人心に対し如何なる者が最も有力であるか、物質的に有力なる者が必ずしも人心に対して有力なる者とは云えまい、人心に対して有力なる者は最も我々の欲望を動かす者、即ち我々に対して価値ある者である。有力に由りて価値が定まるのではない、かえって価値に由りて有力と否（いな）とが定まるのである。

三つめのタイプは、「有力なものが価値あるものだ」という考えです。言い換えれば、「力を持つ者（強者）にこそ善があり、正しい」という考え方です。しかし、この場合は、何をもって「力が有る、強い」と言えるのか、ということがはっきりしません。大きな石を持ち上げられる力、より巨大な自然を動かすことができる力、あるいは世界を支配する力を持っていることが、価値があることなのでしょうか。あるいは、人をその意志に反して動かす力、その人の身体を動かす力を持つものが、価値を持つものなのでしょうか。

また、そのようないわゆる物質的な力ではなく、いわゆる精神的に、人の心を動かす力もあるでしょう。それでは、人の心に対しては、どのようなものが最も有力だと言えるのか、よくわかりません。いわゆる物質的な力（たとえば筋力や権力）が強かったとしても、必ずしも人の心を動かすことができるわけではありません。人の心に対する力があるというのは、その人の心の欲求を知り、それを動かすことができるという力でしょう。そうすると、その人の心が求める目的に合った方向へと導くものが、力のあるものということになります。

しかし、この説明では、「目的に合った方向に導くもの（価値あるもの）が、有力なものである」ということになります。したがって、「有力だから、そこに価値がある」というのではなくて、逆に「価値あるものだから、そこに力がある」ということになります。簡単に言えば、たとえば、「金（かね）の力（経済力）」を考えたとしても、そもそもお金に価値がなければ、そこに「力」は発生しません。あるいは「語学力」も、語学に価値を見いだせない状況では「力」でもなんでもないのです。つまり、有力かどうかによって価値が定まるのではなく、価値があるかどうかによって有力かどうかが定まっているのです。

――凡て我々の欲望または要求なる者は説明しうべからざる、与えられたる事実である。

以上、簡単に三つのタイプについて述べられましたが、これから西田の考えが述べられます。この原文ではたった一行の話の前に少し確認しておきますと、先ほど言いましたように、「価値」ということを考える上で重要なのは、「目的」です。もし私たちが、目的もなく「いま・ここ」の現実をそのまま生きているだけなのであれば、特に価値も問題になりません。ただ現実にひたって生きているだけではなく、その現実の中で何らかの目的（理想）を持ち、その目的を求めて生きていくとき、その現実と目的の関係の中で、「価値」が生まれるのです。私たちは、現実において生じた現象（出来事）について、目的との関わりでのみ、その価値を判断できるのです。しかし、それで、私たちはどんな「目的」に対して欲望を持ち、要求するのか、という話になります。実は、そうした欲求については、後付けでいろいろ説明するにしても、欲求それ自体の根本的な説明にはならないのです。いやむしろ、「まだ説明できない欲求そのもの」こそが重要になります。

欲求は、説明されて理解したあとに、その説明内容にそって作り出せるものではありません。たとえば、「カクカク、シカジカで欲求が生じます。わかりましたか？　では、欲求してみてください」と言われて、意図的に欲求を起こすことはできません。むしろ欲求とは、説明することができない「与えられた事実」なのです。欲求が生じているまさにそのときには、言葉による説明が生じることはない。だから、その欲求によって求められている目的も、説明しようがない。そして、そうした目的への欲求が、価値を生み出すことになります。

> 我々は生きるために食うという、しかしこの生きるためというのは後より加えたる説明である。我々の食慾はかかる理由より起ったのではない。小児が始めて乳をのむのも、かかる理由のためではない、ただ飲むために飲むのである。

たとえば食欲を考えてみましょう。私たちは「生きるために、食べる」と言いますが、しかしこの「生きるため」というのは、後から付け加えた説明にすぎません。美味しそうなものを目にした時に生じる食欲は、はたして「生きるため」と言語表現されるような欲求として、まさにそのとき生じているのでしょうか。私たちの食欲は、もし後から説明したらそうなのかもしれませんが、まさに生じているその時に、そんな「理由」はありません。

たとえば、乳児がはじめて乳を飲む、まさにその時も、べつに乳児は「カロリー摂取のため」とか「満腹の快適さを得るため」などという「理由」で飲んでいるわけではありません。一定の行為をしている以上、そこには方向性があり、何らかの「意志」はありそうです。しかし、そこには「飲む」ということの他に何か理由があるわけではない。あえて言えば、ただ飲むために飲んでいる、ただ飲んでいるのです。このような「ただ飲む」というときの欲求は、そこに目的があるとしても、目的と分かれていません。欲求と目的が分かれていないのに、目的がないわけでもない。そこには目的があり、だからこそ、そこには価値（意味）もそなわっています。

> 我々の欲望或いは要求は啻にかくの如き説明しうべからざる直接経験の事実であるのみならず、かえって我々がこれに由って実在の真意を理解する秘鑰である。実在の完全なる説明は、単に如何にして存在するかの説明のみではなく何のために存在するかを説明せねばならぬ。

このような「目的がありながら、まさにその目的と一つになった欲求（意志）」こそが、説明不可能な「直接経験の事実」だと西田は言います。西田は、これをなんとか読者にわかってもらおうと、「説明不可能な欲求」、「与えられた事実」、「純粋経験」、「統一的なあるもの」、「必然的な自由意志」など、いろいろな表現をしています。けっきょく、なかなか伝わってこないんですが、こうした表現が指し示そうとしていることこそが、私たちが自らのリアル（実在）の真の意味を理解するための「秘密を解く鍵（秘鑰）」だと言います。

まとめておきましょう。まず、私たちのリアル（実在）とは、ただの存在ではなく、このように欲求（要求）が関わっています。この欲求には「……のため」という目的があり、その目的へと向かう以上は、そこに「価値」が生じます。そして、欲求が目的と一致しても価値は残り続けます。ですから、実在を（後付けとはいえ）完全に説明しようとするには、たんに「いかにして存在するか」という説明だけではなく、「何のために存在するのか」という目的（価値）の説明をしなければならないのです。

ところで、いわゆる科学者が、どんなに冷静に、客観的に、存在のありかたを説明しようとしても、そのように説明しようとしている以上、やはりそこには価値があるとみなしているでしょう。これも後付けの説明かもしれませんが、価値があると思うからこそ、観察したり、説明したりするわけです。そもそも、「価値」という視点を無視した「研究」などあり得ないのです。

第五章

直覚説

――「善は、そのまま明らかにパッとわかるものだ」？

〔倫理学の諸説　その一〕

銅像の重さや高さは計測すれば「事実」としてわかりますが、その銅像の価値はどのように判断したらいいのか。さらに言えば、人間の行為の価値（善・悪）は、どのように判断したらいいのか。そのような「価値について考える（価値的研究）」とは何なのか、それが「事実について考える（論理的研究）」とどのように違うのか、などなどが、前の章まで説明されていました。

そして、ついに、この章から、「それでは私たちは、そのような価値をどのように判断しているのか」という話になります。読者の皆さん、お待たせしました。やっと、いわゆる「倫理学」らしい話になります。つまり、私たちが「善」をどのように決めているのか、という話になります。

そこで西田は、この章から、倫理学上の基本的な考え方をいくつか登場させて、それぞれにコメントしながら、自分の考えを語っていきます。この章では、まずは「直覚説」と言われる考え方が登場します。西田にしたら、どの説も、最終的には「それじゃあダメだ」ということになるんですが、実は、単純にダメだとも言い切れないところもあって、よくよく読んでいくと、そこまで否定しちゃって大丈夫なの？　自分の立場まで否定されてしまわない？　と、心配になるところもあります。

いろいろな見解が登場してくるので、話は錯綜しますが、言っていることはそこまで難しい話ではありません。ここまでの「難所」をくぐりぬけてきた読者にしたら、ここからは比較的ゆるやかな道が続き、パノラマもひらけて、いろいろな山脈の景色が楽しめると思います。

第一段落

已に価値的研究とは如何なる者なるかを論じたので、これより善とは如何なるものであるかの問題に移ることとしよう。我々は上にいった様に我々の行為について価値的判断を下す、この価値的判断の標準は那辺にあるか、如何なる行為が善であって、如何なる行為が悪であるか、これらの倫理学的問題を論じようと思うのである。

この一文は、原文のままで理解できるでしょう。やっといわゆる「倫理学的問題」を論じよう、というわけです。だいたい私たちは、自分の行為をただの「事実」としては見ないで、自分がしている行為の「意味」を考えています。たとえばこの『善の研究』を読むという行為も、ただの事実としてだけでなく、そこに価値を付け加えているはずです（意味があると思うから読んでいるはずです）。つまり、その行為について、「これは意味（価値）がある」とか、「これは良い（善い）、あるいは悪い」という価値的な判断をくだしながら、実際に行為したり、しなかったりするわけです。私たちは、無価値だと思う行為をしようとしませんから。それじゃあ、どうやってその価値判断をしているのか、その基準はどこにあるのか、という話ですね。

> かかる倫理学の問題は我々に取りて最も大切なる問題である。いかなる人もこの問題を疎外(そがい)することはできぬ。東洋においてもまた西洋においても、倫理学は最も古き学問の一(ひとつ)であって、従って古来倫理学は種々の学説があるから、今先(ま)ずこの学における主なる学派の大綱(たいこう)をあげかつこれに批評を加えて、余(よ)が執(と)らんとする倫理学説の立脚地を明(あきら)かにしようと思う。

このような倫理学で扱われる問題は、私たちにとって最も大切な問題と言えます。と言うのは、どんな人であっても、この「何が**よい**(善(よ)い、良(よ)い、好(よ)い)行為で、何が**わるい**(悪(わる)い、悪(にく)い、嫌な)行為なのか」という問題から離れて生きていくことはできないからです。べつに大げさに考えることはありませんし、究極の選択が迫られているわけでもありません。ただ、日常的に、何がよいか、何が悪いかということを考えるのは、古今東西、誰もがすることです。

そして、この「よし・あし(善・悪)」の判断をいわゆる学問として扱うということは、特に「倫理学」という名前で呼ばれなくても、昔から行われていました。そして、いわゆる「学問」としても、東洋でも、西洋でも、最古の学問の一つと言えます。昔からどこにでもある「学問」なのですから、もちろんそうした倫理的な考え方(学説)は、場所・時代によってさまざまです。

そして、私たちも知らず知らずのうちに、そうした昔からのさまざまな倫理的な考え方に従って生きているはずです。

そういうわけで、西田は、そうした「倫理学」のなかでも主な学派の基本的な考えを紹介していきます。もちろん、ただ紹介するだけではなく、西田なりにそれらの考えを批評して、順次、自分の考えを述べていって、自分の倫理学的な立場を明らかにします、というわけです。

第二段落

古来の倫理学説を大別すると、大体二つに別れる。一つは他律的倫理学説というので、善悪の標準を人性以外の権力に置こうとする者と、一つは自律的倫理学説といって、この標準を人性の中に求めようとするのである。外になお直覚説というのがある、この説の中には色々あって、或る者は他律的倫理学説の中に入ることができるが、或る者は自律的倫理学説の中に入らねばならぬものである。今先ず直覚説より始めて順次他に及ぼうと思う。

まず西田は、哲学の歴史上、これまでの倫理学の説を大まかに分類すると、だいたい二つに分けることができる、と言います。一つは「他律的倫理学説」と言われるものです。善・悪を分ける基準を、人の性（本性）ではなく、その他の何らかの力（たとえば権威とか権力）に置こうとするものです。「他に律せられて価値が決まる」ということです。くわしくは、次の第六章（権力説）

で考えます。

もう一つは「自律的倫理学説」と言われるもので、善・悪を分ける基準を、人の性（本性）それ自体の中に求めようとするものです。つまり「自ら律して価値が決まる」という考えです。これも、くわしくは、第七章の合理説、第八章の快楽説で考えます。

また、このような「他律か、自律か」とは別の分類として、善悪の判断が直覚的かどうかによって分ける分類もあります。つまり、「直覚的に善・悪の価値が決まる」というのが「直覚説」です。直観的に決まる、と言ったほうがわかりやすいかもしれません。つまり、その行為の価値が、理論的な説明によって決まるのではなく、直観的に、「直ちに観て明らかにわかる」という考え方です。ただ、この直覚説の中にもいろいろあって、「直覚的でありかつ他律的な倫理学説」と言えそうなものもあれば、「直覚的でありかつ自律的な倫理学説」と言えそうなものもあります。そこで、まずこの章では、その直覚説（直観主義）から見ていき、その次にそれぞれの考えを検討することになります。

第三段落

この学説の中には種々あるが、その綱領（こうりょう）とする所は我々の行為を律すべき道徳の法則は直覚的に明（あきらか）なる者であって、他に理由があるのではない、如何なる行為が善であり、如何なる行為が悪であるかは、火は熱にして、水は冷なるを知るが如く、直覚的に知ることができる、行為の善悪は行為其者の性質であって、説明すべき者でないというのである。

この直覚説と言われるものにもいろいろありますが、その最も大切なところは何かというと、ようするにこういうことです。

――私たちの行為を律すべき道徳法則は、そのまま直覚的に明らかなものであって、その他に理由はない。つまり、「どんな行為が善で、どんな行為が悪なのか」を知るには、「火が熱い」とか「水が冷たい」ということを知るのと同じように、直覚的に（パッと）知ることができる――と。

ある意味、非常にシンプルな考え方です。つまり、「ある行為が善か悪かということは、その行為そのものにそなわっている性質なのであって、グチャグチャと他から説明するべきものではない」という話です。もっと簡単に言ってしまえば「行為の善悪って、そのままなんとなくわかるよね」ということです。読者にしたら、こんな単純そうな説をわざわざ取りあげる必要があるのかと疑問に思うかもしれませんが、けっこう大事な考え方なんです。

なるほど我々の日常の経験について考えて見ると、行為の善悪を判断するのは、かれこれ理由を考えるのではなく、大抵直覚的に判断するのである。いわゆる良心なる者があって、恰も眼が物の美醜を判ずるが如く、直に行為の善悪を判ずることができるのである。

なるほど、私たちの日常の経験について考えてみますと、たしかに、その行為が善か悪かということを判断するのは、いちいちあれこれと「理由」を考えて判断しているわけでもありません。たいていは「直覚的」に判断しているでしょう。たとえば、私たちは、美しいものに出会ったら、特に深く考えることなく、「ほぉっ」とその美しさに見とれてしまいますし、醜(みにく)いものに出会ったら、やはりその醜さの理由などを考えずに、「うわぁ」と目をそむけてしまうかもしれません。視覚的な美や醜(びしゅう)というのは、いわゆる美意識（醜意識？）というものがあって、なんとなくそのまま直覚的に判断しているわけです。聴覚的な「美しさ」も、そのまま聞きほれるでしょうし、不協和音を聞いたらなんとなくイヤだなと感じます。

それと同じように、行為の善・悪を決める倫理的な判断も、いわゆる良心（道徳意識）というようなものがあって、（美・醜の判別のように）直ちにその善・悪を判別することができるというのが、直覚説の考え方です。

直覚説はこの事実を根拠とした者で、最も事実に近い学説である。しかのみならず、行為の善悪は理由の説明を許さぬというのは、道徳の威厳を保つ上において頗(すこぶ)る有効である。

直覚説は、こうした日常的な事実を根拠とした説なので、なるほど最も事実に近い学説と言えるかもしれません。それだけでなく、この直覚説に基づけば、ある行為が善か悪かは、直(じか)に明らかにわかるわけですから、わざわざその理由を説明する必要もありません。いやむしろ、直に明らかなことは、説明することを許さないということになります。逆に直に明らかでないならば、説明して理屈で納得してもらうしかありませんが、そのまま自明なことは、むしろ説明は不要なのです。

たとえば、西田がよく例として使う幾何学で考えてみましょう。いわゆる「三角形の内角の和は二直角である（∠a＋∠b＋∠c＝180°）」ということは、実際に三角形の紙片をビリビリと破って三つの角を合わせれば直覚的にわかりますが、このまま三角形を眺めているだけでは、なかなか直覚的にはわかりません。

一方、「対頂角は等しい（∠a＝∠d）」はかなり直覚的にわかりそうですが、説明できないこともありません。つまり角aと角eを足したら180度で、また角dと角eを足しても180度なので、共に180度から角eを引いたものである角aと角dは等しいと言えます（∠a＝［180°－∠e］＝∠d）。それに対して、「平行線における同位角は等しい（∠d＝∠f）」ということになると、当たり前（自明）

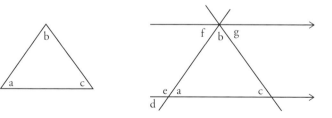

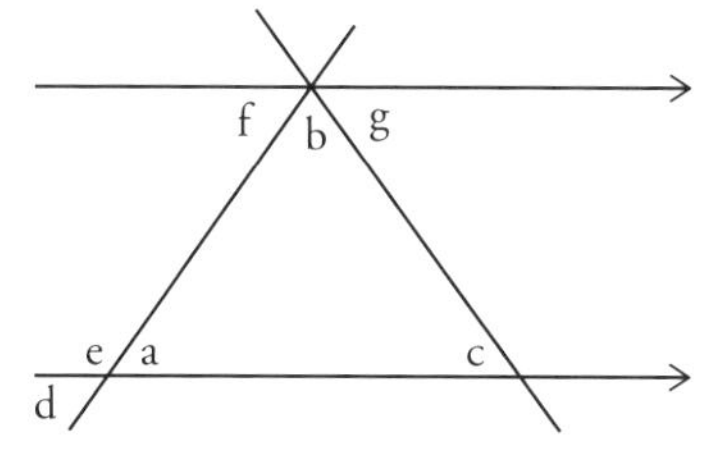

すぎて、それ以上は説明できなくなります。これはもう「公理（あるいは公準）」と言うしかありません。いわゆる「平行性公準」と言われるものです。つまり、そのまま明らかだから、説明なしでそういうことでご了解ください、というものなんです。

直覚説（直観主義）というのは、このような考え方を倫理的にもあてはめたものです。つまり、「倫理的に当たり前すぎて説明できないことがある、それはただちに明らかにわかるのだ」というわけです。そうすると、直覚的にわかるということは、説明することができない（説明してはいけない）ということになるわけですから、逆に言えば、道徳の威厳を保つためには、はなはだ有効な説だとも言えるでしょう。だって、その「明らかな道徳」は説明する必要さえないくらい明らかなんですから。

第四段落

直覚説は簡単であって実践上有効なるにも拘（かかわ）らず、これを倫理学説として如何ほどの価値があるであろうか。直覚説において直覚的に明であるというのは、人性の究竟（きゅうきょう）的目的という如きものではなくて、行為の法則である。

しかし、このような「直覚説」（善と悪の判断を直ちに覚（さと）ることができる）という考えは、とてもシンプルな考え方で、しかも実践上も非常に有効なのですが、これが倫理学説として価値があるかどうかについては疑問が残る（むしろ、学説としては、あまり価値があるとは思えない）、と西田は言います。

ここで西田は、誤解のないように言葉の意味の確認をしています。直覚説で言われている「直覚的に明らかなこと」というのは、ここでは別に《宗教上の真理を覚る》とか《人の性（さが）としての「究極的な目的」が明らかだ》という意味ではない、と言うのです。直覚（直ちに覚る）というと、なんだか大げさな「覚り」のようですが、ここで言っている「直覚」というのは、たとえば仏教における「悟る、覚る」（いわゆる「正覚（しょうがく）を得る」）というような意味**ではありません**。あるいは、卓越した誰かが全宇宙と全人類の目的をただちに覚る、ということ**でもありません**。ここで「直覚」と言っているのは、たんに私たちの日常の行為について何が良くて何が悪いのかという法則のようなものが、「なんとなく、そのままに、（直観的に）明らかだ」という意味ですから、「覚る」という言葉にへたに引っ張られないでくださいね、と言っています。

> 勿論（もちろん）直覚説の中にも、凡（すべ）ての行為の善悪が個々の場合において直覚的に明であるというのと、個々の道徳的判断を総括する根本的道徳法が直覚的に明瞭であるというのと二つあるが、いずれにしても或る直接自明なる行為の法則があるというのが直覚説の生命である。

では、あまり大げさな話ではなく、たんに「行為の法則が直覚的に明らかだ」という意味だとしても、もちろん話はそう簡単ではありません。私たちはさまざまな行為をしますが、それぞれの行為が善か悪かが直覚的に明らかになるとしたら、それでは**どのように**直覚的に明らかになるのでしょうか。

この「どのように」ということを、西田は二つに分けて考えています。つまり、（1）各々（おのおの）の個別の行為が、それぞれケースバイケースでそのつどただちに明らかなのか、それとも、（2）各々の個別ケースのすべてを包括するような一般法則があって、その一般法則がただちに明らかなのか、ということです。

たとえば、「転んで起き上がれない幼児を助ける」、「重い荷物を持って階段を苦労して上っているお年寄りを助ける」、「目前の川で溺れかかっている人にロープの付いた浮き輪を投げる」などの行為が、直覚的に「よい行為」なのだとしたら、それらは、個々別々にそれぞれが直（ただ）ちに「よい行為」として明らかなのでしょうか。それとも、それぞれ個別事例（ケース）を一つにまとめた「困っている人・弱っている人を助けること」という一般法則が明らかなのでしょうか。

しつこく言い換えますと、一つめは「それぞれ個々の場合におけるすべての行為の善悪が、いちいち個別に直覚的に明らかなのだ」という考え方ですし、二つめは、「それら個々の道徳的判断を総括する、根本的な道徳法則があって、それが直覚的に明らかなのだ」という考え方です。

でも西田は、このようにわざわざ二つの考え方を出しておきながら、すぐに「いずれにしても」と、その違いを無視します。ここで西田は、どちらにせよ、直覚説にとって必須の「生命（いのち）」というか本質的なことは、「何らかの直接で自明な行為の法則が存在するということ」ですよね、と確認しているわけです。これが、直覚説の大前提で、それがないと直覚説が成り立たない、というわけです。この二つの考え方をここで言うのは、なんだか無駄なように思うかもしれませんが、なんで西田がこのような分類をするかというと、後でそれぞれについて詳細に考える必要があるからなんです。ここでは、チョイ出ししているだけです。

このように「直覚説」を簡単にまとめたので、ここから西田自身の批評が始まります。

> しかし我々が日常行為について下す所の道徳的判断、即ちいわゆる良心の命令という如き者の中に、果して直覚論者のいう如き直接自明で、従って正確で矛盾のない道徳法なる者を見出しうるであろうか。

しかし、実際のところ、私たちが日常的な行為についてくだす道徳的判断というのは、そんなに「直ちに自明」なものばかりだろうか、と西田は言います。たとえば、自分で何かしようとしたり、誰かの行為を見たときに、いわゆる「良心の命令」というようなものが出てきて、その命令において明らかに「これは善、あれは悪」とパパッといつも決まるものでしょうか。先ほどの人を助けるという例であれば、比較的明らかに、それが善か悪か直覚的にわかるかもしれませんが、現実はそう簡単ではありません。目の前に困っている人が二人いたら、どちらを助ければいいのでしょうか。直ちに明らかには決まりません。つい考えてしまいます。そして、そのような場合、悩んだり、すぐに明らかに決められないからこそ、いわゆる「倫理学」というものが必要なのです。

さらに言えば、むしろ私たちの日常経験の中には、直覚説で言われるような直接自明な道徳法則なんてものを一つでも見いだすことができるのか、あやしく思えてきます。もし直接自明な道徳法則というのであれば、それはまさに直接自明なのですから、いつも正しくて確かで矛盾がないことになりますが、そんな道徳法則を見つけるのは、かなり難しいことでしょう。

> 先ず個々の場合について見るに、決してかくの如き明確なる判断のないことは明である。我々は個々の場合において善悪の判断に迷うこともあり、今は是と考えることも後には非と考えることもあり、また同一の場合でも、人に由りて大に善悪の判断を異にすることもある。個々の場合において明確なる道徳的判断があるなどとは少しく反省的精神を有する者のとうてい考えることができないことである。

ここから、先ほどの直覚説の二分類にそって話が続きます。まず、直覚説の中の一つめの考え方、「個別に（ケースバイケースで）明らかか」です。その個々の場合について考えてみても、明らかに、そのような「よし・あし」の明確な判断はできないでしょう。実際のところ私たちは、個々別々の場合にその判断に迷ってしまいます。それに、今は「これでよし」と考えることも、後になってから「これではダメだ」と考えることもあります。また、同じ場合（状況）であっても、その場面に対する人が違えば、当然、善・悪の判断も大いに異なるわけです。ですから、この一つめの個別的な直覚説で言われるような「個々の場合において明確な道徳的判断がある」などという考え方は、少しでも批判的な思考をすることができる人であれば、とうてい認められるような考えではないということになります。

しからば一般の場合においては如何（いかん）、果して論者のいう如き自明の原則なる者があるであろうか。第一にいわゆる直覚論者が自明の原則として掲げて居る所の者が人に由りて異なり決して常に一致することなきことが、一般に認めらるべきほどの自明の原則なる者がないことを証明して居る。

それならば、二つめの直覚説、つまり「個々別々の場合を総括するような、より一般的な道徳法則があって、その法則が直接に自明なのだ」という考え方はどうでしょうか。この二つめの一般的な直覚説では、個別な場合を越えた一般的な原則があるというわけですが、はたしてそんな「どんな場合にも当てはまる確実な一般原則」なんてものがあるのでしょうか。どうも、あるようには思えません。仮にあったとして、私たちは、どうやってそれを「自明なこと」として知ることができるのでしょう。そもそも、いわゆる直覚説で主張される「自明の原則」と言われるものも、人によってその内容が異なっているようです。時代・地域・文化・宗教が異なれば、まず一致することはありません。このように一致しないということ自体が、個別のケースバイケースを越えた一般性として認められるべき「自明の原則」がないことを証明してしまっています。

> しかのみならず、世人が自明の義務として承認して居るものの中より、一（ひとつ）もかかる原則を見出すことはできぬ。忠孝（ちゅうこう）という如きことは固（もと）より当然の義務であるが、その間には種々（しゅじゅ）衝突もあり、変遷もあり、さていかにするのが真の忠孝であるか、決して明瞭ではない。

それだけではありません。世間には、「明らかに……すべきだ」というような、いわゆる「自明の義務」として認められた事柄がたくさんありますが、それらの中から、いつでもどこでも当てはまる「原則」を一つでも見つけ出そうとしても、なかなか見つけ出すことができません。たとえば、明治になって四十年が経った当時（一九一〇年ごろ）であっても、「忠・孝」という道徳的な規範は、もとから当然の義務のように思われていましたが、だいたい、その「忠」と「孝」の間にも種々の衝突がありますし、変遷もあります。それを合わせて「忠・孝」と言っても、それでは、どのような行為が真の忠孝なのかは、けっして明瞭なことではありません。

> また智勇仁義（ちゆうじんぎ）の意義について考えて見ても、いかなる智いかなる勇が真の智勇であるか、凡て

> の智勇が善とはいわれない、智勇がかえって悪のために用いられることもある。仁と義とはその内で最も自明の原則に近いのであるが、仁はいつ如何なる場合においても、絶対的に善であるとはいわれない、不当の仁はかえって悪結果を生ずることもある。

また、江戸時代から明治になってもまだ残っている道徳理念、「智・勇・仁・義」という意味について考えてみても、いかなる智、いかなる勇が、真の智・勇なのか、すぐに明らかというわけにはいきません。さすがに、すべての智・勇が善だとは言えません。智・勇がかえって悪のために用いられることもあるでしょう。また、仁（慈しみ）と義（正義）とは、それらのなかで最も「自明の原則」に近いものかもしれませんが、それでも、「仁」がいついかなる場合においても絶対的に善であるかと言えば、そうでもありません。「仁」という道徳理念が、ある行為に対して不適切に用いられた場合、そうした「不当の仁」は、かえって悪い結果を生ずることもあるでしょう。

たとえば、わたし（大熊）は、大学生のときに、ある先生（禅宗の僧侶でもありました）から、「優しさと正しさが衝突したときは、優しさをとりなさい」と言われたことがあります。もともとわたしが「正しさ」のために誰かを犠牲にすることが苦手だったこともあり、その先生の言葉をたよりに、どちらかというと「優しさ」のほうを選んできました。でも、その選択は、「不当の仁」である可能性も十分にあるのです。後で思えば、たとえその場で「優しく」ふるまわなくても、

Aさん　◎◎◎◎◎◎
Bさん　○○
Cさん　○○○○

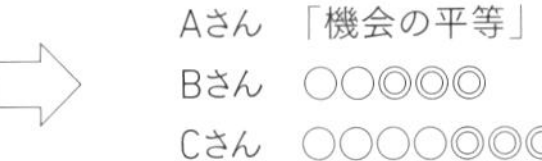

Aさん　「結果の平等」
Bさん　○○◎◎◎◎
Cさん　○○○○◎◎

厳しくも「正しい」行動を選ぶべきときもありました。どの行為を選ぶべきなのか、ぜんぜん「自明」ではないのです。

> また正義といっても如何なる者が真の正義であるか、決して自明とはいわれない、例えば人を待遇するにしても、如何にするのが正当であるか、単に各人の平等ということが正義でもない、かえって各人の価値に由るが正義である。しかるにもし各人の価値に由るとするならば、これを定（さだ）むる者は何であるか。

また正義といっても、どのようなものが真の正義なのか、それもけっして自明だとは言えません。たとえば、ある組織（グループ）の中で複数の人に接する（待遇する）とき、どのように接するのが「正しい」のでしょうか。やはり自明ではありません。たんに各人に「平等」であるということが正義なのでもないし、場合によっては、かえって各人の価値によってその扱いを変えたほうが正義だということもありえるでしょう。しかし、その対応のしかたが、もしその各人の価値によるとするなら、この価値を定めるものは何なのでしょうか。

Dさん　10時間労働	⇨	Dさん　報酬　10,000円	Dさん　報酬　10,000円
Eさん　 1時間労働		Eさん　報酬　 1,000円	Eさん　報酬　10,000円

たとえば、Aさんが600万円持っているとして、現在所持金200万円のBさん、所持金400万円のCさんに自分のお金を全部あげようとします。その場合、どのようにお金を分配するのが「平等」なのでしょうか。Aさんの所持金をちょうど半分にして、Bさん、Cさんに同じく300万円をあげることが平等なのでしょうか。それとも、Bさんに400万円を、Cさんに200万円をあげて、結果的に二人の所持金を600万円にそろえるのが平等なのでしょうか。

あるいは、10時間も働いたDさんに報酬一万円を与えたのなら、ふつうに考えたら1時間しか働いていないEさんに与える報酬は千円ということになります（二人の能力がだいたい同じだとして）。しかし、場合によっては、1時間しか働いていないEさんにも一万円を与えることが、「平等」だとする考え方もありえるでしょう。聖書に出てくる「ブドウ園の主人」の話は、ちょうどそんなことを語っています（次頁参照）。現代で言えば、アファーマティブ・アクションとか、悪平等とか、いろいろと議論されていますが、けっきょく何が平等かについて意見が分かれている以上、それは自明ではないし、直覚的には判断できない、ということなのです。

『マタイによる福音書』20・1-16（新共同訳）

天の国は次のようにたとえられる。ある家の主人が、ぶどう園で働く労働者を雇うために、夜明けに出かけて行った。主人は、一日につき一デナリオンの約束で、労働者をぶどう園に送った。また、九時ごろ行ってみると、何もしないで広場に立っている人々がいたので、『あなたたちもぶどう園に行きなさい。ふさわしい賃金を払ってやろう』と言った。それで、その人たちは出かけて行った。主人は、十二時ごろと三時ごろにまた出て行き、同じようにした。五時ごろにも行ってみると、ほかの人々が立っていたので、『なぜ、何もしないで一日中ここに立っているのか』と尋ねると、彼らは、『だれも雇ってくれないのです』と言った。主人は彼らに、『あなたたちもぶどう園に行きなさい』と言った。夕方になって、ぶどう園の主人は監督に、『労働者たちを呼んで、最後に来た者から始めて、最初に来た者まで順に賃金を払ってやりなさい』と言った。そこで、五時ごろに雇われた人たちが来て、一デナリオンずつ受け取った。最初に雇われた人たちが来て、もっと多くもらえるだろうと思っていた。しかし、彼らも一デナリオンずつであった。それで、受け取ると、主人に不平を言った。『最後に来たこの連中は、一時間しか働きませんでした。まる一日、暑い中を辛抱して働いたわたしたちと、この連中とを同じ扱いにするとは。』主人はその一人に答えた。『友よ、あなたに不当なことはしていない。あなたはわたしと一デナリオンの約束をしたではないか。自分の分を受け取って帰りなさい。わたしはこの最後の者にも、あなたと同じように支払ってやりたいのだ。自分のものを自分のしたいようにしては、いけないか。それとも、わたしの気前のよさをねたむのか。』このように、後にいる者が先になり、先にいる者が後になる。

> 要するに我々は我々の道徳的判断において、一も直覚論者のいう如き自明の原則をもって居らぬ。時に自明の原則と思われるものは、何らの内容なき単に同意義なる語を繰返せる命題にすぎないのである。

ちなみに、道徳には「黄金律」と言われるものもあります。聖書『マタイによる福音書』（7・7–12）では、「人にしてもらいたいと思うことは何でも、あなたがたも人にしなさい」（新共同訳）と言っていますし、『論語』（衛霊公第十五・二四）にも「自分の望まないことは人にもしむけないことだ（己れの欲せざる所、他に施すこと勿かれ）」（金谷治訳）とも言われます。しかし、これらも、あえて言われていることそれ自体が、それが自明ではないことを現わしています。

そうすると、ようするに私たちは、私たちの道徳的判断において、一つも直覚説で言われるような「自明の原則」を持っていないということになります。たとえば、「仁（慈しみ）」の心で「人には優しくしなければならない」と言ったとして、相手から「どうして？」と聞かれたとき、「そんなことは自明なことなんだ、そういうもの（原則）なんだ。とにかく、優しくしなきゃいけないんだ」と答えているようでは（その人の意図や気持ちはわかりますが）、説明としてはまったく内容のない、たんに同じことを繰り返しただけの言葉にすぎないことになります。

第五段落

右に論じた如く、直覚説はその主張する如き、善悪の直覚を証明することができないとすれば、学説としては甚だ価値少きものであるが、今仮にかかる直覚があるものとして、これに由りて与えられたる法則に従うのが善であるとしたならば、直覚説は如何なる倫理学説となるであろうかを考えて見よう。

これまで述べてきたように、直覚説の主張の元となる「善悪は直接自明であるということ」が、そもそも証明できないのであれば、やはりこの直覚説というものは、倫理学説としてはほとんど価値のないものになります。しかし西田は、くわしくこの説を検討するために、あえて、仮に「善は直接自明であり、善き行為とは、この直覚によって得られる法則に従う行為である」ということにして、もう少しこの説について考えてみます（いわゆる「方法的仮説」です）。つまり、もし善が直接自明に直覚されうるのだとしたら、直覚説はどのような倫理学説と言えるのか、を考えてみるわけです。そして、西田の作戦としては、仮にそのように考えたとしても、やっぱりダメだったよね、という話の展開になるわけです。

純粋に直覚といえば、論者のいう如く理性に由りて説明することができない、また苦楽の感情、好悪の欲求に関係のない、全く直接にして無意義の意識といわねばならぬ。

では、そのような善（悪）を直接自明なものとして知ることのできる「直覚」があるとしてみましょう。そうすると、その「直覚」とは、どのような意識なのでしょうか。他の意識（たとえば思惟など）と区別されるような「直覚」、言い換えれば他の異物が混ざらない純粋な「直覚」があるとすれば、それはどんな意識なのでしょう。おそらくは、この直覚説を主張する人が言うように、その意識は、そのまま直ちに自明なのですから、理性によってわざわざ説明されるべきものではないでしょう。

さきほどの「三角形の内角の和が二直角」というように、説明されなければわからないようなことは、たとえそれが真実だったとしても、とても「直ちに自明」とは言えません。また、人や状況によって変わってしまうようなものも、やはり「直ちに自明」とは言えませんので、移り変わりやすい人の「苦しい・楽しい」という感情や、「好き・嫌い」という欲求も、直覚説とは関係がなさそうです。

さらに、直覚だと言うからには、その意識は、他に依ることなく、ただそれだけで「直ちに自明」ということになります。つまり、直覚説の考えでは、「この行為をすれば、（今はそうでもないけど）やがて何かよいことがあるんだから、それを思えば、この行為はよい行為だ」とは主張できません。直覚説によれば、その行為が直ちにそれ自体として善（あるいは悪）であるはずであって、その行為は何か他のために善（悪）なのではありません（何か他の目的のために、善・悪を判断していては、それ自体で明らかとは言えませんから）。

善悪が直ちに自明だという行為には、そのような「何か他のための意味」はありえません。もし、「この行為は、ある目的に照らして、価値がある、意義もある。そのように説明できるから、この行為はよい」と言うのであれば、そんな理由でもって説明される善悪の判断は、まったく直覚ではないことになります。もっと簡単に言うと、「この行為は目的に合っている（意義がある）から、善だ」などと善悪の判断をしているようでは、直覚説になっていないのです。

> もしかくの如き直覚に従うのが善であるとすれば、善とは我々に取りて無意義の者であって、我々が善に従うのは単に盲従である、即ち道徳の法則は人性に対して外より与えられたる抑圧となり、直覚説は他律的倫理学と同一とならねばならぬ。

また、もし本当に或る行為を直覚的に「善」だと知ることができるとしたら、その善は、私たちにとって、その後に意義があろうがなかろうが、どちらでもよいものになります。むしろ、その行為に意義がなくても、その行為は行為として「善」でありえることになります。しかし、直覚的に「善」だと知れたものに対して、それに意義があろうがなかろうが、その直覚にただ従うというのであれば、それはもうたんなる「盲従」になってしまわないでしょうか。

たとえば、パッと良かれと思ってやった行為に対して、自ら疑問に思ったとしても、次のように思いなおすこともできます。つまり、「これは、私にとって直ちに明らかに正しい行為だ。この行為が、今後どのような意味を持ってくるのかはわからない。でも、今は明らかに善い行為だとただちに（なんとなく）わかる。だから、とにかくやろう」と。疑問を持った時点でもはや「自明」ではないですね。恐い状況というのは、このような疑問を持たずに、ただひたすら「自明」に或る行為を続ける（続けさせられる）ことです。たとえば、この自問自答は、少し状況が変われば、次のように相手を説き伏せることになります。「これは、おまえにとって直ちに明らかに正しい行為なのだ。まだおまえには、この行為の意味を理解できないだろう。でも、理解は不要なのだ。論理的な説明もいらない。なんとなく良いことだとは思うだろう。それでいいのだ。自ら善い行為と思ったことを、とにかくやれ」と。もっと簡単に言えば、「考えるな、善い行為なのだから、やれ」です（これは、自分に言い聞かせているのかもしれませんし、誰かに言われているのかもしれません）。「善いから、善いんだ」では、まさに先ほどの「何らの内容なき単に同意義なる語を繰返せる命題」です。そうすると、直覚説の主張する道徳法則が、人に盲従を強制する抑圧になってしまいかねません。これは、人の性（さが）に対して外から抑圧を与えるような「他律的な（他に律せられる）倫理学」と同じものになります。だったら、「直覚説」などと言わなくても、ただ「他律的倫理学説」でいいじゃないか、という話になります（他律的倫理学については、後で述べます）。

> しかるに多くの直覚論者は右の如き意味における直覚を主張して居らぬ。或る者は直覚を理性と同一視している、即ち道徳の根本的法則が理性に由りて自明なる者と考えて居る。しかしかく云えば善とは理に従う事であって、善悪の区別は直覚に由って明なるのではなく、理に由りて説明しうることとなる。

でも、さすがに、直覚説を主張する人も、それではマズイと思うのでしょう。直覚説主張者の多くは、このような盲従をうながすような直覚を主張していないようです。

たとえばある人は、直覚を理性と同一視して、その盲従や抑圧といった問題を避けようとしています。つまり、「道徳の根本的法則は、**自らの理性**によって明らかなのだ」と考えているのです。自らにそなわっている理性によって、ただちに明らかだとしたら、先ほどのような盲従もなく、他からの抑圧もありません。ただ、こう言うと、直覚と理性の関係がよくわからなくなります。善が「理性に由って明らか」ということは、理由が明らかだということで、「理に由って説明できる」ということです。善・悪の区別が自らの理に由って（理由があって）明らかなのだとしたら、それはそれで一つの説になっているとは思いますが、でも、それでは「直覚的に明らか」という直覚説ではありません。「直覚的に明らか」というのは、何か理由を挙げるまでもなくそのままで明らか（自明）なことだったはずです。そこに「理」が入ってくるようでは、もはや「直覚説」とは言えません。

また或る直覚論者は直覚と直接の快不快、または好悪（こうお）ということを同一視して居る。しかしかく考えれば善は一種の快楽または満足を与（あた）うるが故に善であるので、即ち善悪の標準は快楽または満足の大小ということに移って来る。

また、他の人は、なんとか直覚説を維持しようとして、直覚ということと、直接の快・不快や好き嫌いを同一視しています。しかし、このように考えれば、「ある行為は、一種の快楽や満足を与えるからこそ、善だ」ということになって、けっきょくは善悪の基準が「快楽や満足が大きいか小さいか」ということに移ってしまっています。それに、先ほども言われたように、快・不快や好き嫌いは、状況や人によって変わるもので、とても自明なこととは言えません。これも、もはや直覚説の本質を失っています。

かくの如く直覚なる語の意味に由って、直覚説は他の種々なる倫理学説と接近する。勿論（もちろん）純粋なる直覚説といえば、全く無意義の直覚を意味するのでなければならぬのであるが、斯（かく）の如き倫理学説は他律的倫理学と同じく、何故（なにゆえ）に我々は善に従わねばならぬかを説明することはでき

ぬ。道徳の本は全く偶然にして無意味の者となる。

このように、「直覚」という言葉が含む内容（意味）によって、「直覚説」は他のいろいろな倫理学説と接近したり、結びついたりします。もちろん、純粋な直覚説といえば、先ほど言ったような「まったく無意義な直覚」を主張する説になるのですが、このような倫理学説は、「なんだか自分では説明できないけど、とにかく直覚的に善だから、その行為をする」というわけですから、他律的倫理学と同じく、「どうして私たちはその行為をすべきなのか」あるいは「どうして私たちはその『善』に従わねばならないのか」を、説明することができません。これでは、私たちは、何も必然性がなく、意味もわからないままに、「善」に従うことになるわけですから、そのような道徳法則は、まったく偶然で、無意味なものになってしまいます。

元来我々が実際に道徳的直覚といって居る者の中には種々の原理を含んで居るのである。その中全く他の権威より来る他律的の者もあれば、理性より来れる者また感情および欲求より来れる者をも含んで居る。これいわゆる自明の原則なる者が種々の矛盾衝突に陥る所以である。かかる混雑せる原理を以て学説を設立する能わざることは明である。

たしかに私たちは日常的に、行為の善悪を「そのまま自明なこと」として判断しています。道徳的な判断を、直覚的にしているように思えます。ただ、以上で見てきたように、この日常的な「直覚的」と言っているものの中でも、さまざまな隠された原理によって判断しているのです。たとえば、まったく他の権威から来る他律的なものもあれば、理性に基づいているものもありますし、感情や欲求に基づいて判断していると言えるものもあります。

けっきょく「直覚説」は、このようにさまざまな原理を含んでいるために、ただ「直覚的に知られるのだ」と言っても、さまざまな矛盾や衝突に陥ってしまうのです。そんなに矛盾・衝突していては、とても「自明の原則」とは言えません。むしろ、このように混雑した原理によって学説を立てること自体が無理なのだということのほうが、よほど自明と言えるでしょう。

このように西田は直覚説を「ダメ出し」します。でも、これは、ただ相手を否定するためというよりも、自分自身の説である「直接経験（純粋経験）」の立場を作りあげるためでもあります。「直接経験」と「直覚」は何が違うのか。それらは「意味」や「合理的な思考」とどのような関係にあるのか。それは『善の研究』全体を通して明らかになっていきます。

第六章

権威説
——「善は、とにかくエライものに従っていることだ」？

〔倫理学の諸説　その二〕

第六章で扱う「権威説」は、簡単に言えば「エライものに従っていればいいんだ」説です。つまり、「善とは、エライものに従うことだ」説、です。この「エライもの」には、神・君主・村長・親・ルールなどなど、なんでも当てはまります。非常にシンプルな説です。たとえば何かのスポーツをしていて、そのルールに従ってプレーするのは「善」でしょうし、ルールを破れば「悪」ですね。そのルールを決め、そのプレーがルール違反かどうかを判断する者が、ここで言う「権威」です。

読者によっては、「権威」と聞いて、何か特定のものをイメージするかもしれませんが、この章では、「とにかく従わなければならない相手」というかなり広い意味で読んでみてもらえれば、かなり容易に読み進められると思います。

第一段落

前に直覚説の不完全なることを論じ、かつ直覚の意義に由(よ)りて、種々相異(あいこと)なれる学説に変(へん)じうることをのべた。今(いま)純粋なる他律的倫理学、即(すなわ)ち権力説について述べようと思う。

前章で西田は、倫理学説の一つである「直覚説」がとても完全とは言いがたいことを論じました。ようするに、直覚的に善悪がわかると言っても、その「直覚」が意味することによっては、盲目的で他律的になったり、あるいは自律的にしても、理性と結びついたり、快楽と結びついたりと、さまざまに異なった学説に変化してしまう、という話でした。そこで今度は、他律的な倫理学のなかでも、純粋に他律的と言いますか、明らかに「他に律せられる」ということが強調される倫理学説として、「権威（権力）説」について考察していきます。

> この派の論者は、我々が道徳的善といって居る者が、一面において自己の快楽或いは満足という如き人性の要求と趣を異にし、厳粛な命令の意味を有する辺に着目し、道徳は吾人に対し絶大なる威厳または勢力を有する者の命令より起ってくるので、我々が道徳の法則に従うのは自己の利害得失のためではなく、単にこの絶大なる権力の命令に従うのである、善と悪とは一に此の如き権力者の命令に由って定まると考えて居る。

この権威説を主張する人たちは、道徳の基準を「権威」に置いて、だいたい次のように考えています。

――人間には、たしかに自分の快楽を求めたり、満足を望むところがある。それは「人の性」なのかもしれない。しかしその一方で、私たちには、そうした「人の性」から出てくる要求とは異なっている面もある。むしろ、そうした自分の快楽や満足を求め**ない**ところにこそ、「道徳的善」と呼ばれるものがある。それでは、自分の都合で快楽を求めるのではないような行為というのは、どうして行われるものなのか。自分の好き嫌いで行為を選ぶのではなく、「道徳的に善なる行為」をするためには、自分勝手に動かせない「厳粛な命令」のようなものに従わなければならない。

実際、私たちには、自分の快楽などとは関係なく、絶対的に偉大な威厳というかパワー（勢力）を持つ**なにか**の命令に従うように行為することがある。それが、いわゆる道徳法則に従った行為というものだ。それは、「自分が利益を得るからする、損害を受けるからしない」という損得勘定による行為ではない。むしろ、そんな自分の損得を度外視して、ただこの「絶大な権力」の命令に従っている行為こそ、「善なる行為」というものだ。このように、善か悪かは、このような権威や力を有する**なにか**による「命令」に従っているかどうかで決まるのだ——と。

> 凡て我々の道徳的判断の本は師父の教訓、法律、制度、習慣等に由りて養成せられたる者であるから、かかる倫理学説の起るのも無理ならぬことであって、この説はちょうど前の直覚説における良心の命令に代うるに外界の権威を以てした者である。

ふつうに考えて、すべて私たちが日常的にしている「道徳的な判断」というのは、その元から考えれば、たとえば先生や親による教訓、あるいは法律・制度・習慣などによって養われ、成立

しているものだと言えますから、このような倫理学説が起こるのも無理のないことでしょう。
ここで挙げられたうち、エラそうな人が語る「教訓」がいわゆる権威だというのは、わかりやすいと思います。その他にも、法律も制度も、なんとなく従わなければならないという意味では、やはり「権威」と言えます。私たちは、それらを元として日常的な「道徳的判断」をしているわけです。

では、「習慣」はどうでしょうか。もしかしたら、西田がここで「習慣」を並記していることに疑問を持つかもしれませんが、伝統的に親から教わったり、その地域で当たり前のように行われていることなど、ようするに、なぜこれをしているのかよくわからないけれども、誰か「目上の人（エライ人）」に言われてやっているようなことも、やはり「権威」による行為と言えるでしょう。あまり権威や権力に従いたくないと思ったとしても、意外と知らないうちに「長いもの」にまかれているものです。

前章の「直覚説」では、**内**的な「良心の命令」によって自明に直ちに善悪がわかると主張されていましたが、この「権威（権力）説」では、その代わりに、**外**的な「権威の命令」によって善悪がわかると主張しています。「習慣」が内的か外的かは判断が難しいですが、おそらく西田は、その外的性質を強調してここに並べて書いているのでしょう。つまり、いま私たちが習慣（あるいは慣習）として行っていることも、外的な権威付けによって行っているものなんだ、という意図があるようです。

第二段落

この種の学説において外界の権力者と考えられる者は、勿論(もちろん)自(おのずか)ら我々に対して絶大の威厳(いげん)勢力をもった者でなければならぬ。倫理学史上に現われたる権力説の中では、君主を本(もと)としたる君権(くんけん)的権力説と、神を本としたる神権的権力説との二種がある。

たとえば、「どこかのエライ先生や村の長老が言っていることに従うことが、善いことだ」というのも、ある意味で「権威説」だと言えますが、西田はここで、わかりやすいようにもう少し極端な「権威説」を考えてみます。倫理学のこれまでの歴史の中で登場してきたような権威説は、なかなか中途半端では成り立ちません。ここでいう「権威」、つまり、それに従う人自身の都合を超えて影響を与える「外的な権威」というのは、それ自体で、私たちに対して絶大な威厳というか勢力(パワー)を持ったものである必要があります。それで、これまでの倫理学史上で登場してきた「権威説」としては、そのような絶大な力を有する「権威」に、二種類が考えられていました。一つは、君主を本とした「①君権的な権威説」、もう一つは神を本とした「②神権的な権威説」です。

神権的倫理学は基督(キリスト)教が無上の勢力をもって居った中世時代に行われたので、ドゥンス・ス

> コトゥスなどがその主張者である。氏に従えば神は我々に対し無限の勢力を有するものであって、しかも神意は全く自由である。神は善なる故に命ずるのでもなく、また理(り)のために為すのでもない、神は全くこれらの束縛以外に超越して居る。善なるが故に神これを命ずるのではなく、神これを命ずるが故に善なるのである。氏は極端にまでこの説を推論して、もし神が我々に命ずるに殺戮(さつりく)を以てしたならば、殺戮も善となるであろうとまでにいった。

たとえば「②神権的な権威説」は、キリスト教が無上の力をもっていたヨーロッパ中世時代に流布(るふ)していました。なかでも十三世紀スコットランドの神学者であるドゥンス・スコトゥスなどがその主張者となります。スコトゥスは次のように考えます。

――神は、私たちに対して無限の勢力(パワー)を持っている。しかもその神の意志は、まったく自由だ。神が人間に何かを命じるさい、神は、その行為が善であるから命じるのでもないし、その行為が理にかなっているために命じるのでもない。神の自由な意志は、人間の善や理性を完全に超越しているので、人間ごときの理性で、その意志を推し測(はか)れるわけがない。「(人間が考えるような)善」であるから神がこの行為を命ずるのではない。むしろ、神が命ずるからこそ、この行為は「善」なのだ。つまり、神が命じた行為が、結果的に善と呼ばれるにすぎない――と。

スコトゥスは、さらに極端にこの説を推し進めて、「もし神が私たちに殺戮を命じたとしたら、殺戮も善となるであろう」とまで言いました。理性的に納得できなくても、信仰がその行為を正当化する、いわゆる「理性と信仰の分離」の考え方です。

また君権的権力説を主張したのは近世の始に出た英国のホッブスという人である。氏に従えば人性は全然悪であって弱肉強食が自然の状態である。これより来る人生の不幸を脱するのは、ただ各人が凡ての権力を一君主に托して絶対にその命令に服従するにある。それで何でもこの君主の命に従うのが善であり、これに背くのが悪であるといって居る。

もう一つの、君主に権威を置いた「①君権的な権威説」を主張したのは、たとえば近世のはじめ、17世紀に活躍したイングランドのトマス・ホッブズという人がいます。ホッブズはだいたい次のように考えます（『リヴァイアサン』第一部第13‐15章、第二部第1‐21章）。

――人の性というものは、まったくの悪であって、弱肉強食が自然の状態である。人を自然のままにほおっておけば、「人は人に対して狼」なので、けっきょく「万民の万民に対する闘争状態」に陥る。この自然状態から生じる人生の不幸を避けるためには、ただ各人がすべての権力を一人の君主に託して、絶対にその命令に服従するしかない。そして、もしそのように一度権力を委託するとと約束したならば、そのような約束（契約）を破るべきではない。だから、何であってもこの君主の命令に従うことが善であり、その命令に背くのが悪である——と。

もっとも、西田は書いていませんが、ホッブズの主張では、私たちには自分自身が生きる権利（自己保存権）があり、また、各人が自己の満足のために戦う権利も「自然権」として根本的に認められていますから、そうした行為自体が「悪」なのではありません。そもそも、「契約が行われる前には、善も悪もない（ルールが決まる前には、ルール違反はない）」という考え方なので、いわゆる「性悪説（人間は本性上から極悪非道なのだ）」とは違います。

ちなみに、「リヴァイアサン」は、旧約聖書に出てくる海の中の怪物の名前なのですが、ここでは教会権力から解き放たれた「国家」を意味しています。ホッブズによれば、私たちは、とりあえずの身の安全のためとはいえ、自らの権利を放棄して、そんな怪物的な権威（国家）と契約を結んで従わなければ、ろくに安心して生活できない、というわけです。

——その他シナにおいて荀子（じゅんし）が凡て先王の道に従うのが善であるといったのも、一種の権力説である。

そのほか西田は、紀元前三世紀の古代中国（いわゆる「戦国時代」）に、荀子が「すべて、先王の道に従うのが善である」と言ったのも、一種の権威説だと言います。孔子の流れをくむ儒家のなかで、孟子は「性善説」、荀子は「性悪説」などと言われますが、その荀子です。でも、やはり荀子も、「人の本性は極悪非道だから、どうにもならない」と言いたかったわけではありません。荀子が言いたいのは、「人は、本性上、自然に善に向かうものではなく、ほおっておくと悪に傾きやすい弱い存在なので、聖王たち（堯や舜）が行った政治や礼（つまり権威）に従って、はじめて善を行うことができるのだ」ということです。

荀子の主張では、人間は適切な政治や制度に基づく努力によって善を行えるようになる（凡人も、聖人になることができる）わけですから、ただネガティブに「人間の性は悪だ」と言っているわけではありません。もちろん荀子によれば、凡人が聖人になるためには、「権威」に従わなければならないわけですから、西田はこれを権威説の一つとしたわけです。（『荀子』性悪第二十三）

第三段落

右の権力説の立場より厳密に論じたならば、如何なる結論に達するであろうか。権力説においては何故に我々は善をなさねばならぬかの説明ができぬ、否説明のできぬのが権力説の本意である。我々はただ権威であるからこれに従うのである。何か或る理由のためにこれに従うならば、已に権威其者のために従うのではなく、理由のために従うこととなる。

そこで西田は、このような権威説の立場から厳密に考えていくと、どのような結論に達するのかを考えます。まず、たとえば私たちが「どうして私たちはその善なる行為をしなければいけないか」という疑問を持ったとして、権威説では、どう答えるでしょうか。おそらくその答えは、「権威ある者がそう言っているから」ということになります。そこで、さらに「それでは、その権威ある者が、どうしてそれを善なる行為だと言っているのか、その理由を知りたいんですけど……」と言ったとしても、きっと、ただひたすら「権威だから」と言うだけで、ぜんぜん説明にはならないはずです（さきほどのスコトゥスの「神が言ったから善だ」という考えはまさにその典型ですね）。いや、むしろ、説明できないということが、この権威説の本来の意図のようなのです。権威説というのは、「私たちがその善なる行為をするのは、なんであれただ権威的にそう決まっている（権威者がそう決めた）からだ」というわけですから、その行為が善かどうかについては、それ以上の説明は必要ない。ただ、だまってそれに従ってすればいいわけです。もし、何か理由があって、その理由の故に従うのだとしたら、それではもう、その「理由」という権威以外の何かのために行為していることになってしまいます。そうすると、権威そのものに従っていることにはならないので、もう権威説とは言えません。権威説における善悪の決定には、（当然といえば当然なのですが）その権威がすでに善（の根拠）であるという前提があるわけで、それ以上は追求してはいけないわけです。

> 或る人は恐怖ということが権威に従うための最適当なる動機であるという、しかし恐怖ということの裏面には自己の利害得失ということを含んで居る。しかしもし自己の利害のために従うならば已に権威のために従うのではない。

しかし、そうは言っても、「権威だから」といって思考停止するのではなく、やはり、「どうして私たちは、権威に従って、その善なる行為をするのか」が気になるところです。権威説を主張するならば、本当は説明をしてはいけないんですけど、それでもあえて説明するとしたら、そこに「恐怖」ということを持ちだす場合があります。

西田は、「ある人は……と言う」として、次のようにその説を紹介します。つまり、「私達が権威に従うにも、その人にそれなりの動機があるとしたら、その最も適当な動機というのは、恐怖だ」という説です。しかし、西田、即座に否定します。つまり、恐怖するから従うというのであれば、その人は何が怖いのでしょうか。自分や親しい者に危険が及ぶことを恐れているのでしょうか。もしそうだとしたら、恐怖のために従うというのは、その裏に自己の利害得失ということが含まれていることになります。そうなると、もう権威それ自体に従っているというよりは、自分の利益を守り損害を避けるために従っているということになって、別の倫理説になってしまう、というのです。

> ホッブスの如きはこれがために純粋なる権威説の立脚地を離れて居る。

そう考えますと、ホッブズの言っていることは、どうもそうした恐怖のために、自分を守るために権威（国家）に従うということがありますから、純粋な権威説とは言いがたく、権威説の立場からは離れてしまうことになります。そうしますと、先ほどはホッブズを権威説の一つに入れたわけですが、ちょっと無理があったかもしれない。あるいは、ホッブズが権威説の代表格なのだとしたら、権威説それ自体が成り立たないということも考えられます。

また、西田は、十九世紀のドイツの法哲学者・キルヒマンの次のような権威説を紹介しています。

> また近頃最も面白く権威説を説明したキルヒマンの説に由ると、我々は何でも絶大なる勢力を有するもの、例えば高山、大海の如き者に接する時は、自らその絶大なる力に打たれて驚動の情を生ずる、この情は恐怖でもなく、苦痛でもなく、自己が外界の雄大なる事物に擒にせられ、これに平服し没入するの状態である。而してこの絶大なる勢力者がもし意志をもった者であるならば、自らここに尊敬の念を生ぜねばならぬ、即ちこの者の命令には尊敬の念を以て服従する様になる、それで尊敬の念ということが、権威に従う動機であるといって居る。

——私たちは、何か自分とは比べようもないほどに絶大なもの、ものすごいエネルギーを感じるもの（高い山とか大きな海など）に接するとき、おのずからその絶大な力に打たれて、驚異の情をいだいたり、感動したりする。こうした感情・感動は、いわゆる恐怖ではないし、苦痛というわけでもない。ただたんに、こうした外界の雄大な事物に自分が魅了されて、これにひれ伏し、没入している状態と言える（あえて言えば「畏怖・畏敬」でしょうか）。そうして、もしこの絶大な力が意志を持つ者であるならば、おのずからその者への尊敬の念を生じずにはいられない。つまり、この偉大な者の命令には尊敬の念をもって服従するようになる。これが権威に従うということなのであって、このように尊敬の念を動機としてなされる行為こそが、善なる行為なのだ——と。

西田は、このキルヒマンの考えを「面白く説明したもの」と言っていますし、ある程度は納得しているようです。でも、すぐに否定します。

> しかし能く考えて見ると、我々が他を尊敬するというのは、全然故なくして尊敬するのではない、我々は我々の達する能わざる理想を実現し得たる人なるが故に尊敬するのである。単に人其者を尊敬するのではなく理想を尊敬するのである。禽獣には釈迦も孔子も半文銭の価値もないのである。

しかし、よく考えてみると、私たちが他の誰か（意志を持つ者）を尊敬するという場合、まったくの理由もなく尊敬するでしょうか。やはりそこには何か理由があるから尊敬の念がわいてくるような気がします。たとえば、西田にも、生涯の師と呼べる北条時敬とか、禅の師である雪門玄松など、尊敬する人がいましたが、そうした人たちを何の意味もなくただ尊敬しているわけではありません。西田はそんな盲信する人ではありません。きっと西田は、その人のなかに、自分には到達できないような理想が実現されていることを知り、だからこそ、その人を尊敬していたのでしょう（そうしたことは文章として残っています）。

私たちが誰かを尊敬する場合も、ただたんに人そのものを尊敬しているわけではないでしょう。では、私たちは、誰かを尊敬する場合、何を尊敬しているのでしょうか。表現に少し無理があるかもしれませんが、あえて言えば、その人が有する「理想」を尊敬しているのです。言い換えれば、「理想」を体現しているその人を尊敬しているのでしょう。たとえば、仏教の祖である釈迦や、儒教の祖である孔子を尊敬するとして、その尊敬は彼らが人としての「理想」を実現しているからでしょう。逆に、彼らがいかに優れた人物であっても、そこに「理想」を見いだせない動物にしてみたら、彼らも少しも価値がないことになり、べつに尊敬もされないでしょう。

—それで厳密なる権力説では道徳は全く盲目的服従でなければならぬ。恐怖というも、尊敬というも、全く何らの意義のない盲目的感情でなければならぬ。

ようするに、何らかの権威に従うとき、そこで恐怖や尊敬の念を感じながら従っているようでは、まだまだ「権威説」としてはアマイのです。厳密な意味で「権威説」が言うところの道徳ということを考えるのであれば、そこに何か安心や理想を感じ取って従うのではなく、まったく盲目的に服従していなければならないことになるはずでしょう。もし、どうしても、権威に従う動機として、そうした恐怖（の克服）や尊敬があると言いたいのであれば、今度は、「そうした恐怖や尊敬は、まったくなんの意味もない盲目的感情として働いている」と考えなければならないでしょう。つまり、いわゆる「権威」とは別に意味があるような恐怖や尊敬があるという設定は、権威説には相応（ふさわ）しくないのです。

エソップの寓話（ぐうわ）の中に、或る時（とき）鹿の子が母鹿の犬の声に怖れて逃げるのを見て、お母さんは大きな体をして何故に小さい犬の声に駭（おどろ）いて逃げるのであるかと問うた。ところが母鹿は何故かは知らぬが、ただ犬の声が無暗（むやみ）にこわいから逃げるのだといったという話がある。かくの如き無意義の恐怖が権力説において最も適当なる道徳的動機であると考える。

たとえば、イソップの寓話の中に、次のような話があります。

――ある時、犬の声に母鹿が怖れて逃げるのを子鹿が見て、「お母さんは、大きな体をして、どうして小さい犬の声に驚いて逃げるの？」と質問した。ところが母鹿は「なぜかは知らないけれど、ただ犬の声がむやみに怖いから逃げるのよ」と言った――と。

ここで寓話として言いたいこと（寓意）は、「臆病者をいくら説得しても、勇者にはならない」ということらしいのですが、ここでは無視して、西田が言いたいことだけ考えましょう。つまり、西田にとってのこの寓話のポイントは、この母鹿が「なぜかは知らないけれど」つい行為してしまう、ということです。

もし権威説が恐怖を動機とするものならば、むしろ、この母鹿のように、その意味もわからないままつい動いてしまうような「恐怖」こそが、権威説において最も適切な道徳的動機ということになるでしょう。理由はよくわからないけれども、ついその権威に従ってしまう。母鹿は、大きな身体も角（つの）もあり、けっして犬に負けるわけではない、それは理屈ではわかっている。もはや「自分を守るため」という理由もない。でも、わけもわからず、その権威（習慣）に従ってしまう。それを「恐怖」と言っていいのかどうかも、はっきりしませんが、権威説において重要なことは、その「意味がわからない」ということが善なる行為を決めるポイントだ、ということです。つまり、その行為の動機が恐怖であろうと、尊敬であろうと、なんだかよくわからないままに従ってしまう相手、それが「権威」というものです。

> 果(はた)してかかる者であるならば、道徳と知識とは全く正反対であって、無知なる者が最も善人である。人間が進歩発達するには一日も早く道徳の束縛を脱せねばならぬということになる。

ただ、この権威説で言われるように、私たちの道徳的行為の動機というのが「何がなんだか意味もよくわからないような思い」なのだとしたら、どうも道徳というのは、いわゆる「知識（知性）」とはまったく正反対なものになってしまいます。そして、それならば、最も何がなんだかわかっていない人（無知の者）こそが、最も善人ということになってしまいそうです。もしそうだとすると、私たち人間は、さらに知的に進歩し発達していくためには、一日も早く道徳の束縛から脱け出す必要があるということになってしまいそうです。つまり、知的進歩のためには道徳心は捨てろ、ということになってしまうのです。たしかに、ずる賢い知恵（狡知(こうち)）を持ったキツネよりも、愚かなロバのほうが道徳的に優れた行為をすることもあるでしょう。でも、善とは、《何も知らないほどに高まるもの》なのか。道徳は、知性と両立できないものなのか。ここで西田は、そうではない、と言いたいわけです。

> またいかなる善行でも権威の命令に従うという考(かんがえ)なく、自分がその為(な)さざるべからざる所以(ゆえん)を

自得して為したことは道徳的善行でないということとなる。

それに、「権威の命令にただ従うこと」が善行なのだとしたら、たとえふつうに善いと思われるような行為も、もしそれが「権威の命令にただ従うのではなく行われた行為」だとしたら、それは権威的な意味で「善行」とは言えないことになります。たとえば、たとえ同じ行為であっても、特定の宗教が布教される以前と以後に行われたものであれば、以前の行為は、その宗教的権威に従って行われたわけではないので、それは「善行」と認められないことになってしまいます。

また、権威の命令にただ無知のまま従うだけの行為が善行なのだとしたら、「自分でそうせざるを得ない理由を自ら知りながらする行為（必然的に自由な行為）」も、善行ではなくなってしまいます。第三章の最後の段落で、ソクラテスやパスカルが登場してきましたように、自らの本質を知り、その本質に由った行為を、自ら知りながら行為するとき、それは純粋経験と一致するという話がありました。しかし、権威説の場合では、このように「自ら知る」ということが、逆に「善なる行為」であることを否定することになります。

あるいは（西田はそこまで書いていませんが）、権威説に従えば、たとえばキリスト教のような唯一神や、浄土系思想における阿弥陀仏のような「絶対的存在」にすべてをおまかせして、自らの行為の理由などを気にしないでただ行うことが、「善い行為」となるのでしょうか。そうすると、ちょっとでも自らがしている行為の意義を感じたりしたら、それはもう「善い行為」ではないことになりそうです。このあたりの話は、とてもキワドイ説明になってきます。西田には、宗教的な善行を拒否する意図はありませんが、ただ無知のままに外の権威に従うということは拒否するのです。逆に言えば、西田にとってあるべき宗教性とは、「無知のまま外の権威に従う」のではないようなもの、つまり、自ら内的な何かを知るものだということになります（この話は、また最後のほうで出てきます）。

第四段落

権威説よりはかくの如く道徳的動機を説明することができぬばかりでなく、いわゆる道徳法というものもほとんど無意義となり、従って善悪の区別も全く標準がなくなってくる。

さて、これまで見てきたように、権威説の主張に従うと、とにかく権威に従っているかどうかが重要なわけですから、その行為をする人の内的な理由や動機はどうでもいいことになり、道徳的な動機というものを説明することができなくなります。また、それだけではなく、自分で善悪を区別することもなくなり、いわゆる道徳法則もほとんど無意味になります。つまり、権威説が成り立つ道徳的世界においては、「自分がこの行為をする動機」はまったく関係なく、すべてが「権威」からのトップダウン（？）で決定されるので、各自が善悪を区別するための全般的な基準を設定しておく必要もなく、その基準を知っている必要もないわけです。

——我々はただ権威なる故に盲目的にこれに服従するというならば、権威には種々の権威がある。暴力的権威もあれば、高尚（こうしょう）なる精神的権威もある。しかしいずれに従うのも権威に従うのであるから、斉（ひと）しく一（ひとつ）であるといわねばならぬ。即ち善悪の標準は全く立たなくなる。

さらに言えば、もし仮に「権威者が命じることとなのだから、ただそれに盲目的に服従すればいい」のだとしても、それならば、今度は、どの権威に従えばいいのか、という問題も出てきます。権威といっても、いろいろあります。暴力的権威もあれば、いわゆる高尚な精神的権威もあります。そのどれに従うとしても、とにかく「権威」に従うことに変わりはありませんから、権威説としては同一だということになります。しかし、そうなると、権威Aに従うのも善で、権威Bに従うのも善だというようなムチャクチャな状況になってしまって、もう善悪を区別する基準がまったく成り立たなくなってしまいます。

——勿論（もちろん）力の強弱大小というのが標準となる様に思われるが、力の強弱大小ということも、何か我々が理想とする所の者が定まって、始めてこれを論じ得るのである。

そうすると、人によっては「その権力の力の強弱や大小というのが、善・悪の判断基準となる。強いほう、大きいほうに従えばいい」などと言うかもしれません。しかし、力の強弱や大小ということも、私たちが何を価値あるものとしているかで違ってきます。その「価値が高いもの（理想）」が定まって、初めて、その理想に対して強弱や大小を論じることができるのです。その目指す理想が、精神なのか、軍事なのか、経済なのか、政治なのか、どの分野における「力」なのかによって、何が強いか弱いかが変わるわけです。

> 耶蘇（ヤソ）とナポレオンとはいずれが強いか、そは我々の理想の定め様に由るのである。もし単に世界に存在する力をもって居る者が有力であるというならば、腕力をもった者が最も有力ということにもなる。

たとえば、キリストとナポレオンは、どっちが「強い」のでしょうか。いわゆる信仰心の高い人は、キリストを「強い」と感じるでしょうし、軍人さんならナポレオンを「強い」と思うでしょう。物理的世界にせよ、自然的世界にせよ、もしその世界でたんに存在する力を持っている者が「有力である」というならば、「腕力」をもった者が最も有力ということにもなります。

でも、ただ物質世界で質量の大きいものを動かすことができる者が、「権威ある者」なのでしょうか。そして、その「力」を持つ者にただひたすら服従することが、善なる行為なのでしょうか。それは、かなりムリのある主張でしょう。それに、精神的な力といっても、宗教が異なれば、その「理想」も異なりますから、当然「強さ」も変わってきます。このように、外的な権威による命令に従うことが善だとする「権威説」は、そもそも、「どの権威に従えばいいのか」という疑問に、納得いくように答えることができないのです。

第五段落

西行(さいぎょう)法師が「何事(なにごと)のおはしますかは知らねどもかたじけなさになみだこぼるゝ」と詠(えい)じた様に、道徳の威厳は実にその不測の辺に存するのである。権威説のこの点に着目したのは一方の真理を含んでは居るが、これがために全然人性(じんせい)自然の要求を忘却したのは、その大なる欠点である。道徳は人性自然の上に根拠をもった者で、何故に善をなさねばならぬかということは人性の内より説明されねばならぬ。

さて、これまで権威説を少しくわしく批判的に見てきましたが、西田は権威説がまったく間違っていると言いたいわけではありません。たとえば、平安末期から鎌倉初期にかけて活躍した西行(さいぎょう)法師が、伊勢神宮を参拝したときに、

何事の おはしますかは 知らねども かたじけなさに なみだこぼるる

（いったい何が（誰が）いらっしゃるのかは知らないけれども、ありがたさ・もったいなさに、ただ涙がこぼれる）

と詠じたことを紹介しています。西行はこの歌で、道徳的（宗教的）な威厳は実にその推し測ることのできないところ（不測の辺）にあることを表現しようとしている、西田はそのように考えます。ここで、西田は、少しだけ権威説を認めています。つまり、権威説がこの「不測」に着目したのは、真理の一面を含んではいるだろう、と。

しかし、ここまで述べてきた「権威説」にはやはり大きな欠点がある、とも言います。つまり、不測であるからと言って、人の本性から「自ずから然り」と出てくる要求を完全に忘れてしまうのが、権威説の欠点だというのです。この歌にしても、ただ外的な権威によってその人の本性がかき消されて従わされるのではありません。そこには西行その人としての性があって、その本性として「かたじけなさ」を感じている。そして、はっきりと外的対象として相手を見ているのではなく、むしろそこに「何事のおはしますか」はわからないのだけれども、ただ自然な発露として「なみだこぼるる」という状況なわけです。

いわゆる道徳的な善行についても、たしかに「測り知れないところ」というのはあるのかもしれません。しかし、そうは言っても、その行為には、「人性・自然」（人の本性、自ずから然りということ）があって、その上に根拠をもったものでなければならないでしょう。やはり、「どうして善を行わなければならないか」ということは、ただ外的な権威に従うというのではなく、人性の内より説明されなければならない、と西田は言うのです。

第七章

合理説（主知説）

――「善は、知的に理屈で判断できるものだ」？

〔倫理学の諸説　その三〕

第七章で説明される「合理説」は、おおざっぱに言えば、「善悪は、すべて理屈で知的に判断できる」という説です。そして、この理屈（知性）というのは、自らの中にあるものであって、他の誰かに教えられるものではないので、「自律的」と言われています。この考え方も、それなりに説得力があるものなのですが、けっきょく西田は、それだけではダメだ、と言うことになります。でも、そもそも「学」というものは、もともと理性的（知的）なものですから、それを否定してしまって西田の「倫理学」は大丈夫なのでしょうか。他の説を否定する言葉が、そのまま自説を壊しかねない危険をはらんできますが、ここではまずは素直に西田の考えに沿って見ていきたいと思います。

第一段落

他律的倫理学では、上にいった様に、どうしても何故（なにゆえ）に我々は善を為（な）さねばならぬかを説明することができぬ。善は全く無意義の者となるのである。そこで我々は道徳の本（もと）を人性（じんせい）の中に求めねばならぬ様になってくる。善は如何（いか）なる者であるか、何故に善を為さねばならぬかの問題を、人性より説明せねばならぬ様になってくる。かくの如（ごと）き倫理学を自律的倫理学という。これには三種あって、一つは理性を本とする者で合理説または主知説といい、一つは苦楽の感情を本とする者で快楽説といい、また一つは意志の活動を本とする者で活動説という。今先ず合理説より話そう。

西田によれば、前の章で見たように、他律的倫理学では、「どうして私たちがその行為をしなければならないのか、どうしてそれが善なのか」について、「権威的に決まっているから」としか説明できませんでした。そもそも、他律的倫理学説では、ある行為が「善」かどうかは、その理由や意味を説明すべきものではありませんでした。さらには、「他律」と言っても、いったいどの他（権威）に従えばいいのかもわかりませんでした。ある特定の風習・学派・宗派に属していて、その「権威」に従っているだけなら問題ないかもしれませんが、どこかに属しているという前提をとりさって根本的に考える「倫理学」としては、善・悪を他律的に説明することにはムリがありました。

では、善を他によって決めることが難しいとすると、私たちが善（道徳の基本）を見定める基準は、その行為をする自分自身の中に求めなければならなくなってきます。つまり、「善とはいかなるものか、どうしてその行為を〝善し〟として行うべきなのか」という問題を、自らにそなわる「人の性」から説明する必要が出てくるのです。このような倫理学を自律的倫理学と言うわけです。

ここで西田は、この自律的倫理学を、おおまかに三種類に分けています。

（1）自らの理性を本とする「合理説」（主知説）、
（2）自らの苦楽の感情を本とする「快楽説」、
（3）自らの意志の活動を本とする「活動説」（主意説）です。

この章では、まず一つめの「合理説」について話します。「快楽説」と「活動説」はこの後の章で論じます。

第二段落

合理的もしくは主知的倫理学 dianoetic ethics というのは、道徳上の善悪正邪ということと知識上の真偽ということとを同一視して居る。物の真相が即ち善である、物の真相を知れば自ら何を為さねばならぬかが明となる、我々の義務は幾何学的真理の如く演繹しうる者であると考えて居る。

前に述べた「権威説」では、善なる行為をするその人自身の動機はあまり重要ではなく、また、その行為者はその行為の意味を知っている必要もありませんでした。いや、むしろ権威説では、「知っている」ということが、その善行の妨げになるという話でした。

それに対して、この合理説は、推論的（dianoetic）にその行為の意味を知る倫理学（ethics）なので、むしろ、「知っている」ということが重要になります（原文では「主知的」と言われています）。つまり、この合理説によれば、次のように考えるわけです。

――いわゆる道徳上の「善か悪か、正か邪か」という判断は、知識上の「真か偽か」と同じように判断できる。ものごとの真相が、すなわち善である。ものごとの真相を知れば、おのずから何を行為すべきかは明らかになる。私たちが行為すべき義務は、数学の幾何学的真理のように、原理に基づいて、そこから論証によって、さまざまな結論を導き出すことができる（演繹できる）――と。

これが合理説（主知主義）の考え方です。

それで我々は何故に善を為さねばならぬかといえば、真理なるが故であるというのである。我々人間は理性を具して居って、知識において理に従わねばならぬ様に、実行においても理に従わねばならぬのである（ちょっと注意しておくが、理という語には哲学上色々の意味があるが、ここに理というのは普通の意味における抽象的概念の関係をいうのである）。

ですから、合理説を主張する人に対して、「私たちはどうして善なる行為をしなければならないか」と質問したとすれば、おそらくその答えは、次のようになるでしょう。

——なぜなら、それが真理（真実）だから。私たち人間は理性をそなえている。そして、私たちが何かを正しく知るということき、当然、その理性に適って(かな)いなければならない。もし理に従わないで〝知る〟というのであれば、その〝知る〟では真の知識は得られない。そして私たちは、知識において理に従うのと同じく、実行においても理に従わねばならない——と。

もっとも、この「理」という語には哲学上いろいろ意味がありますから、注意が必要です。たとえば、キリスト教的な神の真理、仏法の「理(ことわり)」、儒教（宋学）の「理」などという特別な意味もあるわけです。しかし、この合理説の文脈での「理」というのは、そうした特殊な意味が込められたものではありません。ここで言われる「理」とは、ただ《抽象的に概念と概念がちゃんと論理的(ロジカル)な関係にある》というふつうの意味で使われています。

たとえば、図のように「私は動物である。動物は必ず死ぬ。故に、私は必ず死ぬ」という「理に合っている（合理的）」という意味での「理」です。いわゆる知的な真理を指しています。ですから、ここで西田が批判している「合理説」は、あまり「合理」を広くとらえずに考えられています。

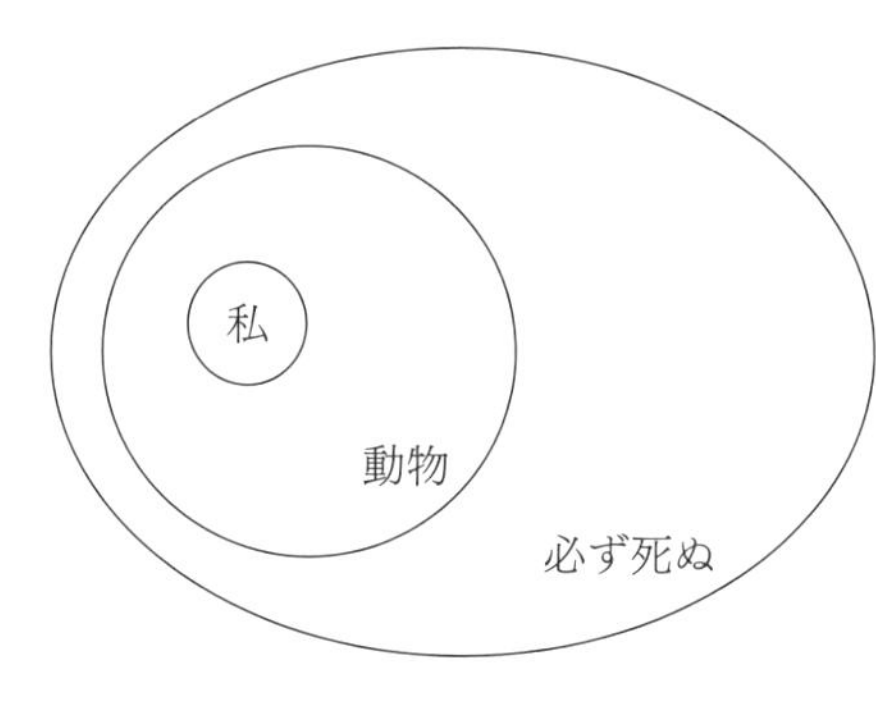

> この説は一方においてはホッブスなどの様に、道徳法は君主の意志に由りて左右し得る随意的の者であるというに反し、道徳法は物の性質であって、永久不変なることを主張し、

ところで、前章の権威説を紹介したときに登場してきたホッブズなどによれば、「道徳法則は、その時々の国家（君主）の意志に随って（随意的に）左右されるような変更可能なものだ」ということになっていました。でもそれは、この合理説からすれば、「そんなコロコロ変わるようなものが道徳法則とは言えない」と批判されるでしょう。むしろ、合理説では、「道徳法則は、ものごとそれ自体にそなわる性質なのであって、永久に変わることはない」と主張されます。繰り返しますが、もちろん、ここで言う「理」とは、けっして何か神秘的なものではなく、あくまで論理的な「理」なのですが、そうした「理」も、そうそう変わってしまっては「理」とは言えない、というわけです。

> また一方では、善悪の本を知覚または感情の如き感受性に求むる時は、道徳法の一般性を説明することができず、義務の威厳を滅却し、各人の好尚を以て唯一の標準とせねばならぬ様になるのを恐れて、理の一般性に基づいて、道徳法の一般性を説明し義務の威厳を立せんとしたのである。

また、第五章で述べられた直覚説（善・悪は、直に自明にパッとわかる）に近い考え方で、「私たちは、知覚や感情のような感受性に基づいて、善・悪を判断できるのだ」という考えもあります。しかし、そうすると、その場合の道徳法則は、その時々の知覚や感情での受けとめられ方によって変わってしまうので、すべてが特殊ケースになってしまって、やはり一貫性がなくなります（一般性が説明できなくなります）。すべてがその時々の知覚や感情で受けとめて判断されるというのであれば、一定の善とか義務がアヤフヤになって、まったく「威厳」がなくなってしまいます。「義務」は、それぞれの好みや流行り（好尚）で決まるものではありません。好みや流行だけが判断基準となってしまえば、それではとても「義務」とは言えません。

このように「そのつどの知覚や感情が受け取る刺激で善の基準が変わる」というのでは困るというので、登場するのが、「理の一般性」なのです。道徳法則が「理」に基づき、しかも、この「理」が一般である（普遍・不変で一貫している）のであれば、道徳法則が一般性を有することも説明できます。そうして、合理説であれば、「義務」の威厳も維持できますし、これでこそ倫理説としてすばらしい、というわけです。

この説は往々前にいった直覚説と混同せらるることが多いが、直覚ということは必ずしも理性の直覚と限るには及ばぬ。この二者は二つに分って考えた方がよいと思う。

そうすると、この合理説は、「理に基づいた（一般性のある）直覚説」と言い換えられるかもしれません。そのせいか、第五章でも述べたように、直覚説は、その「直覚」の意味によって他の説といろいろと重なり合うので、この合理説とも混同されることも多いようです。しかし、もし「理性と一致した直覚」があるとしても、やはり「理性とは関係のない直覚」もあるわけで、必ずしも「直覚イコール合理」というわけにはいきません。また、さらに言うと、むしろ「理」もなく（理由もわからず）盲目的にそのまま行為するほうが、「理屈抜きで直ちにわかる」という直覚説の本意に近いわけですから、やはり直覚説と合理説は分けて考えておいたほうがよい、というわけです。

第三段落

余（よ）は合理説の最醇（さいじゅん）なる者はクラークの説であると考える。氏の考（かんがえ）に依（よ）れば、凡（すべ）て人事（じんじ）界における物の関係は数理の如く明確なる者で、これに由りて自ら物の適当不適当を知ることができるという。例えば神は我々より無限に優秀なる者であるから、我々はこれに服従せねばならぬとか、他人が己（おのれ）に施（ほどこ）して不正なる事は自分が他人に為しても不正であるという様な訳である。氏はまた何故に人間は善を為さねばならぬかを論じて、合理的動物は理に従わざるべからずといって居る。

ここで西田は、いくつかの合理説をとり上げます。まずは、合理説のなかで最も純粋な説として、十八世紀イギリスの神学者・哲学者サミュエル・クラークの説を挙げます。クラークの考えによれば、

——すべて人間の世界において生じる事物どうしの関係は、数学の理論のように明確なものである。そして、この理論によって、おのずから、その事物が適当か不適当かを知ることができる。たとえば、「①神は私たちよりも無限に優秀である。それ故、私たちは（自分より無限に優秀な）神に服従しなければならない」。あるいは、「②他人が自分に対して不正な事をしたというならば、もし立場が入れ替わって自分がその事を他人にしたとしても、やはり不正である」。また、「③人間がどうして善なる行為をしなければならないかと言えば、それは合理的動物（としての人間）は、理に従わねばならないからである」——というわけです。

西田はここではただクラークの説を紹介しているだけで、特に何も言っていませんが、後でつながりますので、ここで少しだけクラーク説にもの申しておきましょう。このようなクラークの説は、一見、「合理的」に思えなくもないのですが、「神が私たちよりも無限に優秀①」という前提は、どうやって合理的に決まったのでしょうか。また「自分と他人が同等の扱いを受けるべき②」という話には、「自分と他人の同等性」が論拠として隠れていますが、それも「合理的」

に決まっているのでしょうか。最後の③も、「理に合っているものは、理に合っていなければ（従わねば）ならない」と言っているだけで、確かに「合理的」な言葉ですが、当たり前すぎて、あまり意味があるとも思えません（これについては後でもうすこしくわしく述べられます）。

時としては、正義に反して働かんとする者は物の性質を変ぜんと欲するが如き者であるとまでにいって、全く「ある」ということと「あらねばならぬ」ということを混同して居る。

さらにクラークは、ときには、「④（道徳の上で）正義に反した行為をしようとする者は、（事実の上で）物の性質を変えようと欲するような者だ」とまで言いました。たしかにクラークの主張によれば、「正義」とは理にかなったことであり、「正義に反する」とは、理に反するということであり、それは事実上の物質としての理にも反するということになります。つまり、「人の道理を犯すことは、物の道理を犯すことなのだ」と言うのです。しかし、それでは、彼の説は、まったく「……である」ということ（事実）と、「……であるべきだ」ということ（当為）を混同してしまっている、と西田は言います。

第四段落

合理説が道徳法の一般性を明にし、義務を厳粛ならしめんとするは可なれども、これを以て道徳の全豹（ぜんぴょう）を説き得たるものとなすことはできぬ。論者のいう様に、我々の行為を指導する道徳法なる者が、形式的理解力によりて先天的に知りうる者であろうか。純粋なる形式的理解力は論理学のいわゆる思想の三法則という如き、単に形式的理解の法則を与（あた）うることはできるが、何らの内容を与うることはできぬ。

たしかに合理説が、道徳法則の一貫性（一般性）を明らかにしようとして、なんとか私たちの「義務」をしっかりしたもの（厳粛）にしようとしたのは、まあ良いとしましょう。でも、だからといって、それで道徳の全貌（ぜんぼう）を説明できたことにはなりません。そこで合理説の論者は、次のように言うのでしょう。

——道徳法則は、私たちの行為を導き出してくれる。そして私たちには、その道徳法則を形式論理的に思考する力（理解力、知性）がある。だから私たちは、その理解力（知性）によって、その人その人の経験に関わりなく（先天的に）、善悪の違いを合理的に知ることができるのだ——と。

しかし、形式論理的な思考によって、その行為の内容が正しいかどうかまでをも判断できるものでしょうか（できないと思います）。たしかに純粋な形式論理的な思考力（知性）は、論理学のいわゆる「思考の三法則」（第三章第二段落で説明した同一律・矛盾律・排中律）というような、単に形式的な思考法則を与えることはできます。でも、そこに何らの**内容**を与えることはできません。

> 論者は好んで例を幾何学に取るが、幾何学においても、その公理なる者は単に形式的理解力に由りて、明になったのではなく、空間の性質より来るのである。幾何学の演繹的推理は空間の性質についての根本的直覚に、論理法を応用したものである。倫理学においても、已に根本原理が明となった上はこれを応用するには、論理の法則に由らねばならぬのであろうが、この原則其者は論理の法則に由って明になったのではない。

合理説の論者は、好んで幾何学の例をあげますが、幾何学においても、その公理は、たんに形式論理的な思考によって明らかになったわけではなく、空間そのものの性質に基づいて成り立っています。幾何学における演繹的な推理も、空間の性質についての根本的直覚を基にして、そこに形式論理の法則を応用したものです。ですから、幾何学も、最初から最後まで形式論理で成り立っているわけではありません。

たとえば、以前に述べたように、「三角形の内角の和は二直角（180度）である」ということの証明は、「平行線における同位角は等しい」（∠c＝∠e）という**直覚的に明らかなこと**に基づいていました。その「同位角が等しい」という正しさ自体を形式論理で導き出すことはできません。以前に述べたときには、その他に「対頂角が等しい」ということも例として挙げて、それについ

ては、

$$180^\circ - \angle a = \angle b,$$
$$180^\circ - \angle a = \angle c,$$
$$\therefore \angle b = \angle c$$

という説明もしましたが、この「∴（ゆえに）」それ自体の正しさは、もう「そのまま、わかりますよね」と言うしかありません。つまり、「一行目の〝180°－∠a〟と二行目の〝180°－∠a〟を同等として扱う」ということが、その「ゆえに」の正統性を主張する論拠になっているんですが、それはもう直覚的に認めてもらうしかないわけです（先ほどのクラークの説の②と同じです）。

もし、倫理学上で何か確実な根本原理が明らかになったならば、その後に、その根本原理を応用するために、きっと論理の法則が必要なのだと思います。しかし、この根本原理そのものは、けっして論理の法則によって明らかになったわけではありません。

例えば汝（なんじ）の隣人（りんじん）を愛せよという道徳法は単に理解力に由りて明で

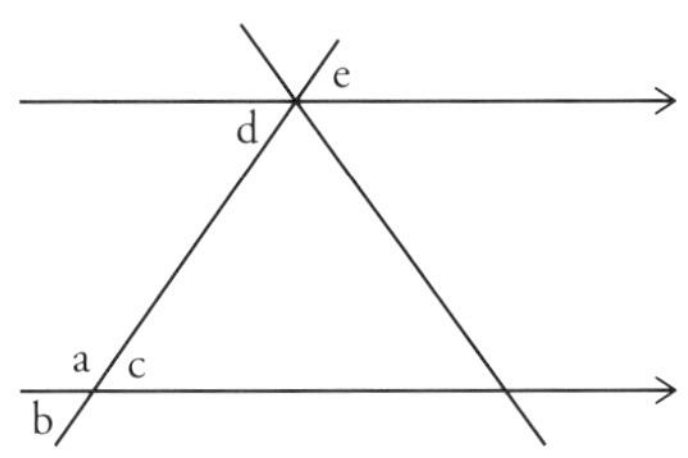

あるであろうか。我々に他愛の性質もあれば、また自愛の性質もある。しかるに何故にその一が優って居て他が劣って居るのであろうか、これを定むる者は理解力ではなくして、我々の感情または欲求である。

たとえば、「汝の隣人を愛せよ」（「マタイによる福音書」22・37-9）という宗教性に基づいた道徳法則がありますが、これは、単に《形式論理的な思考によって明らかになるもの》ではありません。もちろん、西田は、隣人（他者）への愛を否定したいわけではありません。ただ、人によっては「まずは自分（の身内）を愛するべきではないか」と考える場合もあります。実際のところ私たちには他を愛すること（他愛）もあれば、また自らを愛すること（自愛）もあります。もし他愛（隣人愛）という道徳的価値を主張するならば、それに反する自愛優先論者に対して、どうやって「他愛のほうが自愛よりも道徳的に優れていること」を納得させることができるでしょうか。また、自分が他愛優先論者だったとしても、その「他愛」という原理それ自体を論理的に導き出せるものでしょうか。

これは逆の場合も言えます。前に登場したホッブズは、ここでの文脈で言うと、「人間とは基本的に自らの都合を優先するものだ」と考える自愛優先論者の一人だと言えます。ホッブズは、そのような立場から、なんとか「そんな私たちがどうやってこの社会でうまく生きていくことができるのか」を論理的に説明しようとしました。しかし、その最初の「人間とは基本的に自らの都合を優先するものだ」という「原理」それ自体が、論理的（演繹的）に明らかなわけではありません。その原理（立場）は、ホッブズの「直覚」的な確信かもしれませんし、あるいは、当時の時代背景や彼自身のさまざまな経験から帰納的に導き出されたのかもしれません。どちらにせよ、私たちは、そうした「原理」に基づいて論理を展開するのであって、その論理を展開することで原理そのものを導き出せるわけではありません。

それでは、こうした異なった道徳観の優劣を決定するのは、何なのでしょうか。どうやら、形式論理的な思考力（知性）では、その優劣を決めることができなさそうです。いわゆる知性は、前提や法則が定まっている場合は、それらに従って的確に物事を結論へと導いてくれます。でも、その前提や法則それ自体が正しいか間違っているかを決めることはできません。それを決めるのは、けっきょく形式論理による思考ではなく、私たちの感情や欲求なのでしょうか。そうすると、いわゆる「情・意」のほうが、「知」の本となっていることになります。

ところで、ここで西田は、私たちの意識現象を述べるにあたって、それを、論理的な思考力（知性）と、実践的な行動力（情・意）という二つに分けられるものとして書いているのには注意が必要です。

第一章から述べているように、私たちが「善」について考えるとき、そこには何らかの「目的」が必要でした。目的を求める、目的に向かっていこうとするというのは、言い換えれば、意欲する、意志するということです。何かを目的として「こうあってほしい」と向かっていこうと意志することと、何かを事実としてただ「ある」と知っていることとは、こうした議論においては、同じことではありません。たとえば、日本の中に「金沢」という場所があるという事実をただ知っている場合と、そこに何らかの感情を込めて郷愁の感情を持ったり、目的地として向かおうと思ったりする場合とでは、まったく違った意識現象でしょう。ここでは意識現象をこのように二つに分けたうえで、論理的思考の根本となる原理を決めるのは、この「情・意」（「感情」と「欲求」）だというわけです。

> 我々は単に知識上に物の真相を知り得たりとしても、これより何が善であるかを知ることはできぬ。斯(か)くあるということより、かくあらねばならぬということを知ることはできぬ。クラークは物の真相より適不適を知ることができるというが、適不適ということは已に純粋なる知識上の判断ではなくして、価値的判断である。何か求むる所(ところ)の者があって、しかる後(のち)適不適の判断が起ってくるのである。

私たちは、単に知識の上で物事の真相を知ることができたとしても、そんな知的な「事実」によっては、「何が善であるか」を知ることはできないのです。「（事実として）このようにある」ということから、「（当為として）こうあるべきだ」ということを知ることはできません。先ほどのクラークは「事実として物の真相を知ることにより、その適・不適を知ることができる」と言っていましたが、それは間違いのようです。クラークは、適・不適を語る時点で、すでに「事実についての単なる知識的な判断」から逸脱（いつだつ）し、もはや「価値的な判断」に踏み込んでしまっています。まず何か求める「目的」があり、その後に、その事実が、その目的達成に適しているか適していないかという判断が起こってくるのです。つまり、西田にすれば、「事実を知れば、適不適がわかる」というクラークの考えは、まったくの混同ということになります。

第五段落

次に論者は何故に我々は善を為さねばならぬかということを説明して、理性的動物なるが故に理に従わねばならぬという。

つぎの論点（クラークの③）に移ります。「どうして私たちは善なる行為をしなければならないのか」という問いに対して、合理説による、「私たちは、理性的動物である。だからこそ〝理〟に従って行為しなければならないのだ」という返答について考えてみましょう。先ほど西田は、「理に合っているものは、理に合っていなければ（従わねば）ならない」と言っているだけでしたが、ここではもう少しくわしく見ています。ポイントは、それでは私たちは、どのように理に合っているから、どのように理に従うべきなのか、ということです。

> 理を解する者は知識上において理に従わねばならぬのは当然である。しかし単に論理的判断という者と意志の選択とは別物である。論理の判断は必ずしも意志の原因とはならぬ。意志は感情または衝動より起るもので、単に抽象的論理より起るものではない。

もちろん、「理」を知識の上で理解する者は、知識の上でその理に従わなければならないのは、当然です。しかし、単なる知識上の論理的な判断と、行為へとつながる意志の選択とは、別の話である、というのがここでの西田の視点です。論理的な判断が、そのまま、行おうとする意志の原因になるとは限りません。というのも、何らかの行為をしようとする意志は、その人の感情または衝動から生じる具体的なものであって、単に抽象的な論理から生じるものではないからです。つまり、知的に理に合っているからといって、情意において理に合うとは限らない、ということです。

> 己の欲せざる所（ところ）人に施す勿（なか）れという格言も、もし同情という動機がなかったならば、我々に対してほとんど無意義である。

また、道徳上の黄金律と言われる「おのれの欲せざるところ、人に施すことなかれ」という格言をいくら知識として知っていたとしても、「同情」という動機がない人にとっては、ほとんど実効的な意味はないでしょう。たとえば「あなたは殴られたくないでしょう。だから、あなたも相手を殴ってはいけませんよ」という理屈には、「あなた」と「相手」を（自己と他者を）同等に扱う「同情心」が前提として必要です（先ほどのクラークの説②や平行線の同位角における同等性です）。もし自己と他者を、べつだん同等だと感じないのであれば、「私は痛いのはイヤなので殴られたくないけど、あなたを殴っても私は痛くない。だから、殴ってもかまわない」という話も成り立ってしまいます。そうすると、この「だから」という理屈が成り立つかどうかは、この同情心の有無にかかっているということになります。そして、この同情心に基づく「だから」そのものは、論理的思考では導き出せないのです。

> もし抽象的論理が直に意志の動機となり得るものならば、最も推理に長じた人は即ち最善の人といわねばならぬ。しかるに事実は時にこれに反して知ある人よりもかえって無知なる人が一層善人であることは誰も否定することはできない。

また、合理説で言われるように、もし「知識上の抽象的論理が、そのまま行為しようとする意志の動機になる（知ることと行うことは直結している）」というのであれば、「論理的な推理力・思考力に最も秀でた人が、そのまま最も善なる人だ」ということになってしまいます。でも、実際は、むしろその反対、つまり、論理的知性のある人よりも、かえってあんまり計略とは縁のないようないわゆる「無知な人」のほうが善人であることは、十分にあり得ます。前の章の「権威説」では、何も知らずにただ従う「無知な人」が善人ということになっていましたが、たしかに私たちがいわゆる善人だと思う人には、そういう人もいるでしょう。たとえば、トルストイや宮沢賢治のお話には、そういう、どこか抜けているけどとても「善い人」が登場しますし、お話の中だけでなく、いわゆる「無知な人」がする「善なる行為」を見ることができます（だからと言って、無知が善行にとって必ず必要な条件というわけではありませんが）。

　曩(さき)には合理説の代表者としてクラークをあげたが、クラークはこの説の理論的方面の代表者であって、実行的方面を代表する者はいわゆる犬儒(けんじゅ)学派であろう。この派はソクラテースが善と知とを同一視するに基づき、凡ての情慾快楽を悪となし、これに打克(うちか)って純理に従うのを唯一の善となした、しかもそのいわゆる理なる者は単に情慾に反するのみにて、何らの内容なき消極的の理である。道徳の目的は単に情慾快楽に克(か)ちて精神の自由を保つということのみであった。有名なるディオゲネスの如きがその好(こう)模範である。

第三章にもありましたが、ここで原文では、段落全体が二文字ほど下がっています。もともとこの文章は、高等学校での講義をもとにしていますから、この下がった部分は、西田自身の学生に対するもう少しくわしい説明だったり、実例を挙げて補足するための覚え書きだったのかもしれません。あるいは、脚注のようなものでしょうか。ここでは、合理説について、哲学史上の簡単な補足説明をしています（この箇所が下がっていない版もあります）。

先きほどは、合理説の代表者としてクラークを挙げましたが、クラークはこの説の理論派代表で、実践派代表としては、いわゆる犬儒（キュニコス／シニック）学派を挙げることができます。犬儒学派は、ソクラテスの弟子アンティステネスが始まりで、さらにその弟子にディオゲネスがいます（二人とも紀元前五〜四世紀の人）。ソクラテスの孫弟子ディオゲネスのほうが有名で、物や住居に執着せず、大甕（樽）を住まいとしたことから「樽のディオゲネス」と呼ばれ、いわゆる典型的な犬儒学派の代表です。ディオゲネスをアレクサンドロス大王が訪れて、何か望みはあるかと聞かれたときに、ディオゲネスが「日向ぼっこしているのに、あなたが陰になってジャマだからどいてくれ」と言ったという逸話もある人です。

ソクラテスは、おおよそ「人は、善悪についての知識をちゃんと持っていれば、行為の選択において間違えることはない。もし間違っていわゆる悪い行為をしてしまうとすれば、それは真実を知らないからだ」と考え、善と知を同一視していました（プラトンの対話篇『プロタゴラス』に出ています）。その次世代である犬儒学派では、そうしたソクラテスの考えに基づきつつも先鋭化します。つまり、彼らは、「いわゆる理や知に基づかないようなすべての情欲や快楽は、悪である。そんな理・知ではない情欲に打ち克って、純粋な理・知に従うことこそが、唯一の善である」と考えました。ひとことで言えば「理・知がそのまま善である」としたのです。ただ、そこまで先鋭化しますと、彼らの言う「理・知」というのは、単に《情欲に反すること》という、なんら内容のない消極的なものになります。犬儒学派によれば、道徳の目的というのは、単に情欲・快楽に打ち克って精神の自由を保つというだけのことで、積極的に何らかの善なる行為をすることではなかったのです。

> その学派の後またストア学派なる者があって、同一の主義を唱道した。ストア学派に従えば、宇宙は唯一の理に由りて支配せらるる者で、人間の本質もこの理性の外にいでぬ、理に従うのは即ち自然の法則に従うのであって、これが人間において唯一の善である、生命、健康、財産も善ではなく、貧苦、病死も悪ではない、ただ内心の自由と平静とが最上の善であると考えた。その結果犬儒学派と同じく、凡ての情慾を排斥して単に無慾 Apathie たらんことを務むる様になった。エピクテートの如きはその好例である。

その後のストア学派も同じような主張をしています。この派のわかりやすい例としては、一～二世紀ギリシアのエピクテトスという哲学者がいます。ストア学派では次のように考えられました。

――宇宙は唯一の理によって支配されていて、人間の本質もこの理の外に出ることはない。人間が理に従うのは、すなわち自然の法則に従うということであって、これが人間において唯一の善である。生命・健康・財産も、それ自体が善なのではなく、貧・苦・病・死も、それ自体が悪なのではない。健康であっても、病気であっても、ただそのときの内的な心が自由であり平静であることこそが、最上の善なのだ――と。

そのように主張する結果、ストア学派も、犬儒学派と同じく、すべての情欲を斥(しりぞ)けて、単に無欲であろうと努めたわけです。この無欲の原語アパテイアというのは、パトス（pathos）に否定辞のア（a-）が付いた言葉からの派生語で、まさに「無-欲情（熱情）」ということですね。エピクテトスはその代表というわけです。

右の学派の如く、全然情慾に反対する純理を以て人性の目的となす時には、理論上においても何らの道徳的動機を与うることができぬ様に、実行上においても何らの積極的善の内容を与うることはできぬ。シニックスやストアがいった様に、単に情慾に打克つということが唯一の善と考うるより外はない。

犬儒（シニック）学派やストア学派のように、「まったく情欲に反する（アパテイアとしての）純粋

な理・知こそが、人間の本性上の目的なのだ」と考えると、その理論上からは、実際にいわゆる道徳的な行為をするための動機は何も得られません。なぜなら、ただ心の内で「情欲にとらわれず自由で平静」というだけでは、それがたとえ「善」なのだとしても、そこからは何も「善なる行為」が出てこないからです。つまり、実際に行為をする上で、何ら積極的な善の内容が得られないし、積極的に「何をすることが善い行為なのか」という問いにも何も答えられないのです。それでは、たしかに犬儒学派やストア学派が言うように、単に「情欲に打ち克つことが唯一の善だ」と考えるしかなく、それ以上に話も進まないし、行為も状況も何も変わらないのです。たとえば、人を殺すにしても、物を盗むにしても、情欲からではなく平静に淡々とそれをやれば、それも「善行」になりそうです。それでは「道徳的動機」について語れません。

しかし我々が情慾に打克たねばならぬというのは、更に何か大なる目的の求むべき者がある故である。単に情慾を制するために制するのが善であるといえば、これより不合理なることはあるまい。

だいたい、合理説が言うように、いっときの情欲にまみれて行動するのではなくて、合理的な判断によってその情欲を制御するということを「善」だとするならば、そもそもなぜ、そのように制御しようとする動機が起こるのでしょうか。実際、私たちが情欲に打ち克たなければならない状況を考えてみると、そこには、その情欲に打ち克つことによって、さらに何か大きな目的を求めているはずです。何か求めるべきものがあるからこそ、その妨げとなる情欲を抑制するのです。しかし、犬儒学派やストア学派の場合は、ただ「心の平安」ということ以外には、特に実際的（積極的）な理由というものはありません。善なる行為についての積極的な理由もなく、ただ情欲を制するために制しているというだけで、それが善だと言うのであれば、これこそ最も「理に合っていない（不合理な）説」と言えるでしょう。

第八章

快楽説（功利主義）

――「善は、幸福度や快楽量で測れるものだ」？

〔倫理学の諸説　その四〕

第八章では、現代において一番なじみ深い快楽説（功利主義）のいろいろなパターンが取りあげられています。快楽説の複数バージョンである「最大多数の最大幸福」などは、福祉国家の基本理念ですから、聞いたこともあると思います。もちろん西田は、こうした快楽説を全否定しようとしているわけではありません。

でも、それでは快楽説を全肯定できるかというと、そうでもありません。たとえば、困窮者を助けている人を見て、「どうせ、自分が気持ちいいからしているんでしょ、自己満足でしょ」などと言う人も、（自分がしない言い訳なんでしょうが）理論上は「快楽説」をベースにしています。たしかに助けている人にもそういう面があるかもしれませんが、それですべての「善行」を説明できるのかは疑問です。人間のすべての行為の善悪を、自分の気持ちよさを目的にしたものかどうかで判断できるのか。西田は、それはムリだと言うわけです。

それに対して、この章で語られる西田の返答は、今ではあまり聞かないユニークなものかもしれません。でも、それほど独創的なものでもなく、伝統的な価値観に根ざしていますし、かつ実体験にも沿ったものだと思います。ただ、読者によっては、そうしたことを経験したことのない人には、納得しにくいかもしれません。もし違和感があっても、よろしければすぐに否定せずに、そういう考え方もあるのかと、とりあえず知的に理解していただければ幸いです。

なお、この章には哲学者の名前がカタカナで何人か登場しますが、その人たちの言いたいこと（内容）だけを読み取ってもらえれば、特に覚える必要はありません。西田もそれほどくわしく論じようとしているわけではなく、あくまで簡単な紹介にとどめていますから。

第一段落

合理説は他律的倫理学に比すれば更に一歩をすすめて、人性自然の中より善を説明せんとする者である。しかし単に形式的理性を本としては、前にいった様に、とうてい何故に善をなさざるべからざるかの根本的問題を説明することはできぬ。

前の第七章で西田は、自律的倫理学説の一つめ、「合理説」について取りあげました。この合理説は、そのさらに前の第六章の権威説（他律的倫理学）に比べれば、一歩進んでいて、実際に行為をする人の性や「自然（自ずから然り）」から「善」を説明しようとしていました。しかし、そこで言われていた「合理説」では、ただ単に形式論理に基づく理性だけを考えていたので、「どうして善をなさなければいけないのか」という問いへの根本的な説明にはなっていない、というのが西田の主張でした。

そこで我々が深く自己の中に反省して見ると、意志は凡て苦楽の感情より生ずるので、快を求め不快を避けるというのが人情の自然で動かすべからざる事実である。我々が表面上全く快楽のためにせざる行為、たとえば身を殺して仁をなすという如き場合にても、その裏面について探って見ると、やはり一種の快楽を求めて居るのである。意志の目的は畢竟快楽の外になく、我々が快楽を以て人生の目的となすということは更に説明を要しない自明の真理である。

そこで、人の性、自己の内面を、もう少し深く反省してみることで、次に出てくるのが、自律的倫理学の二つめ、「快楽説」です。快楽説をおおまかに言うと、次のような考えになります。

――私たちの意志というのは、たとえどんな意志でも、けっきょくはすべて快か不快か（楽か苦か）の感情から生ずるものだ。だから、快を求め不快を避けるというのが、人情の自然なのであり、動かすことのできない事実である。もっとも、私たちは、表面上はどう見ても「快楽のため」とは思えないような行為をするかもしれない。たとえば「身を殺して仁を成す（自分の身を犠牲にして慈悲心を実践する（『論語』15-9））」ということもあるかもしれない。しかし、そのようないわゆる「犠牲的行為」の裏側を探ってみれば、その人なりの一種の「快楽」を求めているものだ。だから、意志の目的、私たちの人生の目的というのは、ようするに「快楽」につきるのだ。これは、これ以上の説明を必要としない自明の真理なのだ――と。

それで快楽を以て人生唯一の目的となし、道徳的善悪の区別をもこの原理に由りて説明せんとする倫理学説の起るのは自然の勢である。これを快楽説という。この快楽説には二種あって、一つを利己的快楽説といい、他を公衆的快楽説という。

そうすると、快楽が人生で唯一の目的なのですから、当然、道徳的な善悪の区別も、この快楽という原理によって説明しようとすることになります。このような考えからおのずと出てきた倫理学説が、快楽説と言われるものです。この快楽説にも、大きく分けて二種類あります。つまり、①利己的快楽説、②公衆的快楽説です。

第二段落

利己的快楽説とは自己の快楽を以て人生唯一の目的となし、我々が他人のためにするという場合においても、その実は自己の快楽を求めて居るのであると考え、最大なる自己の快楽が最大の善であるとなすのである。この説の完全なる代表者は希臘にけるキレーネ学派とエピクロースとである。

それでは、まずは①利己的快楽説について見てみましょう。「利己的」ということで、己(おのれ)を利(り)することと、つまり**自己の**快楽が人生の唯一の目的なのだ、ということです。簡単に言えば、たとえ他人のために何かをしているように見えても、けっきょくはそれで自己が気持ちいいからやっているんだろう、という説です。自分が犠牲になっているようでありながら、それで何らかの快楽を感じているんだろう、と。つまり、「自己の快楽を最大にすることが、最大の善である」という主張です。この①利己的快楽説のいちばんの代表者としては、古代ギリシアのキュレネ学派とエピクロス（学派）があります。

> アリスチッポスは肉体的快楽の外(ほか)に精神的快楽のあることは許したが、快楽はいかなる快楽でも凡て同一の快楽である、ただ大(だい)なる快楽が善であると考えた。而(しか)して氏は凡て積極的快楽を尚(とうと)び、また一生の快楽よりもむしろ瞬間の快楽を重んじたので、最も純粋なる快楽説の代表者といわねばならぬ。

まずはキュレネ学派です。紀元前五〜四世紀のアリスティッポスは、キュレネ（現在のリビア）に生まれ、ギリシアでソクラテスの弟子となった哲学者です。刹那(せつな)的な快楽主義を説いた彼の一派は、その生誕地にちなんでキュレネ学派と呼ばれました。もっとも、快楽主義といっても、その「快楽」には、いわゆる肉体的な快楽もあれば、精神的な快楽もあって、いろいろです。アリスティッポスは、「とにかく快楽であれば、どのような快楽であっても、すべて快楽としては同じことだ。ただ、より大きい快楽が、より善なのだ」と考えました。

またアリスティッポスは、特に今現在の感覚によって得られる肉体的快楽が重要で、そうした積極的な快楽が大切なのだと考えました。また彼は、過去や将来のことに煩わされずに、「現にあることのみが、ある」として、一生のあいだ続くかもしれない快楽よりも、むしろその場かぎりの現にある快楽を重んじました。ですから、現代において普通に「快楽主義」と呼ばれてイメージされるものに近い、最もピュア（？）な形の快楽主義と言えます。（『ギリシア哲学者列伝（上）』「第二巻・第八章 アリスティポス」を参照）

エピクロースはやはり凡ての快楽を以て同一となし、快楽が唯一の善で、如何なる快楽も苦痛の結果を生ぜざる以上は、排斥すべきものにあらずと考えたが、氏は瞬間の快楽よりも一生の快楽を重しとし、積極的快楽よりもむしろ消極的快楽、即ち苦悩なき状態を尚んだ。氏の最大の善というのは心の平和 tranquility of mind ということである。

紀元前四〜三世紀のエピクロスは、アテナイの入植地サモス島に生まれ、若いときにアカデメイア（プラトンの学園）やリュケイオン（アリストテレスの学園）で学んだと言われています（プラトンもアリストテレスも、エピクロスが学んだ頃には亡くなっていますが）。後にエピクロスも自分でアテナイに「エピクロスの園」という学園を開いて、弟子たちと共同生活をして、一つの学派の祖となった哲学者です。（『ギリシア哲学者列伝』（下）「第十巻第一章「エピクロス」」を参照）

この人は、「快楽主義者といえばエピクロス」と言われるほど、快楽主義の代表的な人物で、「どんな快楽であっても、結果として苦痛を生まなければ、否定すべきではない」と考えていました。そして、アリスティッポスと同じく「すべて快楽は同じであって、快楽が唯一の善である」と考えていたのですが、その快楽の継続する長さへの見方がアリスティッポスとは違っていました。アリスティッポスは瞬間的な今の快楽を重んじていましたが、エピクロスは一生のあいだ続く快楽を重視したのです。

また、アリスティッポスが積極的（刺戟的）な快楽を評価したのに対して、エピクロスはむしろ消極的な快楽（すなわち苦悩のない状態）を大切に考えました。ですから、エピクロスが主張する「最大の善」というのは、肉体的に非常に興奮する快楽というよりは、実は「心の平和tranquility of mind」（ataraxia アタラクシア）ということなのです。現代では、肉体的な「快楽主義者（特に美食家（グルメ））」を英語で「epicurean（エピキュリアン／エピクロスの徒）」と言いますが、エピクロス自身は、そうした肉体的な刺激による快楽は、あまり評価しませんでした。なぜなら、肉体的な快楽の場合は、どうしても「その快楽が失われた後の苦痛」が導かれてしまうからです（そうだとすると、いわゆる「快楽主義者（美食家（グルメ））」は、エピキュリアンではなくて、アリスティピリアンと呼んだほうがいいのかもしれません）。

しかし氏の根本主義はどこまでも利己的快楽説であって、希臘人のいわゆる四つの主徳、睿知、節制、勇気、正義という如き者も自己の快楽の手段として必要であるのである。正義ということも、正義其者が価値あるのではなく、各人相犯さずして幸福を享ける手段として必要なのである。

また、ギリシアでは、よく四つの主な徳（四大徳）として、叡智 wisdom、節制temperance、勇気 courage、正義 justice が語られます（プラトン『国家』第四巻）。ただ、これらの最も重要な徳目も、エピクロスにすれば、**自己の快楽**の手段として必要であるにすぎません。たとえば「正義」ということも、正義そのものに価値があるのではなく、それぞれの人がお互いに正義に反しないことによって幸福を享受できるから必要だとされました。つまり、四大徳も、快楽を得る手段として必要なのでした。

この主義は氏の社会的生活に関する意見において最も明である。社会は自己の利益を得るために必要なのである。国家は単に個人の安全を謀るために存在するのである。もし社会的煩累を避けてしかも充分なる安全を得ることができるならば、こは大に望むべき所である。氏の主義はむしろ隠遁主義 *λάθε βιώσας* である。氏はこれに由りて、なるべく家族生活をも避けんとした。

エピクロスの説く「最善」とは、「心の平和」という快楽であり、それが人間の目標とする「幸福」でした。彼が作った学園は、そうした理想を得るための共同生活の場でしたが、根本的に彼の主張は、どこまでも自分の心が平和になること（利己的快楽）でした。たとえば、エピクロスは、「社会は個人にとってどのような意味があるのか」とか、「個人は社会でどう生活していけばいいか」について語る際に、次のように述べています。

――私たちにとって「社会」が存在するのは、それが自己の利益を得るために必要だからだ。たとえば「国家（ポリス）」という社会単位も、たんに個人個人の安全をはかるために存在しているにすぎない。実際、「社会」に属しているといろいろと煩わしいことや面倒なことがある。だから、もし自分だけで安全に生きていけるのであれば、そんな面倒な社会に関わることなく、さっさと抜け出して、個人的に生活するほうが何より望ましいのだ（私たちは、それができずに、しかたなく社会の中で生活しているにすぎない）――と。

このようなエピクロスの主張には、彼がいかに「利己的」かが最も明らかに表れているでしょう。また、彼のこうした「自分さえ平和であればいい」という主張は、「隠遁主義（Lathe biosas 隠れて生きよ）」の考えにも結びつきます。彼も、この考え方に従い、なるべくいろいろと煩わしい家族生活を避けようとしました（そういうエピクロス学派の自己満足的・引きこもり的なところが、ストア学派からは批判されるわけです）。

第三段落

次に公衆的快楽説、即ちいわゆる功利教について述べよう。この説は根本的主義においては全く前説と同一であるが、ただ個人の快楽を以て最上の善となさず、社会公衆の快楽を以て最上の善となす点において前説と異なって居る。この説の完全なる代表者はベンザムである。

次に、②公衆的快楽説を考えてみましょう。これは、ふつうは「功利主義」とも呼ばれる説です。この公衆的快楽説（功利主義）は、快楽説であるということでは、前の「利己的快楽説」と同じなのですが、ただ、公衆的、つまり、個人の快楽ではなくて社会公衆の快楽が最上の善だとするところが、異なっています。この公衆的快楽説のわかりやすい代表者としては、十八～十九世紀イギリスの哲学者ジェレミ・ベンサムが有名です（ベンタムと表記されることもあります）。

氏に従えば人生の目的は快楽であって、善は快楽の外にない。而していかなる快楽も同一であって、快楽には種類の差別はない（留針押しの遊の快楽も高尚なる詩歌の快楽も同一である）、ただ大小の数量的差異あるのみである。我々の行為の価値は直覚論者のいう様に其者に価値があるのではなく、全くこれより生ずる結果に由りて定まるのである。即ち大なる快楽を生ずる行為が善行である。而して如何なる行為が最も大なる善行であるかといえば、氏は個人の最大幸福よりも多人数の最大幸福が快楽説の原則よりして道理上一層大なる快楽と考えねばならぬから、最大多数の最大幸福というのが最上の善であるといって居る。

ベンサムは次のように言います。現代社会においてかなり有力な考え方ですし、少し長くなりますが、ベンサムの考えを見てみましょう（『道徳および立法の原理序論』）。

——人生の目的は快楽であって、快楽の他に善はない。また、いかなる快楽も、快楽であることには変わりがなく、その種類によって区別せずにどれも同じものとして考えれば、それらを数量（大小）によって比べることができる。たとえば、「押しピン留め遊び」による楽しみ（今でいえば、気泡緩衝材（プチプチシート）をプチプチする楽しみ）も、「高尚な詩歌」による喜びも、同じ快楽として、その快楽の度合いで、数量的に比較することができる。だから、私たちの行為の価値というのは、その行為そのものにあるというよりも、むしろその行為によって結果として生ずる**快楽の量**によって決まるのだ（だから、直覚説の「行為そのものに価値がある」という考えは間違っている）。すなわち、その人にとって、量的に最大の快楽を生ずる行為が、**善い**行為であり、まったく快楽を生じない（むしろ苦痛を生じる）行為が、**悪い**行為である。

そして、量的に快楽が大きいほうが「善」であるという話は、個人の範囲内にだけにおさまる話ではない。個人の中で快楽量を計算できるように、複数の人間の中での快楽量も計算することができる。つまり、社会全体で、快楽量の合計が増えれば増えるほど、社会全体としてはさらに「善」ということになる。だから、どのような行為が最も大きい善であるかと言えば、個人だけで最も大きな幸福であるよりも、できるだけ多くの範囲の人たちにとって最も大きく幸福であるほうが、さらにいっそう大きな幸福（快楽）と言える。だから私たちは、「最大多数の最大幸福」を最上の善として、それを道徳や法律の基本としなければならない——と。

> またベンザムはこの快楽説に由りて、行為の価値を定むる科学的方法をも論じて居る。氏に従えば、快楽の価値は大抵（たいてい）数量的に定め得（う）る者であって、例えば強度、長短、確実、不確実等の標準に由りて快楽の計算ができると考えたのである。氏の説は快楽説として実に能（よ）く辻褄（つじつま）の合った者であるが、ただ一つ何故に個人の最大快楽ではなくて、最大多数の最大幸福が最上の善でなければならぬかの説明が明瞭でない。快楽にはこれを感ずる主観がなければなるまい。感ずる者があればこそ快楽があるのである。而してこの感ずる主というのはいつでも個人でなければならぬ。しからば快楽説の原則よりして何故に個人の快楽よりも多人数の快楽が上に置かれねばならぬのであるか。

そしてベンサムは、この考えに基づいて、行為の価値を定める科学的方法を編み出します。つまり、快楽の価値は数量的に定めることができるし、快楽の量を、強度（強い・弱い）、持続性（長い・短い）、確実性（確実・不確実）、遠近性（遅い・早い）などの尺度によって科学的に計算できる、と考えたのでした。ベンサムの説は、快楽説として実によくつじつまの合ったものでしたが、西田がここで納得できないのは、「どうして個人の最大幸福が最上の善ではなくて、最大多数の最大幸福が最上の善であるのか」ということの説明が明瞭ではない、ということでした。ふつうは「たった一人の幸福だけではなくて、できるだけ大勢の人が幸福のほうが、最上の善だ」と思うかもしれませんが、しかし、世の中は、そんな同情心のある「善良」な人ばかりで成り立っているわけではありません。自らの快楽を求める個人がいるのです。

まず、基本的なことを確認しておきましょう。ベンサムの思想の文脈で考えれば、なんであれ快楽がある（「快適だ、楽しい」と感じる）ためには、その快楽を感じる主体（主観）が必要になります。実際ベンサムも、快楽を感じるのはあくまで「個人」なのであって、その快楽を感じる主観として個人がいることは認めていました。個人がいるからこそ、快楽があり、その合計としての「公衆的快楽」を考えていたのです。

たとえば、Aさん、Bさん、Cさんの三人グループXがあるとしましょう。Aさんの快楽はAさんが感じていますし、Bさんの快楽はBさんが感じています。Cさんも同様です。では、その社会全体としてのグループXの快楽は、誰が感じているのでしょうか。ベンサムでしたら、「それぞれ個々人が感じている」と言いそうですが、では、「個人的なそれぞれの快楽をただ合計すれば、全体としてのXの快楽になる」と、どうして言えるのでしょうか。

たとえば、無理やりシンプルに考えて、もしAさんの快楽度数が「＋10」だとして、他のBさん、Cさんの快楽度数がそれぞれ「−7」（つまり苦痛度「7」）だとしたら、グループX全体としては、10−7−7で、快楽度「−4」になります。つまり、BさんとCさん個人もマイナス（不幸）で、全体Xとしてもマイナス（不幸）なわけです。ここで、もしAさんに同情心が**ない**としたら、どうなるでしょう。Aさんはこう考えるかもしれません。「Bさん、Cさんの苦しみ？　全体のマイナス？　それが、なにか？　**この私**は幸せ（＋10）ですから、特に問題はありません」と。

このように、Aさんの快楽から、グループX全体の快楽へどのように結びつくのか、つまり、「個人の感じるはずの快楽が、どのようにして全体の感じる快楽へと変換できるのか」というところが明瞭に説明できないと、快楽説の原則から「どうして個人の快楽よりも、多人数の快楽のほうが、価値があるのか」が説明できないのです。それを説明するためには、やはり、その社会を構成する個々人の平等性と同情心が必要になってくるのでしょう。

人間には同情というものがあるから己独(おのれひと)り楽(たのし)むよりは、人と共に楽んだ方が一層大(だい)なる快楽であるかも知れない、ミルなどはこの点に注目して居る。しかしこの場合においても、この同情

より来る快楽は他人の快楽ではなく、自分の快楽である。やはり自己の快楽が唯一の標準であるのである。

さて、とりあえずは、快楽を感じる人間（個人）に、同情というものがあるとしてみましょう。そうすれば、たしかに自分だけで独り楽しむよりも、誰か他の人とともに楽しんだほうが、いっそう大きな快楽だと言えるかもしれません。ベンサムの友人の息子ジョン・スチュアート・ミルという哲学者は、この点に注目して、ベンサムの説を修正しています。しかし、「同情がある」という前提を認めたとしても、この同情によって生じてくる快楽は、「他人の快楽」ではなく、あくまで「自分の快楽」ということになります。なぜなら、その快楽を感じている主体は、けっきょくはその人（同情している個人）ということになっているからです。そうすると、この説は自己の快楽を唯一の基準とする「①利己的快楽主義」になります。（J.S.ミル「功利主義論」を参照）

もし自己の快楽と他人の快楽と相衝突した場合は如何。快楽説の立脚地よりしては、それでも自己の快楽をすてて他人の快楽を求めねばならぬということができるであろうか。エピクロースの様に利己主義となるのが、かえって快楽説の必然なる結果であろう。ベンザムもミルも極力自己の快楽と他人の快楽とが一致するものであると論じて居るが、かかる事はとうてい、経験的事実の上においては証明はできまいと思う。

それに、もし自己の快楽と他人の快楽とがお互いに衝突したら、どうするのでしょう。ちなみに、「自己犠牲的に他人の快楽を優先することが、自分の快楽なのだ」という場合は、お互いの快楽が衝突していることにはなりません。サディストとマゾヒストが一緒にいても、そこに快楽上の衝突はありません。むしろお互いの快楽の凸凹が一致しています。

そうではなくて、「自分としては嫌で嫌でしょうがなく、まったく苦痛でしかないことでも、それによって他人が快楽を感じるというのであれば、本当は嫌だけど、しかたなくやる（強制的にやらされる）」という状況が、まさに衝突している状況です（凸と凸が対立するので、どちらかがシブシブ凹になる状況です）。もし「公衆的快楽説」が言うように、そのように衝突した場合に「自己の快楽を捨てて、他人の快楽を求めなければならない」というのであれば、それは「快楽説」と言えるのでしょうか。そんな状況で、そこまでしてシブシブやるというのは、快楽というよりは、権威や理性によってやっていると言ったほうが適切でしょう。

ですから、そんなに自分の快楽が否定された状況でも社会全体の快楽を増進させようと行動するというのは、公衆的快楽説では説明が難しいようです。どうも「快楽説」を考えていくと、やはり先ほどのエピクロスが言ったようなシンプルな利己主義のほうが必然的な結果のように思えます。ベンサムもミルも、できるだけ自己の快楽と他人の快楽とが一致するものであるように論じていますし、理想的にはそのようにあるべきなのかもしれませんが、私たちが実際に経験する事実としては、ムリがあります。残念ながらそのような説は証明できないと思う、というわけです。

第四段落

　これまで一通り快楽説の主なる点をのべたので、これよりその批評に移ろう。先ず快楽説の根本的仮定たる快楽は人生唯一の目的であるということを承認した処で、果して快楽説に由りて充分なる行為の規範を与うることができるであろうか。

　さて、西田は、ここまでひととおり快楽説の主な点を述べてきたので、ここからさらにくわしくその批評を展開していきます。ここで西田は、そもそも、快楽説の根本的な仮定とされる「快楽が人生で唯一の目的である」という前提はそれでよいのか、ということが気になっているようですが、後で述べるので、ここでは何も言いません。むしろここでは、とりあえずはその快楽説の根本的な前提（仮定）を承認したとしても、それではたして行為の善悪を決める充分な規範（基準）を説明することができるのか、を考えていきます。

　厳密なる快楽説の立脚地より見れば、快楽は如何なる快楽でも皆同種であって、ただ大小の数量的差異あるのみでなければならぬ。もし快楽に色々の性質的差別があって、これに由りて価

> 値が異なるものであるとするならば、快楽の外(ほか)に別に価値を定(さだ)むる原則を許さねばならぬこととなる。即ち快楽が行為の価値を定むる唯一の原則であるという主義と衝突する。

ベンサムの厳密な快楽説の立場からすると、「快楽は、いかなる種類の快楽であっても、みな同等に扱われるべきであって、そこには、ただ大小の数量的な差異があるだけだ」ということになっています。ふつうは、快楽といっても、睡眠・食事・恋愛・学問・芸術・宗教などさまざまな種類の「快」があるように思いますが、ベンサムの場合は、それらの区別を無視して、すべてを「快楽」でひとくくりに考えるわけです。

もし、それぞれの快楽にいろいろと性質的な区別があって、その性質的な差によって快楽の価値の高・低が変わってしまうと、それでは「快楽説」とは言えません。なぜなら、それだと、快楽そのもの以外に何らかの価値基準が入ってしまうからです。他の価値基準が入っていると、「快楽が行為の価値を定める唯一の原則である」という快楽説に反してしまいます。

> ベンザムの後を受けたるミルは快楽に色々性質上の差別あることを許し、二種の快楽の優劣は、この二種を同じく経験し得(う)る人は容易にこれを定めうると考えて居る。例えば豕(ぶた)となりて満足するよりはソクラテースとなって不満足なることは誰も望む所である。

この「快楽をただ機械的に計算する」というベンサムの案に納得がいかなかったのが、その後に続くミルでした。彼は、快楽にはいろいろな質上の差のあることを認めて、「二種類の快楽の優劣は、その二つを同じように体験できる人であれば、簡単にその優劣を定めることができる」と考えました。たとえば、先ほどの「押しピン留め（プチプチ）遊び」と「高尚な詩歌」から得られる喜びであれば、その両方を体験したことのある人には、どちらが優れた「喜び」なのか明らかだ、というわけです。そして、「誰でも、豚となって満足するよりも、ソクラテスとなって不満足であること望む」と言いました。さらにミルは肉体上の快楽よりも、精神上の快楽（幸福）のほうが上だとも言ったわけです。

而してこれらの差別は人間の品位の感 sense of dignity より来るものと考えて居る。しかしミルの如き考は明に快楽説の立脚地を離れたもので、快楽説よりいえば一の快楽が他の快楽より小なるに関せず、他の快楽よりも尚き者であるという事は許されない。

それでは、このような快楽の優劣の差がどこから来るのかというと、ミルによれば、人間の「品位の感」から生じる、と言うのです。しかし、このようなミルの考えは、先ほど言ったように、快楽以外の価値基準が入り込んでしまっていて、明らかに快楽説の立場を離れています。もし、「ある快楽A（詩歌）の快楽数値が、快楽B（押しピン）の快楽数値よりも小さい（A＜B）のに、快楽Aのほうが（品位が高いから）快楽Bよりも価値が高い（A＞B）」と言うのであれば、それはもう快楽主義ではありません。それではもう、「（快楽）品位説」（？）になってしまうでしょう。

> さらばエピクロース、ベンザム諸氏の如く純粋に快楽は同一であってただ数量的に異なるものとして、如何にして快楽の数量的関係を定め、これに由りて行為の価値を定めることができるであろうか。アリスチッポスやエピクロースは単に知識に由りて弁別ができるといって居るだけで、明瞭なる標準を与えては居らぬ。

それでは、ミルの考えは快楽説としてはあきらめるとして、やはりアリスティッポス、エピクロス、ベンサムたちのように、「どの快楽も、快楽としてはどれも同じであって、ただ数量的に異なっているだけ」と考えたとしましょう。そうすると、今度は、「どうやって、それぞれの行為から生じるそれぞれの快楽を、その「数量的な関係」によって、一定のルールで比較できるのか」という問題が起こってきます。アリスティッポスやエピクロスは、そこのところは、たんに「知識によって識別することができる」と言っているだけで、その識別の基準を明らかにしていません。

> ――独りベンザムは上にいった様にこの標準を詳論して居る。しかし快楽の感情なる者は一人の人

においても、時と場合とに由りて非常に変化し易い物である、一の快楽より他の快楽が強度において勝るかは頗る明瞭でない。更に如何ほどの強度が如何ほどの継続に相当するかを定むるのは極めて困難である。一人の人においてすら斯く快楽の尺度を定むるのは困難であって見れば公衆的快楽説の様に他人の快楽をも計算して快楽の大小を定めんとするのはなおさら困難である。

ベンサムだけは、上に言ったように、この快楽を数量的に測って比較する基準をくわしく述べています。しかし、「快楽」という情的な意識現象は、同じ人の中でも、時と場合によって非常に変化しやすいものですし、ある快楽が他の快楽に比べて強度が高いかどうかは、そうそう明らかではありません（たとえば「激しく動的な快楽」と「穏やかで静かな快楽」では、どちらの快楽度数が強いのでしょうか）。さらに言えば、どれほどの強度が、どれほどの継続に相当するかを決定するのも、きわめて困難です（たとえば「身の震えるほどの瞬間的な感動は、心地よさ三時間分に相当する」などとは簡単に決められません）。そのように、同じ人の中ですら快楽の尺度を定めるのは難しいのですから、公衆的快楽説で言われるような、他人の快楽をも計算して快楽の大小を定めようとするというのは、さらに難しい話になってきます。

普通には凡て肉体の快楽より精神の快楽が上であると考えられ、富より名誉が大切で、己一人の快楽より多人数の快楽が尚いなどと、伝説的に快楽の価値が定まって居る様であるが、かかる標準は種々なる方面の観察よりできたもので、決して単純なる快楽の大小より定まったものとは思われない。

また、ミルは、もはや「快楽」だけでなく「品位」を基準にしていました。そしてミルの快楽の価値というのは、どうやら、「精神的な快楽のほうが、肉体的な快楽よりも上位にある。名誉による快楽のほうが、富による快楽よりも大切だ。多人数の快楽のほうが、自分一人の快楽よりも尊い」と、**なんとなく**言い伝えられた価値観によって決められていました。でも、そのような価値基準それ自体は、どこから出てきたのか、よくわかりません。よくわかりませんが、少なくとも、そうした価値基準は、やはり快楽の数量的大小によって単純に定まってはいないようです。むしろ、どのような価値基準も、さまざまな方面からの観察や経験から出てきているようです。たとえば、このような哲学書を読むような人には、もしかしたら、「哲学的な真理を知る快楽のほうが、美食で得られる快楽よりも、高尚で尊い」などと思う人がいるかもしれませんが、もしかしたら、哲学的な喜び体験が多くて、あまり美味しいものを食べたことがないのかもしれません。

第五段落

右は快楽説の根本的原理を正しきものとして論じたのであるが、かくして見ても、快楽説に由りて我々の行為の価値を定むべき正確なる規範を得ることは頗る困難である。今一歩を進めてこの説の根本的原理について考究して見よう。凡て人は快楽を希望し、快楽が人生唯一の目的であるとはこの説の根本的仮定であって、またすべての人のいう所であるが、少しく考えて見ると、その決して真理でないことが明である。

さて、これまでは、快楽説の根本的原理である「快楽が人生で唯一の目的である」を仮に正しいものとして話をしてきましたが、仮にそうだとしても、「私たちにとって、どの行為に価値があって、どの行為に価値がないのか」を正確に定められる基準を得ることは、とてもできそうにありませんでした。

それでは話をさらに一歩進めて（あるいはもとに戻して）、その快楽説の根本的原理それ自体について考えてみましょう。いったいぜんたい、「快楽こそが人生で唯一の目的だ」という前提それ自体は、そもそも正しいのでしょうか。たしかに、「私たちの誰もが何らかの快楽を望む」ということは、真理のように思えますし、もしかしたら、すべての人がそのように言うかもしれません。でも、少しくわしく考えてみれば、どうもそれが必ずしも真理ではないことが明らかになってきます。西田は、そう言います。

> 人間には利己的快楽の外に、高尚なる他愛的または理想的の欲求のあることは許さねばなるまい。たとえば己の慾を抑えても、愛する者に与えたいとか、自己の身を失っても理想を実行せねばならぬという様な考は誰の胸裡にも多少は潜み居るのである。時あってこれらの動機が非常なる力を現わし来り、人をして思わず悲惨なる犠牲的行為を敢てせしむることも少くない。

もちろんここで西田は、人間に自己の快楽を求める傾向があることを否定しているわけではありません。おそらくは、自己快楽を追及する傾向の強さを実感していたでしょう。でも、だからといって、その他のいわゆる「高尚」な欲求、他愛的な欲求、理想的な欲求があることも、やはり事実として認める必要があると考えるのです。たとえば、「自分の欲求を抑えても、愛する他者に何かを与えたい」とか、「自分の身を失ったとしても、理想を実現しなければならない」というような考えは誰の胸のうちにも多少は隠れている、と言います。ときには、私たちも、このような自己犠牲的な動機が非常に強力となってしまったばっかりに、思わず犠牲的行為をして、結果的に悲惨なことになる場合もあります（ホームから線路に落ちた人を助けようとして、一緒に亡くなってしまったケースもあります）。

> 快楽論者のいう様に人間が全然自己の快楽を求めて居るというのは頗る穿ち得たる真理の様で

あるが、かえって事実に遠ざかったものである。勿論（もちろん）快楽論者もこれらの事実を認めないのではないが、人間がこれらの欲望を有しこれがために犠牲的行為を敢てするのも、つまり自己の欲望を満足せんとするので、裏面より見ればやはり自己の快楽を求むるにすぎないと考えて居るのである。

利己的快楽説による「人間は、まったく自己の快楽を求めている」という考えは、それはそれで、こうした私たちの真相を見通して暴いたような話に聞こえますが、そうした自己犠牲的な他愛的な傾向をまったく無視しているので、かえって事実とは遠ざかったものにも思えます。もちろん、利己的快楽説の主張者も、そのように私たちがときには自己犠牲的な行為をするという事実を認めています。しかし彼らにすれば、このような「他を助けたい」と自己犠牲的な行為をあえてするのも、けっきょくは自己の欲望を満足しようとしているだけで、裏から見ればやはり自己の快楽を求めているにすぎない、と考えられていたわけです。

しかしいかなる人もまたいかなる場合でも欲求の満足を求めて居るということは事実であるが、欲求の満足を求むる者が即ち快楽を求むる者であるとはいわれない。いかに苦痛多き理想でもこれを実行し得た時には、必ず満足の感情を伴うのである。而してこの感情は一種の快楽には相違ないが、これがためにこの快感が始（はじめ）より行為の目的であったとはいわれまい。

まあ、そう言ってしまえば、たしかに「いかなる人も、またいかなる場合でも、何らかの満足を求めている」ということは事実かもしれません。もし「私は無欲でいたい」と言ったとしても、「……たい」と言う以上は、やはり「求めている」ことになります。しかし、この欲求の満足を求めることが、すなわちそのまま快楽を求めることになるのでしょうか。ここで西田は、「満足を求める」は、そのままイコール「快楽を求める」ことにはならないと考えるのです。

たしかに、私たちは、たいへんに苦労を要する理想を達成したとき、きっと満足の感情を伴うでしょう。そして、この満足の感情が、一種の快楽だということも間違いないでしょう。しかし、だからといって、「その苦労（苦痛を伴う行為）は、最初からこの快楽それ自体を目的としていた」と言えるのでしょうか。むしろ、その人の苦労（苦痛を伴う行為）は、ただひたすら理想実現だけを目的としていたのであって、それで得られる満足（による快楽）を目的としていたわけではないはずです。

> かくの如き満足の快感なる者が起るには、先ず我々に自然の欲求という者がなければならぬ。この欲求があればこそ、これを実行して満足の快楽を生ずるのである。しかるにこの快感あるがために、欲求は凡て快楽を目的として居るというのは、原因と結果とを混同したものである。

実際のところ、もし私たちが、最初から、理想達成そのものではなく、達成によって得られるであろう「満足」のほうを求めて行為をしていたとしたら、その理想を達成できたとしても逆に満足できない、ということがあります。つまり、私たちに「満足（による快楽）」が起こるためには、まずは、その「満足（による快楽）」を度外視し、ただひたすら理想達成そのものを望むような「自然な欲求」が必要なのです。

たとえば食事であれば、「それを食べたい」と思い、それを食べた結果として何らかの快楽が得られるわけですが、最初からその快楽そのものを求めていては、実は「それを食べたい」とだけ思っていたときに得られたはずの快楽が得られません。恋愛でも、「相手との理想の状況を求めた結果、自然に得られた満足（快楽）」と、「はじめから恋愛による利己的快楽を目的として求めて得られた快楽」は、異なっています。つまり、理想そのものに対する自然な欲求があればこそ、その理想を実現したあかつきには、その結果として「満足（快楽）」が生じるのです。

つまり、快楽説の何が間違っているのかというと、「私たちが何かを求めて行為し、そこに達成があれば必ず快楽が生じる。だから、すべての欲求は最初から快楽を目的としている」と考えるのがオカシイのです。そのような考えは、原因と結果が混同されています。自利を忘れ、自利を求めず、むしろひたすら利他（他愛）的行為をすることで、結果的に最高の自利が得られることもあるのです。その「最高の自利」は、最初から自利を求めていては得られません（はじめから、それを得ようと目指してしまうと、それが得られない）。快楽説は、考えやすい（計算しやすい）ようにシンプルにしようとして、このような事実をあえて無視しているのではないでしょうか。

> 我々人間には先天的に他愛の本能がある。これあるが故に、他を愛するということは我々に無限の満足を与うるのである。しかしこれがために自己の快楽のために他を愛したのだとはいわれない。毫釐（ごうり）にても自己の快楽のためにするという考があったならば、決して他愛より来る満足の感情をうることができないのである。

私たち人間には、生まれながらにして、もちろん自愛の性質もあるでしょうが、やはり他愛の性質もあります。この他愛の性質があることによって、他を愛するということが私たちに無限の満足を与えますし、場合によっては快楽も生じるかもしれません。しかし、だからと言って、それがそのまま、「自己の快楽のために他を愛したのだ」とは言えないでしょう。他愛によって自己に快楽が生じるからといって、最初からその自己の快楽を求めてしまっていては、それではもう「他愛」とは言えず、ただの「（他愛を手段とした）自愛」になってしまいます。何かの行為をするとき、もし髪の毛ほども「自分の快楽のために」という考えがあったとしたら、それでは決して、本当の意味での「他愛に由来する満足」は得られません。

> 啻（ただ）に他愛の欲求ばかりではなく、全く自愛的欲求といわれて居る者も単に快楽を目的として居

る者はない。たとえば食色の慾も快楽を目的とするというよりは、かえって一種先天的本能の必然に駆られて起るものである。飢えたる者はかえって食慾のあるを悲(かなし)み、失恋の人はかえって愛情あるを怨(うら)むであろう。人間もし快楽が唯一の目的であるならば、人生ほど矛盾に富んだ者はなかろう。むしろ凡て人間の欲求を断ち去った方がかえって快楽を求むるの途(みち)である。

以上、他愛的欲求は、たんに利己的快楽を目的としているわけではないことが述べられました。さらに言えば、実は、明らかに自愛的欲求だと言われているようなものも、たんに快楽を目的としているものではありません。たとえば、食事や恋愛による欲求も、快楽そのものを目的としているというよりは、かえって、一種の生まれながらの本能的な必然に駆り立てられて起こるものと言えます。

飢えに苦しんでいる人は、かえって自らに食欲のあることを悲しむかもしれませんし、失恋の人はかえって自らに愛欲のあることを怨むかもしれません。私たちは、かならずしも望んだ快楽を得られるわけでもなく、どちらかというと思い通りにならないことが多いわけですから、もし快楽が人間にとって唯一の目的なのだとすれば、私たちの人生ほど矛盾に満ちたものはないでしょう。それでは、やはりエピクロスのように、すべて人間の欲求を断ち切ったほうが、かえって快楽を求めるにふさわしい方法と言えるかもしれません。

エピクロースが凡ての慾を脱したる状態、即ち心の平静を以て最上の快楽となし、かえって正反対の原理より出立したストイックの理想と一致したのもこの故である。

前に見たように、エピクロスは、「すべての欲を脱した状態、すなわち心の平静（アタラクシア）が、最上の快楽である」と言っていましたし、エピクテトス（ストア学派）は、「理知に反するすべての情欲を捨て去った、無欲（アパテイア）こそ、最高の快楽だ」と言っていました。エピクロスは快楽主義者ですし、ストア学派のエピクテトスは理知主義者でしたから、一見してまったく正反対の原理を基本としているはずなのに、このように類似した結論になっています。

それは、たぶん、「どうせたいして満たされない欲求ならば、いっそ、そんな欲求は断ち切ったほうがマシ」というところなのでしょう。西田にすれば、エピクロスも、エピクテトスも、どちらも「自己の欲求を達成して得られる利己的快楽（による弊害）」を過剰に考えすぎているようです。もし、自己の欲求ということを言うのであれば、そんな快楽ではなく、もっと、人の本性的な内奥（ないおう）から出てくるような、自然な欲求によって得られる「満足」を考えるべきなのです。

この段落を読んで思い出すのは（西田は書いていませんが）、仏教における「慾（よく）」と「願（がん）」の関係です。たとえば宮沢賢治（西田より二十六歳年下）の有名な「雨ニモマケズ」には、次のような言葉があります。「……丈夫ナカラダヲモチ慾（ヨク）ハナク　決シテ瞋（イカ）ラズ　イツモシヅカニワラッテヰ（イ）ル……　ミンナニデクノボートヨバレ　ホメラレモセズ　クニモサレズ　サウイフモノニ　ワタシハナリタイ」。よく「他愛的」と言われる宮沢賢治ですが、彼に「慾」がなかったかというと、そんなわけはありません。「慾」があるからこそ、そうした慾のない者に「私はなりたい」と言っているのです。しかし、そもそもこの「……なりたい」も、一つの欲求の現われと言えます。そうすると、「慾のない者になりたい」というのは自己矛盾的な表現なのでしょうか。快楽説からすれば、けっきょく賢治も快楽を求めていた、ということでしょう。

しかし、快楽説の解釈では、賢治のこの言葉の真意は理解できないように思います。もちろん、年齢差や当時の知名度を考えれば、西田が賢治について語っているわけではありません。現代の視点から、あえて西田の立場で賢治の言葉を見れば、賢治の「そういうものにわたしはなりたい」の「なりたい」は、他愛を目指した「なりたい」であり、利己的快楽を目的としてはいないはずです。そして、それではベンサムが言うような数値化できる「公衆的快楽」かというと、そうでもありません。むしろ、ミルの「品位の感」に近いようですが、その「品位」がどこから来るかというと、少しも自分を勘定に入れない自身の内から出てくる利他的な「願」からなのだと思います。

第六段落

しかし或る快楽論者では、我々が今日快楽を目的としない自然の欲求であると思うて居る者でも、個人の一生または生物進化の経過において、習慣に由りて第二の天性となったので、元は意識的に快楽を求めた者が無意識となったのであると論じて居る。即ち快楽を目的とせざる自然の欲求というのは、つまり快楽を得る手段であったのが、習慣に由って目的其者(そのもの)となったというのである（ミルなどはこれについてよく金銭の例を引いて居る）。

しかしある快楽論者は次のように考える、と別の説が登場します。

——たしかに私たちには、今の時点では、あからさまに快楽そのものを目的としない行為もあるだろう。たとえば、食事や恋愛などについては、「快楽そのものを求める行為」というよりは、むしろ「自然な欲求による行為」だと思われるかもしれない。

しかし、そんな「自然な欲求」だと思われるものも、その人が個人としてこれまで生きてきた経緯や、生物として進化してきた経緯において習慣化してきたもので、「第二の天性」というものなのだ。だから、もし今の時点で「快楽そのものを求めていない」と思われる行為も、元をたどれば、けっきょくは快楽を求めていたのだ。つまり、この「第二の天性」というのは、以前は意識的に快楽を求めていたものが、今では無意識となったにすぎないわけだ。今では快楽を目的としない「自然な欲求」と言われるものも、元は快楽それ自体を得るための手段だったものが、習慣によって目的そのものとなったのだ——と。

ミルなどは、これについてよく金銭の例を引いています。私たちはお金を欲しがりますが、もちろん、先天的に（生まれつき）「お金」というものを欲しがるわけではありません（たとえば、「水」は先天的に欲しがります）。この貨幣経済が発達した社会に生まれ育って、後天的にお金の価値を学ぶことによって、お金が欲しくなるわけです。それにもかかわらず私たちは、学習の結果としてお金に価値があると見なしていることを忘れ、まるで「自然な欲求」であるかのようにお金を欲しがります。これも元をたどれば、お金によって得られるさまざまな利益を知っているからこそ求めるにすぎない、習慣化された「第二の天性」だ、というわけです。それと同じように、恋愛や食事への欲求が「自然な欲求」のように思われたとしても、実はそれも元は快楽をベースとしている「第二の天性」なのだ、というのがミルの言い分なのです。

これに対して、西田の反論が続きます。

> なるほど我々の欲求の中には此(かく)の如き心理的作用に由って第二の天性となった者もあるであろう。しかし快楽を目的とせざる欲求は尽(ことごと)くかかる過程に由りて生じたものとはいわれない。我々の精神はその身体と同じく生れながらにして活動的である。種々の本能をもって居る。鶏(にわとり)の子が生れながら籾(もみ)を拾い、鶩(あひる)の子が生れながら水に入るのも同理である。これらの本能と称すべき者が果して遺伝に由って、元来意識的であった者が無意識的習慣となったのであろ

うか。今日の生物進化の説に由れば、生物の本能は決してかかる過程に由って出来たものではない。元来生物の卵において具有(ぐゆう)した能力であって、事情に適する者が生存して遂(つい)に一種特有なる本能を発揮するに至ったのである。

なるほど、私たちの欲求の中には、たしかにこのような心理的作用によって「第二の天性」となったものもあるでしょう。しかし、今の時点で快楽を目的としない欲求が、ことごとくこのような過程によって生じたものだと言えるのでしょうか。私たちの精神は、その身体と同じく、生まれながらにして（先天的に）活動的であり、さまざまな本能をもっています。たとえば、ニワトリの子が生まれながらにモミを拾い、アヒルの子が生まれながらに水に入るのも同じ理屈でしょう。しかし、これらの本能と呼ばれるべき「自然な欲求」が、実はもともとは遺伝によって意識的に快楽を求めていたものであって、その後に習慣化された無意識的な「第二の天性」にすぎない、とは言い切れません。今日の生物進化の説によれば、生物の本能は、けっしてこのような「意識から無意識へ」という過程によってできたものではありません。生物の本能は、もともと生物の卵に具(そな)わって有(あ)った能力なのであって、その状況に適したものが生き残ることによって、ついにある種特有の本能を発揮するようになったと言われます。いわゆる「適者生存」の考え方ですね。

第七段落

上来論じ来った様に、快楽説は合理説に比すれば一層人性の自然に近づきたる者であるが、この説に由れば善悪の判別は単に苦楽の感情に由りて定めらるることとなり、正確なる客観的標準を与うることができず、かつ道徳的善の命令的要素を説明することはできない。しかのみならず、快楽を以て人生の唯一の目的となすのは未だ真に人性自然の事実に合ったものといわれない。我々は決して快楽に由りて満足することはできない。もし単に快楽のみを目的とする人があったならばかえって人性に悖った人である。

西田によれば、ここまで論じてきたように、快楽説は、合理説に比べれば、さらにいっそう「人の性」の自然に近づいたもののようです。ただ、快楽説によると、善悪の判別はたんに苦楽の感情によって定められることになり、正確で客観的基準を得ることができません。また、いわゆる「道徳的な善行」という場合、自分の快楽や都合に関わらず、ときにはまるで命令されているかのような自己否定的な行動も行われます。快楽説では、こうした行為の「どこか命令的なところ」を説明することもできませんでした（権威説は、道徳的善のそうしたところを強調した説でした）。

しかも、それだけではなく、「快楽こそが人生の唯一の目的だ」という説明は、私たちが実際に経験するような、真に人性・自然の事実に合ったものとは言えませんでした。なぜなら、私たちは、快楽そのものを求めることによっては、決して十分に満足することはできないからです。

快楽そのものを求めるのではなく、それ以外の何か「理想」を求めることにより、結果として最高の快楽が得られるからです。もしたんに快楽のみを目的として快楽を得ようとする人がいたとしても、それではかえって「人の性」に背いているので、結果的には真の快楽を得ることはできないでしょう。

第九章

活動説（主意説）

――「善は、自己（意志）が現実化・完成することだ」！

〔善（活動説）〕

第九章から、やっと、「善とは何か」について、西田自身の倫理学説が始まります。しかも西田は、この倫理学を、自己とは何か、美とは何か、実在とは何か、という話と結びつけて論じ始めます。ある意味、この章は、第三編「善」のなかで最も大事なところかもしれません。

でも、その前にこれまでの倫理学説を簡単にまとめておきましょう。

（1）まず、直覚説（第五章）は、日常的に実感のある考え方ではありますが、それでは倫理学説とは言えませんでした（説明になっていないのです）。

（2）次の、他律的な権威説（第六章）にもいろいろ問題はありましたが、そもそもどの権威に従えばいいのかが、権威説によっては説明できませんでした。従うべき権威が「他」であるために、どれに依るべきかを直接的に実感できない、という話でした。

では、他ではなく自らにあるものに基づけばよい、ということで、自律的な倫理学説が述べられました。

（3）その最初は、自らにそなわっている、いわゆる理性（知性）に基づく合理説でした（第七章）。しかし、私たちは、理知によって推論して、形式的に事実についての真・偽を判断することはできますが、その内容については何も話ができず、その推論の前提を決めることはできませんでした。さらには、「それで私たちはどうすべきなのか」という行為を決めることもできませんでした。

（4）最後の快楽説（第八章）は、やはり自らに根ざしているという意味ではかなり実感的に納得しやすい説でした。しかし、話をわかりやすく（分析しやすく）するために設けられた前提、つまり「私たちの行為はすべて快楽を目的としている」という前提（原理）に無理がありました。なぜなら、私たちには快楽を目指さずに得られる満足がある、という事実が実感としてあるからです。

第一段落

已に善についての種々の見解を論じかつその不充分なる点を指摘したので、自ら善の真正なる見解は如何なるものであるかが明になったと思う。

以上、ここまで西田は、善についてのさまざまな見解を取りあげ、そしてそのつど西田から見て不充分な点を指摘してきました。それによって、だんだんと、「善とは何か」について真に正しい見解がどのようなものかが明らかになってきただろう、と言っています（明らかになったでしょうか……？）。

我々の意志が目的とせなければならない善、即ち我々の行為の価値を定むべき規範はどこにこれを求めねばならぬか。かつて価値的判断の本を論じた所にいった様に、この判断の本は是非これを意識の直接経験に求めねばならぬ。善とはただ意識の内面的要求より説明すべき者であって外より説明すべき者でない。

とにかく、これから、私たちが、どうやって「善」として行うべきことを決めて、それに向かって「……しよう」と意志を持てばいいのか、を考えていきます。あるいは、私たちは、行為の価値を決めるような規則（ルール）を、どこに求めればいいのか、を考えていきます。ここで、以前に価値的判断の根本について考えたところ（第四章第四段落）で述べたことを思い出してください。つまり、価値的な判断をする基本をどこに求めるのかというと、どうしても、その価値をまさに意識している自らの「直接経験の事実」に判断の基本を求めなければならない、ということでした。そこで述べたのは、そもそも「善」とは、ただ自らの意識の内の奥底から出てくる要求によって説明すべきことなのであって、外から強制されたり圧迫されたりするものではない、ということでした。

たとえば、ある人がある行為をしたとき、その価値を判断するには、当然その人にその行為をしようとする意識（意志）が必要です。もしその人にその行為をする意識（意志）もなく、外部からムリヤリやらされたならば、その人のその行為の善・悪を判断することはできない、という話でした。

> 単に事物は斯くあるまたは斯くして起ったということより、斯くあらねばならぬということを説明することはできぬ。真理の標準もつまる所は意識の内面的必然にあって、アウグスチヌスやデカートの如き最も根本に立ち返って考えた人は皆ここより出立した様に、善の根本的標準もまたここに求めねばならぬ。しかるに他律的倫理学の如きは善悪の標準を外に求めようとして居る。かくしてはとうてい善の何故に為さざるべからざるかを説明することはできぬ。

それに、「物事が、このように有る、このように起こった」という事実についての知識に基づいて、「私たちは、このようにすべきだ」という当為を説明することはできない、ということは繰り返し述べてきました。ただ、ここで西田は、実は、そうした事実についての知識も、最も根本から考えれば、けっきょくすべてその人にとって内的にそうであるしかないような「内面的必然」に基づいている、と言うのです。つまり、「事実」といっても、それはたんなる「客観的（外的な）事実」ではない、ということです。

たとえば十七世紀に活躍したフランス出身の哲学者ルネ・デカルトは、「ふつうに事実として真理だと思われていることも、すべて疑うことができる。でも、今まさに考えている（疑っている）この私が在るということは、疑いようがない」と考えました。そして有名な「吾思う、故に吾あり」と言ったわけです。つまりデカルトは、「事実としての真理さえも、意識の内面（考えるわれ）に基づいて明らかにされる」と言ったのです（『方法序説』）。これを西田の言葉に言い換えれば、自らの直接的な経験に基づかないと思われるような、いわゆる「客観的な事実」も、それが確実であるためには自らの実感（直接経験）に基づいているはずだ、というわけです。

そのデカルトより千年以上前の四〜五世紀のキリスト教神学者アウグスティヌスも、「たとえ自分が欺（あざむ）かれているとしても、欺かれている以上は、自分は存在していなければならない。存在しないものは、欺かれようがないのだから」と言っています（『自由意志』）。

こうした意味では、アウグスティヌスもデカルトも、実感として直接にとらえることのできる「根本的な意識の内面」に立ち返って、そこから「事実としての真理」（なにが有るのか）について探求しました。つまり彼らも、ふつう客観的と言われるような「事実としての真理」を決定するような根本的基準でさえ、「自らの意識の内面」に求めたわけです。ましてや、自らどうすべきかという「当為としての真理」を決定する根本的基準も、やはり「自らの意識の内面」に求めなければならないでしょう。その意味で、やはり、「どうしてその善が為されるべきなのか」を真に説明するのに、自らの実感（直接経験）の外に真理基準を求めようとする「他律的倫理学説」では、最終的に納得できないのは当然でしょう。

合理説が意識の内面的作用の一（ひとつ）である理性より善悪の価値を定めようとするのは、他律的倫理

> 学説に比して一歩を進めた者ということはできるが、理（り）は意志の価値を定むべきものではない。ヘフディングが意識は意志の活動を以（もっ）て始まりまたこれを以て終るといった様に、意志は抽象的理解の作用よりも根本的事実である。後者が前者を起すのではなく、かえって前者が後者を支配するのである。

そこで合理説（第七章）は、自律的倫理学説として、「意識自（みずか）らの内的なはたらきの一つである理性（知性）によって善悪の価値が決まるのだ」と主張していたので、その点では他律的倫理学説に比べて一歩すすんだものと言えました。しかし、やはり、いわゆる「理」だけでは、私たちが行為しようとする「意志」の価値を決めることはできませんでした。私たちにとって、具体的な行為に結びつく意志のはたらきは、たんに抽象的な知的理解よりも、もっと根本的な事実と言えます。

たとえば、十九世紀デンマークの哲学者ヘフディング（西田より三十歳ほど年上）は、「意識は、意志の活動をもって始まり、また意志の活動でもって終わる」と言っているそうで、あくまで意志の重要性を述べました。つまり、ただの知的理解が、それだけで「（具体的な行為に結びつく）意志」をひき起こすわけではなく、かえって事実にそくした具体的な意志のほうが、抽象的な知的理解を支配しているということです。

しからば快楽説は如何、感情と意志とはほとんど同一現象の強度の差異といってもよい位であるが、前にいった様に快楽はむしろ意識の先天的要求の満足より起る者で、いわゆる衝動、本能という如き先天的要求が快不快の感情よりも根本的であるといわねばならぬ。

そうすると、「自らが気持ちいいかどうか」という感情を基本とする快楽説（第八章）は、どう考えればいいでしょうか。たしかに、感情は、自らに根ざしていて実感もありますし、いわゆる知性に比べれば、ほとんど意志と同じ意識現象と言えるほどで、意志と感情の差は強度の違いぐらいしかないような気もします。

でも、前に言いましたように、私たちには、快楽を求めるというよりも、理想それ自体を求めるという「自然な要求」がありました（快楽は、そんな先天的で自然な要求から生じるものでした）。つまり、実は快楽は、もともと意識に先天的にあった要求（意志）が達成されて満足することによって、結果的に得られるものだと言えます。したがって、このような快楽よりも、その元となる「衝動」や「本能」と言われるような先天的要求（意志）のほうが、より根本的だと言わなければなりません。

第二段落

それで善は何であるかの説明は意志其者の性質に求めねばならぬことは明である。意志は意識の根本的統一作用であって、直にまた実在の根本たる統一力の発現である。意志は他のための活動ではなく、己自らのための活動である。意志の価値を定むる根本は意志其者の中に求むるより外はないのである。

そうしますと、「善とは何であるか」を説明するには、やはり意志そのものの性質を考えなければならないことは明らかです。第三章でも見たように、意志は、さまざまな意識の中にある「統一する作用」の中でも、最も根本的なものでした。言い換えれば、意志とは、まさにそうした「統一する力」が発現してきたものでした（この統一力こそが実在の根本となります）。意志というのは、何か他のための活動なのではなく、意志それ自らのための活動です。ですから、意志の価値を決定する根本は、意志そのものの中に求めるよりほかにはありません。

意志活動の性質は、嚮に行為の性質を論じた時にいった様に、その根柢には先天的要求（意識の素因）なる者があって、意識の上には目的観念として現われ、これによりて意識の統一するにあるのである。この統一が完成せられた時、即ち理想が実現せられた時我々に満足の感情を生じ、これに反した時は不満足の感情を生ずるのである。

第一・二章で、行為の性質について述べたことを思い出してください。「意志」という意識の作用（活動）がどのように生じるかというと、まずは行為の根底に「内的な先天的要求（自然な要求）」が意識の素因（種みたいなもの）としてあり、それが意識上に目的観念として現われます。そして、この目的観念によって意識が統一していき、「……しよう」という意識現象となっていくのでした。この意志の活動が完成されて、現実と理想が統一された（理想が実現された）とき、私たちに満足の感情が生まれます。逆に、現実と理想が統一されなかった（理想が実現しなかった）ときには、不満の感情が生まれます。

> 行為の価値を定むる者は一にこの意志の根本たる先天的要求にあるので、能くこの要求即ち吾人の理想を実現し得た時にはその行為は善として賞讃せられ、これに反した時は悪として非難せられるのである。そこで善とは我々の内面的要求即ち理想の実現、換言すれば意志の発展完成であるということとなる。斯の如き根本的理想に基づく倫理学説を活動説 energetism という。

つまり、行為の価値を決めるのは、何よりもまずはこの意志の根本にある先天的要求だということです。言い換えれば、さまざまの観念を統一して、一つのことを、「……しよう」とする、その最も根本的な要求（統一する力）です。ですから、なんとかうまくこの先天的要求（自分の理想を実現しよう、統一しようとする欲求）が達成できたときには、その行為は「善」として賞賛され、反対に達成できなかったときには「悪」として非難されるわけです。

もっとシンプルに言えば、「善」とは、私たちの「内的な先天的要求」すなわち「理想」を実現することだ、と言えます。あるいは、「善」とは、意志（統一）が発展し完成することだ、とも言えます。このような意志の活動を根本とする学説、意志の目的である根本的「理想」に基づいた倫理学説を、「主意説」または「活動説（エネルゲティズム）」と言います。

> この説はプラトー、アリストテレースに始まる。特にアリストテレースはこれに基づいて一つの倫理を組織したのである。氏に従えば人生の目的は幸福 eudaimonia である。しかしこれに達するには快楽を求むるに由（よ）るにあらずして、完全なる活動に由るのである。

この活動説は、プラトンやアリストテレスに始まったもので、特にアリストテレスはこの説に基づいて、一つの倫理体系を組織しました。アリストテレスによれば、人生の目的である「幸福（エウダイモニア）」は、たんに快楽を求めることで達成できるようなもの**ではありません**。むしろ幸福は、「完全な活動（エネルゲイア）」によって得られると考えられます。つまり、幸福は、それ以上は他に何も目的（テロス）のない「それ自体望ましい活動」によって得られるとされています（『ニコマコス倫理学』10-6）。言い換えれば、このアリストテレスの「幸福」とは、完全に統一されている意志そのものによって得られる、ということです。

第三段落

> 世のいわゆる道徳家なる者は多くこの活動的方面を見逃して居る。義務とか法則とかいって、徒らに自己の要求を抑圧し活動を束縛するのを以て善の本性と心得て居る。勿論不完全なる我々はとかく活動の真意義を解せず岐路に陥る場合が多いのであるから、かかる傾向を生じたのも無理ならぬことであるが、一層大なる要求を攀援すべき者があってこそ、小なる要求を抑制する必要が起るのである、徒らに要求を抑制するのはかえって善の本性に悖ったものである。

西田がこの『善の研究』を書いていた時代に「道徳家」と呼ばれている人たちは、多くの場合、この意志という活動的な面を見逃していたようです。西田に言わせれば、いわゆる「道徳家」が善について考えるときは、道徳的な義務・法律・規則などが強調されてしまい、自己の内面から生じてくる要求は抑え込まれ、その人自身の意志活動を縛って制限することが「善の本性」だと考えられていたようです。

もちろん、私たち人間は、どうしても不完全なものですから、自分にとって「本質的な活動」が何かを、そうそうわかるものではありません。ですから、つい誤った選択をしてしまう場合も多いでしょう。私たちの過ちの多さを思うと、そのような「道徳家」たちが、自己の意志活動を抑圧して、いわゆる義務や規則などを重要視しがちになるのも、無理のないことかもしれません。

しかし、私たちがどうして自らの欲求を抑制するのかというと、そこには、さらに大きな要求を達成しようと、理想へと向かって上っていこうとするからです。そんな大きな要求（理想）を達成するためにこそ、より小さい要求を抑制し我慢する必要があるのです。より大きな要求もないのに、無理に今の要求を抑制しているだけでは、かえって善の本性に背いたものになってしまいます。なぜなら、そもそも「善」の本性というのは、ただ自らの意識の内の奥底から出てくる要求によって説明されるものだからです。

善には命令的威厳の性質をも具えて居らねばならぬが、これよりも自然的好楽というのが一層必要なる性質である。いわゆる道徳の義務とか法則とかいうのは、義務或いは法則其者に価値があるのではなく、かえって大なる要求に基づいて起るのである。

一方で、どうやら「善」は、権威説（第六章）で主張されたように、どこか命令的で威厳のある（測り知れない）性質もそなえていそうです。どうも、一部の快楽主義のように、ただ好き勝手にやりたい放題ということに、「善」という概念を当てはめるのは無理がありました。やはり、「善」にはどこか厳粛さが伴いそうです。しかし、たしかに欲望まかせのやりたい放題ではマズイと思いますが、そうは言っても、そんな命令や威厳に従うだけということが「善」なのでしょうか（カントはそう言いそうですけど）。一人ひとりにとって、もっと自然で自ら好んで楽しみとしてやろうとすることのほうが、「善」にはいっそう必要な性質ではないでしょうか。実際のところ、人間にとって自然な好みや楽しみをまったく無視して、人間の「善」が語れるのでしょうか。たしかに、いわゆる道徳上の義務や規則には価値があるでしょう。しかし、義務や規則の価値というのは、それ自体にあるのではありません。それを守ることによって、自らが求めるさらに大きな価値が得られるからこそ、守られる義務や規則にも価値があると言えるでしょう。

> この点より見て善と幸福とは相(あい)衝突せぬばかりでなく、かえってアリストテレースのいった様に善は幸福であるということができる。我々が自己の要求を充(みた)すまたは理想を実現するということは、いつでも幸福である。善の裏面には必ず幸福の感情を伴うの要(よう)がある。

この点から考えてみると、いわゆる「善」と「幸福」とは、互いに衝突しないばかりか、かえってアリストテレスが言ったように「最高の善(アガトン)は、幸福(エウダイモニア)である」ということも十分に可能となります（『ニコマコス倫理学』1-7）。

ふつう、「善人だからといって、幸福であるとは限らない」と思われるかもしれません。たとえば「正直者はバカをみる」と言うように、いわゆる「善」であることが、その人の「幸福」をうばってしまうと思われるからです。「不幸な善人」と言われる場合です。しかし、ここで西田（とアリストテレス）の言う意味での「善」は、幸福と衝突するものではありません。ここで言われる「善」とは、私たちが本当に自己の要求を充たし、あるいは自らの理想を実現することなのです。そういう「善」が実現されれば、それはそのまま幸福ということになる、と言うのです。ですから、こういう「善」ですと、けっして「善であるけど、不幸である」ということはありません。なぜなら、善であることには、かならず、理想を実現した満足が伴い、幸福の感情が伴っているからです。

> ただ快楽説のいう様に意志は快楽の感情を目的とする者で、快楽が即ち善であるとはいわれない。快楽と幸福とは似て非なる者である。幸福は満足に由りて得ることができ、満足は理想的要求の実現に起るのである。孔子が飯疏食、飲水、曲肱而枕之、楽亦在其中矣といわれた様に、我々は場合に由りては苦痛の中に居てもなお幸福を保つことができるのである。

ここで西田（やアリストテレス）の言っている「善」や「幸福」は、快楽説（第八章）で言われていた「快楽」とは、かなり違っています。快楽説では、「意志は、《快楽の感情を目的とするもの》であり、快楽の達成がすなわち善である」と言っていましたが、西田の言う幸福は、快楽とは似ているようでまったく異なったものです。この幸福は、満足によって得られますし、その満足とは、理想への要求を実現することによって得られるのです。こうした幸福を説明するのに、孔子の言葉が登場します。つまり「疏食を飯ひ、水を飲み、肱を曲げて之を枕とす。楽も亦た其の中に在り」（『論語』述而第七）です。つまり、私たちは、場合によっては、苦痛の中にいてもなお、満足することによって幸福を保つことができる、というわけです。

> 真正の幸福はかえって厳粛なる理想の実現に由りて得らるべき者である。世人は往々自己の理想の実現または要求の満足などいえば利己主義または我儘主義と同一視して居る。しかし最も深き自己の内面的要求の声は我々に取りて大なる威力を有し、人生においてこれより厳なるものはないのである。

ここで西田は、真に正しい幸福は、かえって厳粛な理想の実現によって得られるべきものだ、と言います。そう言うと、世間の人は「自分の理想を実現するとか、自分の要求を満足させるというのであれば、それは単なる利己主義か我儘主義、ただの自己満足だ」と言うかもしれません。しかし、最も深い自己の内面から聞こえてくる要求の声に従うというのは、けっして我儘すき勝手に楽しく生きるということではありません。むしろ、私たちにとって非常に強力で威厳を持つその声に従うということは、人生においてこれ以上に厳しいことはありません。自らの奥底からの要求（声）に従い続ける、理想を目指し続けるというのは、満足は得られるかもしれませんが、厳しく、そして非常にシンドイことなのです。

第四段落

さて善とは理想の実現、要求の満足であるとすれば、この要求といい理想という者は何から起ってくるので、善とは如何なる性質の者であるか。意志は意識の最深なる統一作用であって即ち自己其者（そのもの）の活動であるから、意志の原因となる本来の要求或（ある）いは理想は要するに自己其者の性質より起るのである、即ち自己の力であるといってもよいのである。

さてそれでは、「善は、理想の実現であり、要求の満足である」とすると、この「理想」や「要求」というものは、いったい何から生じてくるのでしょうか。そして、それら「理想の実現」であり「要求の満足」であるという「善」とは、どのような性質のものなのでしょうか。

これまで見てきたように、私たちには、思考・想像・想起・感情・意志など、さまざまな意識のはたらき（作用）があります。そして、その中でも意志は、そうした多々ある意識作用を最も深く統一する作用である、という話でした。また、私たちには、それぞれ「自己」という一つのまとまりがありますが、意志は、そうしたまとまった（統一された）「自己」そのものの活動でもありました。ですから、もし、そんな「意志」を生み出す原因となるような本来的な要求や理想があるとしたら、それはきっと「自己」そのものの性質から生じているはずです。すなわち、意志それ自体の原因となるような要求や理想は、それ自体が「自己」本来の力、「自己」の奥底から出てくるような力、自らに由（よ）る力（自由な力）であると言ってもいいだろう、というわけです。

我々の意識は思惟、想像においても意志においてもまたいわゆる知覚、感情、衝動においても皆その根柢には内面的統一なる者が働いて居るので、意識現象は凡てこの一なる者の発展完成である。而してこの全体を統一する最深なる統一力が我々のいわゆる自己であって、意志は最も能くこの力を発表したものである。かく考えて見れば意志の発展完成は直に自己の発展完成となるので、善とは自己の発展完成 self-realization であるということができる。

私たちの意識現象は、それが思惟であれ、想像であれ、意志であれ、あるいはいわゆる知覚や感情や衝動であれ、何であっても、けっしてバラバラにはたらいているわけではありません。それらのどれが作用しているとしても、その根底では内面的に統一されています。言い換えれば、この「統一するもの（統一そのもの、一なるもの）」が、それらの意識現象としてある程度に分化・発展することで、いわゆる「自己」というものがそれなりに（現時点において）完成していると言えます。

意識現象はさまざまですが、それらを全体として統一するような、最も深い統一力があり、それがいわゆる「自己」と言われます。ですから、まさに統一する意識現象である「意志」とは、最もよくこの「自己の力」が表に現れてきたものだと言えます。言い換えれば、意志が発展し完成するということは、ただちに自己が発展し完成するということです。つまり、善とは、意志の発展・完成であり、さらには、自己の発展・完成である、と言えます。ここで西田は、「自己の発展完成」を、英語でself-realizationと言っています。つまり、《自己が現実化すること》です。自己の本質的な欲求が充たされ、その自己が実現することが、善だというわけです。

> 即ち我々の精神が種々の能力を発展し円満なる発達を遂げるのが最上の善である（アリストテレースのいわゆるEntelechieが善である）。竹は竹、松は松と各自その天賦を充分に発揮するように、人間が人間の天性自然を発揮するのが人間の善である。スピノーザも徳とは自己固有の性質に従うて働くの謂に外ならずといった。

すなわち、私たちの精神には、種々さまざまな能力がありますが、それらをちゃんと発展させ、円満に発達を遂げるということが「最上の善」だ、ということになります（第十一章でくわしく説明します）。

アリストテレスも同じようなことを言っています。彼によれば、すべての物事は何らかの完成へと向かっており、まだその完成に到達していない状態は、まだ可能性のある状態（可能態）とされます。そして、アリストテレスは、そのようなまだ最終目的に達していない未熟な状態（可能態）が、やがてその理想的な形（形相）を得て、完成形が現実化された状態（完成現実態）になる、と言うのです。アリストテレスの言う、この完成現実態が、ここで言う「善」だと言えそうです（『心とは何か』2-1）。

もっと簡単に言えば、竹はそのまま竹となり、松はそのまま松となる、ということです。竹は松になれませんし、松は竹にはなれません。各自が、おのずから先天的に与えられたものを十分に発揮して、円満に自らを完成させること。つまり、自然な（自ずから然りの）内的な要求を満足させること。人間であれば、その人間の天性・自然を十分に発揮するということが、ようするに人間にとっての「善」ということなのです。

ここで西田は、スピノザ『エティカ』より、「徳は、各自の本性の法則に従って、みずから活動する以外の何ものでもない……」という言葉を引用しています（工藤喜作・斎藤博訳『エティカ』第四部定理18の注解）。この「徳 virtus」とは、まさに西田の「善」と一致する、というわけです。

第五段落

ここにおいて善の概念は美の概念と近接してくる。美とは物が理想の如くに実現する場合に感ぜらるるのである。理想の如く実現するというのは物が自然の本性を発揮する謂である。それで花が花の本性を現じたる時最も美なるが如く、人間が人間の本性を現じた時は美の頂上に達するのである。善は即ち美である。

「善」という概念が、「自己の円満なる完成」を意味するのだとすると、このような意味において、「善」は「美」の概念に近づいてきます。私たちは、何であれ、或るものがまるで理想であるかのように実現しているとき、そこに「美」を感じます。この「理想であるかのように実現する」というのは、そのものが自然の本性を発揮している、ということです。ですから、たとえば花は、その花の本性を現したとき、最も美しいことになります。そしてそのように、人間も、人間の本性を実現したとき（自己が現実化したとき）にこそ、その美の頂上に達すると言えます。善は、すなわち美だ、というわけです。

たとい行為其者は大なる人性の要求から見て何らの価値なき者であっても、その行為が真にその人の天性より出でたる自然の行為であった時には一種の美感を惹く様に、道徳上においても一種寛容の情を生ずるのである。希臘人は善と美とを同一視して居る。この考は最も能くプラトーにおいて現われて居る。

人の行為について考えてみましょう。たとえ誰かの行為が、その行為だけ見たら平凡で、たいしてスゴイわけでもないことはあります（むしろ、私たちのほとんどの行為は、そんなにスゴイものではありません）。そんな凡人の要求に基づくふつうの行為は、いわゆる偉人の本性に基づく要求と比べたら、それほど価値がないと思われるでしょう。しかし、その人の行為がまさにその人の天性から出てきた「自然な欲求」に基づく行為なのであれば、やはり私たちは、そんな平凡な行為にも一種の「美」を感じるのです。

それと同じように、道徳上においても、たとえその人の行為が、外から見てどんなに「ちっぽけな行い」だったとしても、その行為がその人の自然から出たものであれば、そこにはどこか一種の「寛容の情」が生じていることがわかるはずです（つまり一種の「善」を感じるのです）。

ギリシア人も善と美とを同一視していました。このように善と美を同一視する考えが最もよく表れているのが、プラトンの哲学でしょう。プラトンは、善の理想（イデア）こそが、正しく美しいあらゆるものを生み出す原因だ、と考えていました（『国家』7-3）。

第六段落

また一方より見れば善の概念は実在の概念とも一致してくる。かつて論じた様に、一（ひとつ）の者の発展完成というのが凡て実在成立の根本的形式であって、精神も自然も宇宙も皆この形式において成立して居る。して見れば、今自己の発展完成であるという善とは自己の実在の法則に従うの謂である。

また西田は、もう一方より見れば、こうした「善」の概念は「実在」の概念とも一致してくる、と言います。西田は、この本で「純粋経験が唯一の実在である」ということによってすべてを説明しようとするので、当然、善と美に加えて、真（実在）についても、話を重ねてきます。この第三編でも少しだけ述べられていましたが（くわしくは第二編 第四章）、ここで西田の言っている

「実在」が成り立つ根本というのは、まさに「統一する力」です。つまり、実在がどのように成立するのか、その根本的な形式（パターン）として、「もともと統一的なものが、分化・発展もするが、それでおしまいではなく、ちゃんと完成・統一もする（している）」という型があります。したがって、いわゆる精神も自然も宇宙も、みんなこの「分化・発展、完成（統一）」という形式で成立するということになります。ここで言われているように、もし「善」が「自己の発展完成」なのであれば、その「善」も、やはり自己という実在が成立する法則（形式）に従っている、ということになります。

> 即ち自己の真実在と一致するのが最上の善ということになる。そこで道徳の法則は実在の法則の中に含まるる様になり、善とは自己の実在の真性より説明ができることとなる。いわゆる価値的判断の本である内面的要求と実在の統一力とは一つであって二つあるのではない。

すなわち、「善」ということを、「真の実在」（あるいは「真」や「実在」）という言葉を使って言い換えれば、「自己の真・実在と一致するということが、最上の善である」ということになります。そこまでいけば、善悪についての道徳の法則が、真偽という実在の法則の中に含まれるようになります。つまり、道徳上の「善」が、自己の実在が「真」であることによって説明されることが可能になります。いわゆる価値的判断の基本である「内面的要求」と、いわゆる事実的判断の基本である「実在の統一力」とが、実は一つの真理だった、ということになるのです。そこには、真理が二つあるわけではない、というわけです。

実は西田は、これまで言っていたことを、ここでひっくり返しているので注意が必要です。前に言っていたこととほとんど正反対のことを言っています。というのは、第七章の第四段落（クラークの説を紹介しているところ）で、事実と当為は別々に考えるべきだ、と言っていたからです。「事実は事実、当為は当為。それらを一緒にして事実と価値の判断を混同してはならない」。これは、倫理を考えるうえで、基本的な考え方のはずでした（西田もそう言っていました）。それを、ここで本人が自らの文脈において、否定していきます。いったん倫理学の基本をおさえた上で、さらにそれを乗り越えていこうとする西田の姿勢がうかがえます。なかなかおもしろく、難しいところです。その説明が続きます。

> 存在と価値とを分けて考えるのは、知識の対象と情意の対象とを分(わか)つ抽象的作用よりくるので、具体的真実在においてはこの両者は元来一(ひとつ)であるのである。乃(すなわ)ち善を求め善に遷(うつ)るというのは、つまり自己の真を知ることとなる。合理論者が真と善とを同一にしたのも一面の真理を含んで居る。しかし抽象的知識と善とは必ずしも一致しない。

それでは、どうして私たちは、ふつうに「存在（事実：～である）」と「当為（とうい）（価値：～べし）」とを分けて考えているのでしょうか。それは、考えやすいように、あえて「知識の対象」と「情意の対象」とを抽象的に分けて思考しているからです。具体的な真の実在において、「存在における真理」と「価値における真理」をとらえれば、実はこの両者はもともと一つなのです。すなわち、価値としての善を求めてそこに達するということは、それがつまり事実としての「自己の真を知る」ということになる。西田はこのように言います。では、なぜ西田はそう言えるのか。それは、先ほど言いましたように、「善」と「真（実在）」が、ともに「自己の分化・発展・完成」という同じ形式（パターン）で成り立っているから、というわけです。

ただ、そうすると、第七章の合理説でクラークが「（事実・理知上の）真と、（価値・道徳上の）善は同一である」などと考えていたのにも、一面の真理が含まれていたと言えます。なんでその時にはこのことを言わなかったのか、と文句を言いたくなります。でも、合理説では、理知と情意（感情と意志）を分割して、理知だけを抜き出して強調し、その理知に合った（合理的な）ものだけが真である、としていました。西田にしたら、そのような抽象的な意味での理知は、必ずしも「善」とは一致しなかったわけです。

――この場合における知るとはいわゆる体得（たいとく）の意味でなければならぬ。これらの考は希臘（ギリシャ）においてプラトーまた印度（インド）においてウパニシャッドの根本的思想であって、善に対する最深の思想であると思う（プラトーでは善の理想が実在の根本である、また中世哲学においても「すべての実在は善なり」omne ens est bonum という句がある）。

合理説が言うような理知ではなく、この「活動説」で述べられるような、美や真と一致するような「知」なのであれば、それは単なる「分析的・抽象的・論理的な知」という意味ではなく、いわゆる「体得」というような意味での「知」でなければならないはずです。

こうした「理知と情意が結びついている知」という考え方は、ギリシアではプラトンがそのように考えていましたし、またインドではウパニシャッドの根本思想でもありました（「真実在こそが勝つ satyam eva jayate」、『ムンダカ・ウパニシャッド』3-1-6）。西田は、これこそ善についての最も深い思想だと考えています。

あるいはプラトンは、「私たちによって認識されるいろいろなモノ（認識対象）は、善の理想（イデア）に基づいて認識される。さらに、それらのモノ（認識対象）があるということ（実在性）もまた、善の理想（イデア）に基づいてそなわっている」と考えていました（『国家』6-19）。プラトンにとっては、存在にも善が結びついているのです。

また、十三世紀イタリアのスコラ哲学者であるトマス・アクィナスにも、「すべての実在は善なり（omne ens est bonum：存在するかぎりのものは善である）」という言葉があります（『神学大全』1-5-3）。やはり、ここでも存在と善は結びついて考えられています。

第十章

統一する力としての「人格」や「理想」という視点から、善を考える

〔人格的善〕

第十章では、西田の「善」について語るうえで欠かすことのできない、重要な概念「人格」について語られています。重要でありながら、ここまで登場してこなかったキーワード「人格」ですが、実は第一章から頻繁に登場していたキーワード「統一力」と意味が重なるものです。この「統一力」については、第一章第六段落、第二章第一、四段落の原文に出ていました。解説訳としては、さらに、第二章第六段落、第三章第八段落でも言及してありますから、この第十章だけでよくわからなくなりましたら、そちらに戻ってみてもいいでしょう（もちろん、この章を読むだけでもわかるように書いてあります）。

この章では、そんな「統一力」が、意志・欲求・関係・理性などの概念とつながったり離れたりしながら、「人格」に結合していきます。この「人格」というのは、ややこしい概念です。読者によっては、すでに「人格」という言葉について、いろいろな考えを持っているかもしれません（持っていなければ、それでけっこうです）。でも、ここでは、できるだけ、西田幾多郎が語る文脈における「人格」をつかみ取ろうと思って読んでいただければ幸いです。もちろん西田も、他の思想や哲学における「人格」をふまえて書いているわけですが、まずは、そうした他の哲学における「人格」概念は参考にしつつも脇に置いて、ここで西田が言いたい「人格」とは何か、それを考えながら、西田の言う「善」とは何かを考えていければと思います。

この章には、解釈しにくいところ、西田も筆がすべったような印象を受けるところもあります。でも、それも含めて、この章は、読んで楽しい章でしょう。たとえば途中に出てくるゲーテの詩「菫(すみれ)」は、西田がなぜわざわざこの詩を挿入したのかよくわかりませんが、もしかしたら第四高等学校での講義における彼なりのユーモアだったのかもしれません。西田にそういう意図がなかったとしても、私は読者としてここを読むときはいつも笑ってしまいます。

もちろん、そのような雑談的（脱線的）な楽しみもありますが、なにより、これまで述べられてきたさまざまな概念（考え）が結びついていき、さらに次の段階に進んで行くという、いかにも「哲学」的な楽しさを味わえる章でもあります。

第一段落

前には先(ま)ず善とは如何(いか)なる者でなければならぬかを論じ、善の一般の概念を与えたのであるが、これより我々人間の善とは如何なる者であるかを考究(こうきゅう)し、これが特徴を明(あきらか)にしようと思う。

これまで西田は、まず「善とは、どのようなものでなければならないか」を論じてきました。

西田は、これを「善についての一般的な概念を与えた」と言っています。それでは、この「一般の概念」に対して、これからは「個別・特殊なこと」について論じていくという話になりそうなのですが、なぜかその後に、「我々人間の善」について論じていくと言っています。そうすると、ふつうに読めば、西田にとって「我々人間の善」が個別・特殊的なことなのかとも解釈できます。でも、ここまで西田が、人間だけでなく、もっと一般的な善の概念について語っていたかというと、そうでもありません。たしかに人間以外の実在（石、松、竹など）も登場していましたが、それをもって、「善の一般の概念」が述べられていたとは言えません。

むしろここで言う「一般の概念を与えた」というのは、おそらく第五章から第九章まで、さまざまな倫理学説について考えてきましたから、そのような学説上の概念として一般的に言われている「善」を考えた（与えた）、ということでしょう。あるいは、特に直前の第九章では、「善」という概念の向こうを張れるような、「美」や「真（実在）」という概念を登場させていましたから、そうしたほかの「一般の概念」との関係において、広い視点で「善」の意味を考えた（与えた）と言おうとしているのかもしれません。

仮にそうだとして、それでは「これより」何をするのか、というと、そういう一般的な概念上の大きな話ではなく、もう少し的を絞って、まさに具体的に生きている私たち人間にとってのリアルな善について考えていこう、ということになります。つまり、この西田の言う「我々人間」を言い換えれば、この章のタイトルにある「人格」ということになります。この「人格」は、西田にとって、ただの「一般の概念」ではありません。ここで西田が言いたいのは、まさに生きている人間（人格）という視点から、善とはどのような特徴のものなのかを明らかにしたい、ということです。

> 我々の意識は決して単純なる一の活動ではなく、種々なる活動の綜合であることは誰にも明なる事実である。して見ると、我々の要求なる者も決して単純ではない、種々なる要求のあるのが当然である。しからばこれらの種々なる要求の中で、いずれの要求を充すのが最上の善であるか。我々の自己全体の善とは如何なる者であるかの問題が起ってくる。

これまで何度も、私たち人間の意識というのは、けっして単一の活動なのではなく、さまざまな活動が総合されたものだ、という話がありました。前章でも、意識現象をあえて分類すれば、思惟・想像・意志・知覚・感情・衝動などと分けて述べられていました。あるいは、そんな意識活動を、もっと「分野別」に見れば、たとえば生理的活動・経済的活動・道徳的活動・芸術的活動・宗教的活動などと区別できるかもしれません。そのように意識には「種々なる活動」があるわけです。そして、そのような種々の活動は、ただバラバラなのではなく、何らかのまとまりがある（総合されている）わけです。これは、誰にとっても明らかだろう、と西田は言います。ちなみに、それら種々の意識活動が総合されることによって、「私の意識」と言えるわけです。おそらく「私の意識」というのは、ふつうは誰にでも明らかなことでしょう。

そして、そのように意識がいろいろとあるならば、当然のことながら（意識の一つである）「要求」も、けっして単純ではなく、種々の要求があることになります。たとえば生理的要求（水を飲みたい、食べたい、眠りたい等）や、経済的要求や宗教的要求もあるでしょう。そうしますと、これまで述べてきたように「善」が《何らかの要求を充たすこと》なのだとしたら、私たちのこれら種々の要求の中で、どの要求を満足させることが、「最上の善」つまり「自己の全体としての善」と言えるのか、という話になってきます。

そしてこの話は、繰り返しになりますが、ただの一般概念としての机上の「善」ではなく、もっといろいろな欲求がぶつかり合うグチャグチャした具体的人間、それぞれ性格をもった「その人（自己）の全体」（人格）として考えたとき、「善」とはどのようなものなのか。ここでは、こういう問題を考えていきます。

第二段落

我々の意識現象には一つも孤独なる者がない、必ず他と関係の上において成立するのである。一瞬の意識でも已（すで）に単純でない、その中に複雑なる要素を含んで居る。而（しか）してこれらの要素は互（たがい）に独立せるものではなくして、彼此（ひし）関係上において一種の意味をもった者である。

私たちには、常日頃（つねひごろ）からさまざまな意識現象が生じてきます。そして、その意識現象のすべてが統合された「その人（自己・人格）」がいます。そのように考えたとき、そうした、全体としての人（自己・人格）にとっての善とは何なのか。これがここでの問題となります。そこで西田は、この「全体としての人」について考える前に、まずは私たちの意識現象がどういうものかを考えます。

私たちの意識現象について言えることは、そのどれをとっても孤立したものがない、ということです。たとえば、孤高の天才（あるいは孤独な狂人）が、どんなに突飛なアイディア（妄想）を思いついたとしても、そのアイディアは、まったく他と独立して現れるわけではありません。どんなアイディアも、その人のそれまでの人生履歴や、その人が生きている時代・地域の文脈との関わりの中で、生じてきたものです。つまり、その人もそのアイディアも、必ず他との関係の上において成立しています。もちろん一般人でも、たとえパッと現れた嫌悪感や愛情などのような意識であっても、けっして純粋に単独で成り立っているわけではありません。その一瞬の意識の中には、それまでにその人のなかで培（つちか）われてきた複雑な要素がすでに含まれています。

そして、そのような複雑な要素は、それぞれ互いに独立したものなのではなく、むこう側（彼（ひ））とこちら側（此（し））の相互関係のなかで一つの「意味」を持っていることになります。その意味がどんなに最悪（最高）であっても、何らかの意味がある以上は、そこには必ず関係性があります。無関係な孤立した世界には、「意味」が成り立ちません。

たとえば、欧米人が、日本の地図上にある「卍」という記号を見たとき、もしかしたら（ナチスのハーケンクロイツを連想して）イヤな感情を持つかもしれません。あるいは、小学校で教わる地図記号を知っている人は、そこに別の意味を読み取るでしょう。その意味が何であれ、とにかく「意味を持ったもの」であるためには、それまでのさまざまな関わりがある、ということです。

> 啻（ただ）に一時の意識が斯（かく）の如（ごと）く組織せられてあるのみではなく、一生の意識もまた斯の如き一体系である。自己とはこの全体の統一に名づけたのである。

しかも、意識がいろいろな関係性のなかで形作られるということは、ただ一時の意識だけに限りません。ある人が一生を通じて継続しているような意識も、このような関係性の上で成り立っています。人間の一生を通して続く意識は、さまざまな意識が要素として絡（から）み合う、一つの「系（けい）」を成（な）しているといえるでしょう（さまざまな糸が縒（よ）りあって縄（なわ）になっているイメージです）。

意識現象は、一般人のものでも天才（狂人）のものでも、あるいは時間的に短くても長くても、その意識が現れる文脈（関係性）の中で成り立っています。そして私たちは、そのように結びつく関係性（文脈）を一つのまとまりとしてみなし、そのように全体として統一しているもの（縒られた一本の縄。一体系）を「自己」と名づけています。なお、この「自己」は、ここでは述べられていませんが、何か固定的にできあがった「縄」のようなモノ（実体）ではなく、内外の関係性によって縒り合う（まとまる）はたらきそのものとして考えればいいでしょう。

第三段落

して見ると、我々の要求というのも決して孤独に起るものではない。必ず他との関係上において生じてくるのである。我々の善とは或る一種または一時の要求のみを満足するの謂でなく、或る一つの要求はただ全体との関係上において始めて善となることは明である。例えば身体の善はその一局部の健康でなくして、全身の健全なる関係にあると同一である。

それでは、話を元に戻しましょう。元の話というのは、「私たちのさまざまな要求のなかで、いったいどれを充たせば最上の善になるのか」という話です。要求というのも意識現象の一つですから、意識現象が関係において成り立つのであれば、当然、私たちの要求も、けっして孤立して起きるものではなく、必ず他との関係において生じているはずです。では、何らかの目的に向かった要求を充たすことが「善」であるとしたら、その中でも「最大の善」というのは、どのようなものなのでしょうか。

そうすると、どうやら「最大の善」とは、ある一種または一時の要求のみを満足するだけでは成り立たない、ということになりそうです。なぜなら、ある部分だけの要求を充たそうとしても、その部分は実はそれ以外の部分と多様に結びついていて、さらに大きな関係性を無視しては最大の善が達成できないからです。また、最大とまではいかなくても、せめて部分的な要求を充たしてある程度の大きさの善を得ようとしても、それを得るには、その部分を含んでいる周囲との関係を無視できません。たとえば、身体全体にとっての善とは、ある孤立した一部分だけの健康ではなく、全身の健全な関係の上に成り立っています。それと同じように、私たちにとっての善も、孤立した一部分だけの善ではなく、全体的な関係性における善でなければならないことになります。

> それで活動説より見て、善とは先ず種々なる活動の一致調和或いは中庸ということとならねばならぬ。我々の良心とは調和統一の意識作用ということとなる。

ところで前章の「活動説（主意説）」では、「善とは、私たちの内面的な先天的要求を実現することだ」と言っていました。言い換えれば、「善とは、意志が発展・完成することだ」ということで、意志の活動を根本とする説でした。では、この活動説（主意説）は、この章の「関係性」の話とどう結びつくのでしょうか。両方の考えを重ね合わせると、次のようになります。つまり、善とは、《多種多様な活動が、それらの関係の中で、意志によって一致・調和を果たすこと》である、ということです。あるいは、善とは、多様な関係における中庸（偏らない道）である、とも言えます。そうしますと、よく言われるような、私たちの「良心」というものも、この文脈でとらえなおしてみれば、《多様な関係性の中で一致・調和を求める意識のはたらき》ということになります。

> 調和が善であるというのはプラトーの考(かんがえ)であった。氏は善を音楽の調和に喩(たと)えておる。英(イギリス)のシャフツベリなどもこの考を取って居る。また中庸が善であるというのはアリストテレースの説であって、東洋においては『中庸』の書にも現われて居る。アリストテレースは凡(すべ)て徳は中庸にあるとなし、例えば勇気は粗暴(そぼう)と怯弱(きょうじゃく)との中庸で、節倹(せっけん)は吝嗇(りんしょく)と浪費との中庸であるといった。能(よ)く子思(しし)の考に似て居る。また進化論の倫理学者スペンサーの如きが、善は種々なる能力の平均であるといって居るのも、つまり同一の意味である。

たとえば古代ギリシアのプラトンも、「調和が善である」と考えて善を音楽の調和にたとえています。たとえばプラトンが書いた『国家』には、「彼（こころある人）はつねに、魂の内なる協和音をもたらすためにこそ、身体の内なる調和をはかる……」などとあります（藤沢令夫訳。591C、cf. 443D）。

また、アリストテレスも、「中庸(メソテース)が善である」とか「すべて徳(アレテー)は中庸(メソテース)にある」などと言います。たとえば「勇気」という徳(アレテー)は粗暴と臆病との中庸であり、「節倹（寛厚(かんこう)）」という徳(アレテー)は吝嗇と浪費との中庸である、と言いました（『ニコマコス倫理学』1107-8）。アリストテレスのこの考え方は、東洋においては、子思（孔子の孫）の考えにも似ていて、その思想はまさに『中庸』という書にも現われています（「偏らざるをこれ中と謂い、易わらざるをこれ庸と謂う。中は天下の正道にして、庸は天下の定理なり」『中庸』6）。

また、直覚的・自律的倫理学説を主張した十七〜十八世紀イギリスの哲学者シャフツベリが「自愛と他愛の調和によって徳が生じる」と考えたのも、やはり同じ考えと言えるでしょう。また十九世紀イギリスの哲学者であるスペンサーは、進化論を基礎として、倫理について「善は種々の能力の平均である」と言っていますが、これも同じような意味に解釈できるかもしれません。

なお、ここで西田は、他の思想家たちによって、かるく「応援演説」をしてもらっていますが、もちろんアリストテレスの「中庸（メソテース）」と子思の「中庸」は同一の概念ではありませんし、西田もそのことは知っています。そもそも西田は、それらの概念を哲学史的・文献学的に精確に引用するつもりもありません。ですから、西田が自説を展開するうえでの「参考」程度のものとお考えください。

第四段落

しかし、単に調和であるとか中庸であるとかいったのでは未（いま）だ意味が明瞭でない。調和とは如何なる意味においての調和であるか、中庸とは如何なる意味においての中庸であるか。

しかし、ただ「善とは調和である」とか「善は中庸である」と言っても、それだけではまだ意味が明瞭ではありません。「調和」と言っても、どのような意味において調和なのか、あるいは「中庸」というのは、どのような意味においての中庸なのかを、もう少し考えてみる必要があります。ここは、西田の言葉そのままです。

> 意識は同列なる活動の集合ではなくして統一せられたる一体系である。その調和または中庸ということは、数量的の意味ではなくして体系的秩序の意味でなければならぬ。

まず、意識について言えるのは、意識には何らかのまとまりがあるということです。まとまりがなければ、意識としては成り立ちません。ただ、「意識にまとまりがある」といっても、そのまとまりは、雑多でバラバラの横並びの意識が漫然と集まっているわけではありません。意識が何らかのまとまりをもってはたらく以上は、そこには何らかの統一があり、一つの体系となっていなければなりません。

ようするに、意識としての一定の「秩序」があるはずなのです。秩序は、それを作りあげているものたちがただ同列に並んで集まっていては成り立ちません。つまり、意識におけるまとまり（調和・中庸）は、たんに数量的に集まっているというのではなく、体系的な秩序があるという意味になります。バラバラに並列している雑多なものの単なる集合ではなく、それら種々雑多な各々の要素が有機的な秩序を保っている統一が、ここで言う「中庸」「調和」なのです。

しからば我々の精神の種々なる活動における固有の秩序は如何なるものであるか。我々の精神もその低き程度においては動物の精神と同じく単に本能活動である。即ち目前の対象に対して衝動的に働くので、全く肉慾に由りて動かされるのである。しかし意識現象はいかに単純であっても必ず観念の要求を具えて居る。それで意識活動がいかに本能的といっても、その背後に観念活動が潜んで居らねばならぬ（動物でも高等なる者は必ずそうであろうと思う）。

このように、私たち人間には種々の活動があって、それらには固有の秩序的なまとまり（調和・統一）があります。それでは、そのようなまとまりは、どうやってまとまっている（調和している）のか。ここで西田は、そこにさまざまな意識をまとめている（統一する）何かを考えます。

そこで真っ先に思い浮かぶのが、いわゆる「精神」です。ただし、人間の「精神」と言っても、その低いレベルでは、他の動物と同じく単に本能的な活動と言えます。つまり、人間だって、目の前の対象に対して、つい衝動的に動いてしまうわけで、それはまったく肉体的な欲求によって動かされていることになります。つまり、いわゆる「物質」的なのです。

しかし、人間の行為としては、たとえその要求（意識現象）がいかに単純そうに見えたとしても、やはりそれは必ず何かに結びついています。西田は、このような、さまざまな意識をまとめている「何か」を、ここで「観念」と言っています。つまり、人間であれば、それがたとえいかに本能的に思えるような意識活動でも、その活動の背後には、かならず「観念」が潜在的にはたらいている（作用している）、というのです。人間以外の動物も、いわゆる高等になれば、観念のようなものがはたらいているかもしれません（この「観念」については、第一章の第三段落で、「アイディア」などと読み替えていました。くわしくは、そちらを参照してください）。

> いかなる人間でも白痴の如き者にあらざる以上は、決して純粋に肉体的欲望を以て満足する者ではない、必ずその心の底には観念的欲望が働いて居る。即ちいかなる人も何らかの理想を抱いて居る。守銭奴の利を貪るのも一種の理想より来るのである。つまり人間は肉体の上において生存して居るのではなく、観念の上において生命を有して居るのである。

どんな人間でも（重度の精神障害の場合はわかりませんが）、けっして純粋に肉体的な欲求だけで満足することはありません。かならず、その心の底には、「観念（アイディア）」に基づいた欲求がはたらいています。すなわち、どんな人でも、何らかの「理想（アイディール）」を持っていると言えます。守銭奴が利を貪るのも、守銭奴なりの理想（「金をできるだけ多く所持する」という観念）に基づいています。つまり、人間である以上は、たんに肉体としての欲望だけで生きているのではなく、やはり「観念」においても生きている（生命を有している）のです。

「観念」という言葉がわかりにくいでしょうが、ここで西田はおもしろい例をあげています。

ゲーテの菫という詩に、野の菫が少き牧女に蹈まれながら愛の満足を得たという様なことがある。これが凡ての人間の真情であると思う。そこで観念活動というのは精神の根本的作用であって、我々の意識はこれに由りて支配せらるべき者である。即ちこれより起る要求を満足するのが我々の真の善であるといわねばならぬ。

ゲーテの「菫」という詩です。西田は、要点しか述べていませんが、せっかくですから、現代語訳で全体を見てみましょう。（竹山道雄訳『ゲーテ詩集』〈二〉、岩波文庫。改行は空白にしてあります）

野に咲くすみれの内気なや、　うなだれ秘めた　やさごころ。　羊飼女の
浮々と、　足もかろがろ　うたをうたつて野をくれば　ちひさい胸を焚くすみれ。
「わたしはまづしい野辺の花、　ほんのしばしも見事な花なら　お手につまれ
あの胸に挿されように、　あ、　あ、　しばしのまでも本望な」　せんもなや、　わかい娘の
なんで心にとめようやら。　踏み蹂られたすみれ草。　くだけてなほよろこぶやう、
「かうして命の果てるのも　あのかたの、　ああ　あのかたの足の下」

おもしろい詩です。野原の菫の花が、擬人的に表現され、羊飼いの女性に摘まれてその胸元にさされたいという（身のほど知らずの）望みを持ちますが、けっきょくは見向きもされずに踏み躙られて朽ち果てつつも、そこに愛（？）の満足を得た、というような意味です（説明してしまうと、残念な話です）。ここで、この菫には、「その女性と何らかの関わりを持つ」という理想、強い想い（観念）があり、そんな想い（観念）に自らの生命の意味を見ています。とても「人間的」な菫です。

世の中には、この菫の花のような人もいれば、守銭奴のような人もいます。その誰であっても、このように自らが求める観念（理想）をもって、まとまっている。この「まとまっている（一つの系をなしている）」というのが、すべての人間の実状（真情）だろう、と西田は言うのです。そうしますと、観念による活動（観念に基づく意志）というのは、私たち人間のいわゆる精神にとって根本的な作用であって、私たちの意識は、この観念（に基づく意志）によって支配されているということになります。すなわち、この観念から出てくる要求を満足するのが、私たち人間にとっての真の善であると言わなければならない、というわけです。

しからば更に一歩を進んで、観念活動の根本的法則とは如何なる者であるかといえば、即ち理性の法則ということとなる。

では、人間にとっての善とは、観念から出た要求を満たすことである、としましょう。そうすると、それでは次に、その観念はどのようにはたらいているのか、という話になります。ある観念に向かって意志がはたらいて活動するのに、何か根本的な法則というか、ルールのようなものがあるのでしょうか。西田は、その根本的な法則を、ここで〝理性〟の法則だ、と言っています。ただ、ここで言う〝理性〟には注意が必要です。どうやら西田は、この〝理性〟を、第七章（合理説）で批判されていた「理性」とは違った意味合いで使っているようなのです。そのため、すぐに「但し書き」をしています。

> 理性の法則というのは観念と観念との間の最も一般的なるかつ最も根本的なる関係を言い現わした者で、観念活動を支配する最上の法則である。そこでまた理性という者が我々の精神を支配すべき根本的能力で、理性の満足が我々の最上の善である。何でも理に従うのが人間の善であるということになる。

つまり、ここで言う「〝理性〟の法則」とは、とりあえず、《観念と観念との間の最も一般的（普遍的）でかつ最も根本的な関係》という意味だ、と言うのです。つまり、ふつうに「理性」と言えば、いわゆる《単に理知的で論理的な法則》という意味にとられそうですが、そうではなくて、ここでいう〝理性〟は、《あらゆる観念活動を支配する最上の法則》という意味で考えてください、と言うのです。そう考えれば、この〝理性〟というものが、私たちの精神を支配すべき根本的能力であって、〝理性〟の満足が私たちの最上の善ということになります。そして、何でもこの〝理性〟に従うのが、人間の善であるということになります。ここで出てきた〝理性〟と、第七章で言われた「理性」の関係は、文章からだけでは明確ではないので、ちょっと無理のある用語法だと思いますが、できるだけ西田の意図を汲み取ろうとすれば、そういう解釈になると思います。

シニックやストイックはこの考を極端に主張した者で、これがために凡て人心の他の要求を悪として排斥し、理にのみ従うのが一（いち）の善であるとまでにいった。しかしプラトーの晩年の考やアリストテレースでは理性の活動より起るのが最上の善であるが、またこれより他の活動を支配し統御するのも善であるといった。

第七章（合理説）の最後（二字下がりの部分）に登場していた犬儒（シニック）学派やストア学派は、この「理性によってのみ善に達する」という考えを極端に主張していました。つまり、彼らは、人の心のなかで理性以外の要求はすべて悪なのであって、理性にのみ従うのが唯一の善である、とまで言っていました。一方で、晩年のプラトンやアリストテレスは、理性の活動から起こる行為が最上の善であることを認めながらも、理性によってコントロールされているのであれば、それ以外の活動も善である、と言っています。

ここで西田が、どのような意味で「理」または「理性」という言葉を使っているのか、よくわかりません。情意を含まない知的な意味での「理」なのか、あるいはもっと大きな意味での《観念と観念の最も普遍的な関係性》という意味での〝理性〟なのか。おそらく、シニック学派やストア学派は前者、プラトンやアリストテレスは後者、というように言いたいのだと読解できますが、はっきりしません。

> プラトーは有名なる『共和国』において人心の組織を国家の組織と同一視し、理性に統御せられた状態が国家においても個人においても最上の善と云って居る。

ここも「応援演説」的な挿入です。プラトンは、有名な『国家』（462、473）において、人の心のしくみと国家のしくみとの類比（アナロジー）によって、「国家においても個人においても、**理性**によってコントロールされた状態が、最上の善である」と言っています。この理性は、どちらでしょうか。おそらく、西田としては、観念と観念の関係性としての〝理性〟のほうを意図しているのだと思いますが、プラトン自身がそう考えていたかどうかは別の話です。

第五段落

もし我々の意識が種々なる能力の綜合より成(な)って居て、その一(ひとつ)が他を支配すべき様に構成せられてある者ならば、活動説における善とは右にいった如く理性に従(したご)うて他を制御するにあるといわねばならぬ。

これまで述べてきたように、私たちの意識は、種々の能力が総合することによって、何らかのまとまりをもって成り立っていると考えられます。では、そのような、意識を成り立たせるまとまり（総合）は、どのようなあり方をしているのか。「一つのものが多くの他のものを支配する」というかたちでのまとまり（総合）なのか。もし、何か一つのものが他のものたちを支配するのだとしたら、その「他を支配する一つ」は、やはり「理性」ということになるのかもしれません。もしそうだとしたら、活動説における善も、合理説のように「理性に従って他を支配・制御(コントロール)すること」ということになるのかもしれません。

しかし我々の意識は元来一(ひとつ)の活動である。その根柢(こんてい)にはいつでも唯一の力が働いて居る。知覚とか衝動とかいう瞬間的意識活動にも已にこの力が現われて居る。更に進んで思惟、想像、意志という如き意識的活動に至れば、この力が一層(いっそう)深遠なる形において現われてくる。我々が理性に従うというのも、つまりこの深遠なる統一力に従うの意に外(ほか)ならない。

そこで西田は、しかし、とひっくりかえします。たとえば「AがBを支配・制御する（コントロール）」とか「BがAに従う」と言ったとしても、そもそも私たちの意識は、もともと「一つの活動」なのであって、AもBもないはずです。A・B・C……とさまざまな意識がはたらいているその根底には、いつでも「唯一の力（一つにまとまる力）」がはたらいている、というのです。

たとえば、知覚とか衝動のような、いわゆる瞬間的な意識活動であっても、そこにはすでに「唯一の力」が現われ出ている、と言います。さらに複雑になって、思惟・想像・意志といういわゆる意識的な活動になれば、その複雑な意識現象を統一すべきこの「唯一の力」がいっそう深いかたちで現われてくる。ですから、私たちがいわゆる理性に従うということも、つまりは、この深い底でつながっている「統一する力」に従うという意味にほかならない、と言うのです。

ここで登場した「唯一の力」「統一力」は、現時点では、何を言っているのかよくわからないかもしれませんが、さまざまに言い換えられながらも、西田の考えの鍵となる概念ですから、とりあえず記憶にとどめておいてください。たとえば、この「力」は、「作用」や「はたらき」とも言い換えられます。

> しからずして抽象的に考えた単に理性というものは、かつて合理説を評した処（ところ）に述べたように、何らの内容なき形式的関係を与うるにすぎないのである。この意識の統一力なる者は決して意識の内容を離れて存するのではない、かえって意識内容はこの力に由（よ）って成立するものである。

もし、そのように「統一する力」としての〝理性〟を考えなければ、どうなるでしょうか。たしかに、私たち人間の意識現象を分かりやすく説明するには、そうした元来の「統一する力」をさまざまな意識現象に分類して、そこから知的な部分だけを抽き出して（抽象して）、それを「理性」と呼ぶことはできます。そして、そのような「理性」を《支配・制御するもの》として設定するのは、考えを整理する上ではうまいやり方かもしれません。しかし、そのような説明では、第七章（合理説）で述べたように、何ら具体的な内容のない、空疎な、ただの形式的な説明になってしまいます。

私たちは、何かを形式的に説明するときには、とりあえずその具体的な内容をできるだけ無視して、説明（分類）しやすいように部分と部分に分けて、その分類の仕方の枠組み構造で説明を試みます。しかし、この意識の「統一する力（統一力）」は、そのように分割された形式的な説明によって把握できるものではありませんし、意識の具体的な内容を離れて存在するわけでもありません。いや、むしろ意識の具体的な内容というのは、部分に分割されてしまったら成り立たない。意識の具体的な内容は、その全体の関係性のなかで調和的に統一する力（統一力）によって成立するものなのです。

勿論意識の内容を個々に分析して考うる時は、この統一力を見出すことはできぬ。しかしその綜合の上に厳然として動かすべからざる一事実として現われるのである。例えば画面に現われ

たる一種の理想、音楽に現われたる一種の感情の如き者で、分析理解すべき者ではなく、直覚自得（じとく）すべき者である。

もちろん意識の内容を個々に分析して考えてしまえば、この統一力を見いだすことはできません（前にも言いましたように、すでに分割しておいて全体が見えるわけがありません）。しかし、意識現象をそのもともとの「総合しているもの」として見てみれば、この統一力は厳然として動かすことのできない、一つの事実として現われている、というわけです。西田はここで、たとえば、絵画に現われている一種の理想、音楽に現われている一種の感情のようなものを想定しています。それは、分析的な理解によって知られるものではなく、直覚的にまとまって自らのこととして得ることが可能なものなのです。

而して斯の如き統一力をここに各人（かくじん）の人格と名づくるならば、善は斯の如き人格即（すなわ）ち統一力の維持発展にあるのである。

そうして、このような一人ひとりの意識現象をまとめる統一力こそが、ここで、各々の「人格」と呼ばれるわけです。つまり、一つの観念（理想）を維持しつつ、それによって自らの行動を秩序立てて統一し、発展し続ける力（はたらき）、それが「人格」ということになります。そして、この統一しつつも発展する力（人格）から見れば、善とは、このような統一し発展する力（人格）の維持・発展に沿うもの、維持・発展を導くもの（促すもの）、ということになります。

第六段落

ここにいわゆる人格の力とは単に動植物の生活力という如き自然的物力をさすのではない。また本能という如き無意識の能力をさすのでもない。本能作用とは有機作用より起る一種の物力である。人格とはこれに反し意識の統一力である。

もちろん西田にとって、ここで言われる「人格」の力は、単に動物や植物の生命力というような自然（物質）の力を指してはいません。また、本能のような無意識の能力を指すのでもありません。西田にしたら、本能の作用は、有機的な作用から起るわけですが、それはいわゆる客観的なものであって、一種の物質的な力にすぎません。それに対して、この「人格」の作用は、意識が統一する力のことであり、たんに客観的なものではないのです。

しかしかくいえばとて、人格とは各人の表面的意識の中心として極めて主観的なる種々の希望の如き者をいうのではない。これらの希望は幾分かその人の人格を現わす者であろうが、かえってこれらの希望を没し自己を忘れたる所に真の人格は現われるのである。

しかし、だからと言って、ここでいう「人格」は、各々の人の表面的な意識の中心といったような、きわめて主観的な種々の「希望」のようなものを表わすわけでもありません。たしかに、「～になりたい」「～したい」という希望は、ある程度はバラバラな意識をまとめあげるものですし、たとえその希望が表面的だとしても、いくらかはその人の「人格」を表わしてもいるでしょう。しかし、真の（最深の）「人格」が現れるのは、かえってこれら表面的な希望を没して、自分を忘れたところでなければなりません。

さらばとてカントのいった様な全く経験的内容を離れ、各人に一般なる純理の作用という如き者でもない。人格はその人その人に由りて特殊の意味をもった者でなければならぬ。真の意識統一というのは我我を知らずして自然に現われ来る純一無雑の作用であって、知情意の分別なく主客の隔離なく独立自全なる意識本来の状態である。我々の真人格は此の如き時にその全体を現わすのである。

またしかし、だからと言って、真の「人格」は、（カントが言うような）まったく経験的な内容を離れたものでもありません。つまり、すべての人にとって一般的（普遍的）な純粋理性の作用というようなものでもありません。「人格」は、ただ普遍的なものとしてあるだけではなく、その人その人によって特殊な意味を持った直接的で具体的なものでなければなりません。

意識が真に統一している「人格」とは、私たちの知らないうちに私たち一人ひとりの内から自然に現われてくる純一で無雑な作用なのです。それは、知・情・意が区別されず、主・客が離れることもなく、独立して自ずから全である意識本来の状態なのです。私たちの真の人格とは、そのような状態において、その全体を現わすのです。

——故に人格は単に理性にあらず欲望にあらず況んや無意識衝動にあらず、恰も天才の神来の如く各人の内より直接に自発的に活動する無限の統一力である（古人も道は知、不知に属せずといった）。

それゆえ、人格は、たんなる「理性」でもなく、欲望でもなく、ましてや無意識の衝動でもありません。まるで天才に訪れる神来のような、各人の内から直接に自発的にはたらいてくるような、無限に統一する力なのです。これについて、昔の人も、「道は、知にも、不知にも属さず」と言いました（『無門関』第一九則）。これはつまり、「無限に統一する力（道）は、自分が表層的にそれを知ろうとするとか、知ろうとしないとか、そういう「希望」に関わりなく、すでにそこにある。無限の統一力（道）は平常の心にすでにある。私たちはその統一力の自発的な発展として生きているのだ」というような意味です。

——而してかつて実在の論に述べた様に意識現象が唯一の実在であるとすれば、我々の人格とは直

> に宇宙統一力の発動である。即ち物心の別を打破せる唯一実在が事情に応じ或る特殊なる形において現われたものである。

西田は、そうしたことを、実在論（第二編第二章）で「意識現象が唯一の実在である」と述べています。この「実在」とは、固定的に実体化されたものではなく、作用（はたらき）ですから、この「唯一の実在」は、言い換えれば「唯一の作用」とも言えますし、もっと言い換えれば「一つにする作用」とも言えます。そうしますと、実在とは、この第三編「善」の文脈で言うところの「まとめる（まとまる）力」（統一力）、つまりは「人格」と言えます。

つまり、私たちに直接的に立ち現れてくる**種々**の意識は、**唯一**実在（**統一**力、人格）の現れだ、ということです。また、私たちの「人格」は、そのままで宇宙全体の関係性を統一する力であり、かつ、それによって個々人へと分化・発展し活動するものでもあります。すなわち、人格とは、物と心（主と客、物質と精神）の区別を打ち破る「唯一実在（統一力）」が、事情に応じて、ある特殊なかたちでさまざまに現われているものなのです。

> 我々の善とは斯の如き偉大なる力の実現であるから、その要求は極めて厳粛である。カントも我々が常に無限の歎美と畏敬とを以て見る者が二つある、一は上にかかる星斗爛漫なる天と、一は心内における道徳的法則であるといった。

私たちの善とは、このような偉大な「統一する力」（人格）が実現することですから、その要求は極めて厳（げん）として動かし難いものです。カントも、その厳粛さを述べて、「私たちが常に無限の歎美と畏敬とをもって見るものが二つある、一つは上にかかる星斗爛漫なる天と、一つは心の内における道徳的法則である」と言っています（カント『実践理性批判』第二部の末尾）。

第十一章

善い行為は、いかなる動機でされるのか（その内的な仕組み）

〔善行為の動機（善の形式）〕

第十一章では、前章で述べられた「人格」をふまえつつ、さらに第一、二、三章と特に結びついて、西田の自説が語られています。話の始まりは、善行為の内的動機とは何か、ということなのですが、そこからふつうに想像されるような「このような動機による行為が善い行為で、あのような動機による行為は悪い」という個別的な事例検証はまったく行われません。むしろ、そもそも、人のいわゆる「内的動機」が、どのように「外的・客観的な世界」と結びつくのか、そうして行われる行為がどうして善となるのか、という話になります。

この章の内容は、かなり「西田らしい」ものです。ですから、ほかの倫理学や思想の文脈（コンテキスト）で読んでいては理解しにくい表現もあると思いますが、その理解しにくさは、前章のように用語法からくる解釈のしにくさではありません。話は、西田の立場としては一貫して展開していますから、その立場（文脈）で文章を読めば比較的わかりやすい。そのかわり、その「西田の世界」に入らないと、ちょっと理解しにくい章でもあります。

章の最後には、『善の研究』について語られるときよく引用される文章も登場します。たとえば、「主客相（しゅきゃくあい）没し物我（ぶつが）相忘れ天地唯一実在の活動あるのみ」とか、「物が我を動かしたのでもよし、我が物を動かしたのでもよい」などです。いわゆる「善行為の動機」が、どのようにこうした文章に結びついていくのか、西田の言いたいことを推測しながら、ゆっくり読んでいただければ幸いです。

第一段落

上来論じた所を総括していえば、善とは自己の内面的要求を満足する者をいうので、自己の最大なる要求とは意識の根本的統一力即ち人格の要求であるから、これを満足する事即ち人格の実現というのが我々に取りて絶対的善である。

これまで論じてきたところがまとめられています。まず善とは、《自己の内なる奥底から出てくる自然な要求を満たすこと（もの）》でした。そして、そのような自己の要求の中でも最大の要求とは、けっして部分的・表層的なものではなく、根本的にすべてを統一する力（つまり人格）からの要求のことです。ですから、この統一力に基づく要求を満足すること、すなわち人格からの要求を実現することが、私たちにとって絶対的な善ということになります。

而してこの人格の要求とは意識の統一力であると共に実在の根柢における無限なる統一力の発現である、我々の人格を実現するというはこの力に合一するの謂である。善はかくの如き者であるとすれば、これより善行為とは如何なる行為であるかを定めることができると思う。

そして西田によれば、この「人格に基づく要求」が生じてくるということは、種々の意識現象を統一する力が発現してくるということであり、かつまた、種々の実在をその根底から無限に統

一する力が発現してくるということです。また言い換えれば、私たちの人格を実現するということは、この種々のものが統一力に合一していくということだと言います。これで、善とは何かが明らかになったわけです。そこで西田は、善がこのようなものであるとすれば、次に「善行為とはいかなるものか」も定めることができる、と考えるわけです。

ただしここで西田は「意識の統一力であると共に実在の根柢における無限なる統一力の……」と言って、意識と実在を分けて話をしていますが、もともと西田は「意識現象がすなわち実在だ」と考えているわけですから、このような話し方は西田にとっては本意ではないはずです。おそらく説明の便宜(べんぎ)上そのように言っていると思いますから注意が必要です。

また、ここで「実在の……統一力」という原文を、解説訳としてとりあえず「実在を……統一する力」と書きましたが、これは「実在がそれ自らまとまっていく（統一していく）力」としたほうが西田の意図に合っているかもしれません。同じように、「人格を実現する」というのも、言い換えれば「人格が実現する」ということでしょうし、「種々のものが統一力に合一する」というのも、「統一がさらに深まる」とも言えます。西田の文章を理解するとき、助詞「の」をどう解釈するか、また、「統一」「現実」などの言葉を動的にとらえるとき、それが他動詞なのか、自動詞なのか、あるいは両方を含意しているのか、そうしたことを意識しながら読むと、その理解が深まります。

第二段落

右の考よりして先ず善行為とは凡て人格を目的とした行為であるということは明である。人格は凡ての価値の根本であって、宇宙間においてただ人格のみ絶対的価値をもって居るのである。

ここで西田は、これまでの考えから、「善行為とは、すべて人格（統一力）を目的とした行為である」と明言します。そして、「この人格（統一力）は、すべての価値の根本であって、宇宙においてただ人格（統一力）だけが絶対的な価値をもっている」、と言います。やけに断定的なもの言いですが、この後に、その理由を説明していきます。

我々には固より種々の要求がある、肉体的欲求もあれば精神的欲求もある、従って富、力、知識、芸術等種々貴ぶべき者があるに相違ない。しかしいかに強大なる要求でも高尚なる要求でも、人格の要求を離れては何らの価値を有しない、ただ人格的要求の一部または手段としてのみ価値を有するのである。富貴、権力、健康、技能、学識もそれ自身において善なるのではない、もし人格的要求に反した時にはかえって悪となる。そこで絶対的善行とは人格の実現其者を目的とした即ち意識統一其者のために働いた行為でなければならぬ。

もちろん私たちには種々の要求がある、と西田は続けます。いわゆる肉体的な欲求もあれば、いわゆる精神的欲求もあるので、そのため、富貴・権力・知識・芸術など種々の貴ぶべきものがあるのは確かでしょう。しかし、それらがいかに強大で高尚な要求だったとしても、それらが「人格（統一力）の要求」を離れてしまっては、なんの価値もない。なぜかというと、私たちの種々の要求に価値があるとしたら、それはただ、「人格の要求」の一部または手段として価値があるからだ、というわけです。ここで言う「人格」とは、全体の秩序立った統合のことですから、権力も知識もその一部分にすぎないわけで、その部分だけの卓越性を求めても、全体としてダメだったら意味がない、というわけです。前章の身体の比喩で言えば、身体全体が病んで死んでしまったら、指だけ健康でも意味がありません。

富貴・権力・健康・技能・学識などは、もちろん悪いものではないかもしれない。でもそれ自体において善なのではない。なぜなら、もしそれらの要求が、「人格の要求」に反したときには、かえって悪となってしまうからだ、というわけです。たとえば知識や思考能力だけが度を越えて発達し、その人そのもの（人格）を破壊してしまっては、その知識の価値は認められない、というのです。ですから、絶対的な善行とは、《人格の実現そのものを目的とした行為》、すなわち、《意識統一そのもののためにはたらいた行為》でなければならない、というわけです。

> カントに従えば、物は外よりその価値を定めらるるのでその価値は相対的であるが、た

> だ我々の意志は自ら価値を定むるもので、即ち人格は絶対的価値を有して居る。氏の教は誰も知る如く汝および他人の人格を敬し、目的其者 end in itself として取扱えよ、決して手段として用うる勿れということであった。

ここでカントに「応援演説」をしてもらいます。カントによれば、物質の価値は、その外から相対して決定されるので、相対的です。しかし、私たちの意志だけは自分で価値を決定するものなので、意志するものである「人格」は絶対的な価値を有している、ということになります。当時の旧制高校の学生であれば誰もが知っていたのでしょうか、カントの教えによれば、「あなたおよび他人の人格を敬い、目的そのものend in itselfとして取り扱え。けっして手段として用いてはならない」というわけです（『道徳の形而上学の基礎づけ』第二章）。ここは、カントも「人格そのものを目的とする行為こそが、善だ」と言ってますよね、という自説を援護する挿入文となっています。

第三段落

しからば真に人格其者を目的とする善行為とは如何なる行為でなければならぬか。この問に答うるには人格活動の客観的内容を論じ、行為の目的を明にせねばならぬのであるが、先ず善行為における主観的性質即ちその動機を論ずることとしよう。善行為とは凡て自己の内面的必然より起る行為でなければならぬ。

ここで西田は自問します。善行為が、真に人格そのものを目的とする行為であるとしたら、それはどのような行為でなければならないのか、と。そして、この問いに答えるには、人格そのものがどのように活動するのか、その活動のいわゆる客観的な内容を論じて、その行為の目的を明らかにする必要がある、と続けます。しかし、西田はすぐにこの問いに答えようとはしません。それは次の章に後回しにして、この章では、まず善行為についてのいわゆる主観的な性質を論じ始めます。この「主観的な性質」というのは、言い換えれば「善行為をしようとする動機」ということです。私たちが何か行為をするときは、いろいろな動機があるわけですが、どのような動機（主観的な性質）が善行為を起こすのか、という問いです。ここで西田はいきなり結論を先どりして、「善行為とは、すべて自己の内面的必然から生じてくる行為でなければならない」と言っています。そしてその説明を続けていきます。

曩（さき）にもいった様に、我々の全人格の要求は我々が未（いま）だ思慮分別せざる直接経験の状態においてのみ自覚することができる。人格とはかかる場合において心の奥底より現われ来（きた）って、徐（おもむろ）に全心を包容する一種の内面的要求の声である。人格其者を目的とする善行とは斯（かく）の如き要求に従った行為でなければならぬ。これに背（そむ）けば自己の人格を否定した者である。

これは、第二編「実在」でくわしく述べられていることなのですが、あらためて、「私たちの全人格の要求は、私たちがまだ思慮や分別をしない直接経験の状態においてのみ自覚することができる」と言います。つまり、人格とは、このような直接経験の状態において心の奥底より現われて来て、おもむろにすべての心を包むような一種の内的な要求の声だ、と言うのです。ですから、人格そのものを（手段ではなく）目的とする善行とは、このような直接経験の事実としての「内的な要求」に従った行為でなければなりません。この内的な要求に背けば、自己の人格を否定することになってしまいます。

> 至誠（しせい）とは善行に欠くべからざる要件である。キリストも天真爛漫嬰児（てんしんらんまんえいじ）の如き者のみ天国に入るを得るといわれた。至誠の善なるのは、これより生ずる結果のために善なるのでない、それ自身において善なるのである。人を欺（あざむ）くのが悪であるというは、これより起る結果に由るよりも、むしろ自己を欺き自己の人格を否定するの故である。

つまり、そのように自らの奥深い内的な要求に誠実に従うこと（至誠）とは、善行に欠かすことのできない必要条件だと言えます。キリストも、「心を入れ替えて子どものようにならなければ、決して天の国に入ることはできない。自分を低くして、この子どものようになる人が、天の国でいちばん偉いのだ」（『マタイによる福音書』18-3、新共同訳）と言いました。

そうした子どもの天真爛漫さは、ここで言う善行の必要条件である「至誠」につながります。子どもの天真爛漫さは、その行為の結果にかかわらず、それ自体で善だとされます。そして、もちろん子どもであれ大人であれ、「至誠」ということも、そこから生じる結果がよいものだからというのではなく、至誠それ自体が善だというのです。

いっぽう、誠実さの逆、人を欺く行為が悪であるというのは、その行為からひどい結果が生じるから悪なのではない。むしろ、そんな欺瞞（ぎまん）的な行為によって、いわゆる他者を欺き、その他者の人格を否定し、さらには真の自己をも欺き、真の自己の人格をも否定するから、その行為は悪だと言えます。

第四段落

自己の内面的必然とか天真の要求とかいうのは往々（おうおう）誤解を免（まぬか）れない。或（あ）る人は放縦（ほうしょう）無頼（ぶらい）社会の規律を顧（かえり）みず自己の情慾を検束（けんそく）せぬのが天真であると考えておる。しかし人格の内面的必然即（すなわ）ち至誠というのは知情意（ちじょうい）合一の上の要求である。

ここで西田は「自己の内的な必然」や「天真爛漫な（子どもの）要求」ということに補足説明をしています。そのような「自己の内的な必然」とか「天真爛漫」ということで、あらぬ誤解を受けてしまうかもしれない、というのです。その誤解というのは、たとえば、ある人は、「天真」

ということを、《わがままにやりたい放題で社会の規律を顧みずに自分の情欲を抑制しないこと》だと考える。しかし、それは西田にすれば「誤解」です。なぜなら、西田の言う「人格の内的な必然」（至誠）は、知・情・意が一致した上での要求だからです。

知識の判断、人情の要求に反して単に盲目的衝動に従うの謂ではない。自己の知を尽し情を尽した上において始めて真の人格的要求即ち至誠が現われてくるのである。自己の全力を尽しきり、ほとんど自己の意識がなくなり、自己が自己を意識せざる所に、始めて真の人格の活動を見るのである。

ここで言われる「天真」や「至誠」は、けっして、《知的な判断を無視し、人情の要求に逆らって、単に盲目的に衝動に従うこと》**ではありません**。自己の知を尽くし、情を尽くした上で、はじめて現れてくるような、真の人格的な要求（至誠）です。知・情・意において自己のすべての力を尽くしきり、ほとんど「自己の」という意識もなくなって、自己が自己を意識しないようなところに、はじめて真の人格が活動する、そういう意味での「至誠」なのです。

試に芸術の作品について見よ。画家の真の人格即ちオリジナリティは如何なる場合に現われるか。画家が意識の上において種々の企画をなす間は未だ真に画家の人格を見ることはできない。多年苦心の結果、技芸内に熟して意到り筆自ら随う所に至って始めてこれを見ることができるのである。

例として芸術作品について考えます。たとえば絵画の場合です。ある画家が、他を模倣するのではなく、その人自身の独創性を発揮して、その人の真の人格が絵画に現れてくるというのは、どういう場合に可能なのか。その画家が、意識的に種々の思惑でもって自分の個性を出そうとしているうちは、まだまだ無理でしょう。あるいは無意識のうちにも誰かの真似をしていても、やはりまだその画家の創造性（真の人格）が出ているとは言えないでしょう。その人の真の人格が作品に現れるのは、おそらく、長年にわたる工夫や苦労をしたあと、その技芸がその人の内面において熟してきて、その「意」があるレベルにまで到達する、そのような境地だと考えられる。そのような境地になれば、無理に意識して筆を動かすのではなく、その筆がおのずから意を持っているように動くようになる。そうなってこそ、はじめてその画家の真の創造性（真の人格）を見ることができる、ということです。

道徳上における人格の発現もこれと異ならぬのである。人格を発現するのは一時の情慾に従うのではなく、最も厳粛なる内面の要求に従うのである。放縦懦弱とは正反対であって、かえって艱難辛苦の事業である。

そして西田は、道徳上における人格の発現も、このような技芸と異ならないと考えます。なんの鍛練も苦労もなくただ衝動的な所作によって優れた芸術ができないように、人格を発現するには、一時の情欲に従うのではなく、最も厳粛な内的な要求に従っていなければならない、というのです。内的な要求や人格の実現というのは、我儘のやりたい放題でもなく、意志の弱い怠惰ということとはまったくの正反対とされます。その人格が発現するということは、むしろ、困難に出会ってもけっして折れないであり続けるという、つらく苦しい事業と言えます。

第五段落

自己の真摯なる内面的要求に従うということ、即ち自己の真人格を実現するということは、客観に対して主観を立し、外物を自己に従えるという意味ではない。自己の主観的空想を消磨し尽して全然物と一致したる処に、かえって自己の真要求を満足し真の自己を見る事ができるのである。

西田は、自己の内的な要求に真摯に（まじめにひたむきに）従うということ、これがすなわち自己の真の人格を実現することだ、と言います。そして、この「人格の実現」は、いわゆる「自己の内的な要求」でありながらも、けっして、いわゆる《客観（他者）に対して主観（自己）を立てて、主観（自己）を中心に客観（他者）を自己に従わせる》という意味ではありません。むしろ、自分勝手で主観的な空想を消し尽くして、まったく他者（外のモノ）と一致したところに、かえって自己の真の要求が充たされ、真の自己が見られると考えられています。

一面より見れば各自の客観的世界は各自の人格の反影であるということができる。否各自の真の自己は各自の前に現われたる独立自全なる実在の体系其物の外にはないのである。それで如何なる人でも、その人の最も真摯なる要求はいつでもその人の見る客観的世界の理想と常に一致したものでなければならぬ。

そもそも、真の人格は、自己と他者（主観と客観）を区別していては、実現されません。実際、各々の自己にとって目の前に現れる「客観的世界」も、見方を変えれば、「独立自全の実在」という「系」の中にあります。いわゆる「客観的世界」、いわゆる「外物（外のモノ）」も、各自の「人格（独立自全の実在）」が反影したものだとも言えます。つまり、直接経験が唯一の実在であるという立場においては、目の前に見えるコレも、その「独立して自ずから全である実在」によって成り立っているのです。

いや、むしろ逆から言えば、私たち一人ひとりの自己も、やはり、それぞれ自らの前に立ち現れてくる「独立自全の実在」の「系」そのものに他なりません。ですから、どんな人でも、もしその人が最も真摯に（まじめにひたむきに）要求するのであれば、その要求は、その人の見る（いわゆる）客観的世界についての理想（アイディール）と常に一致したものになるのです。

> 例えばいかに私慾的なる人間であっても、その人に多少の同情というものがあれば、その人の最大要求は、必ず自己の満足を得た上は他人に満足を与えたいということであろう。自己の要求というのは単に肉体的慾望とかぎらず理想的要求ということを含めていうならば、どうしてもかくいわねばならぬ。私慾的なればなるほど、他人の私慾を害することに少なからざる心中の苦悶（くもん）を感ずるのである。かえって私慾なき人にして甫（はじ）めて心を安（やす）んじて他人の私慾を破ることができるであろうと思う。

たとえば、いかに私利私欲にまみれた人であっても、その人に多少の同情というものがあって、その人の要求が**最大化**しようとするならば、自分が満足した以上は必ず他人にも満足を与えたいという要求へと進みます。なぜなら、「自己の要求」ということを、単に肉体的欲望に限らずに、その人にとっての理想（アイディール）が要求に結びついて、どうしても人間として観念的なものが出てくるからです（これは前章で考えました）。

もしある人の「自己」が最大であろうとするなら、その人が「自己の欲求（私欲）」を最優先すればするほど、その人の心中には、他の人の「自己の欲求（私欲）」を害することへの何らかの苦しさ（苦悶）が感じられます。なぜなら、いわゆる自分だけでは、目的とする観念を最大化できないからです。

それに、もし自分に「自己の欲求（私欲）」がない人であれば、かえって、こころ安らかに他人の私欲を破ることができるかもしれません。たとえば、「これは私欲のためではない。〇〇のためにするのだ」と言って、自らの行為を正当化しながら他の人に危害を加えることもできるでしょう（例えば、国家・正義・神などのために、と）。また、自己の大切さを理解できない人は、他人が自己を大切にしていることも理解できないでしょう。そして、その他人がこうむる苦しみを想像もできずに、いくらでも危害を加えることができるかもしれません。

それで自己の最大要求を充し自己を実現するということは、自己の客観的理想を実現するということになる、即ち客観と一致するということである。この点より見て善行為は必ず愛であるということができる。愛というのは凡て自他一致の感情である。主客合一の感情である。啻に人が人に対する場合のみでなく、画家が自然に対する場合も愛である。

それで、「自己の最大の要求を充たし、自己を実現する」ということは、いわゆる自分だけで満足するということではなく、《真の自己における客観的な理想（最大の観念）を実現する》という意味になります。つまり、主観と客観の一致した「真の自己」が実現する、ということです。

この主観と客観の一致という点から考えれば、善い行為は必ず「愛」である、ということになります。「愛」というのは、なかなか複雑な意味を含む概念ですが、ここで西田のいう「愛」というのは、《自と他（主と客）が一致する感情》という意味のようです。そして、この主と客が合一する感情としての「愛」は、ただ人が人に対する場合だけではなく、たとえば画家が自然に対する場合にも言えるようです。

プラトーは有名な『シムポジューム』において愛は欠けたる者が元の全き状態に還（かえ）らんとする情であるといって居る。

プラトンは有名な『饗宴』（193A）において、登場人物のアリストパネスに「……その完全なる全体への欲求、その追求こそ、愛という名がさずけられているのです」（堀進一訳）と言わせています。ここで「愛」とは、《自らと相手が一致して全体として一つになること》だとされています。

第六段落

しかし更に一歩を進めて考えて見ると、真の善行というのは客観を主観に従えるのでもなく、また主観が客観に従うのでもない。主客相（しゅきゃくあい）没し物我（ぶつが）相忘れ天地唯一実在の活動あるのみなるに至って、甫めて善行の極致に達するのである。

ここまで西田は、いわゆる「主観／客観」という枠を用いて話をしてきましたが、そこからさらに自分の立場まで進めて考えていきます。つまり、真の善行というのは、客観を主観に従えるのでもなく、また主観が客観に従うのでもない、という立場です。そもそも、西田の直接経験の事実においては、主・客が分かれないのですから、真の善行を「主観／客観」という枠組みで考えること自体が不適切なのです。西田にしたら、善行の極致に達するには、主と客が共に没し、物と我が共に忘れ去られ、世界（天地）において唯一実在の活動だけがあるということに至る必要があります。

> 物が我を動かしたのでもよし、我が物を動かしたのでもよい。雪舟が自然を描いたものでもよし、自然が雪舟を通して自己を描いたものでもよい。元来物と我と区別のあるのではない、客観世界は自己の反影といい得る様に自己は客観世界の反影である。我が見る世界を離れて我はない（実在第九精神の章を参看せよ）。

そのような「唯一実在の活動だけがある」というところに至っての行為であれば、もはや物が我を動かしたのでもよく、我が物を動かしたのでもかまいません。雪舟（室町時代の水墨画家・禅僧）が自然を描いたのでもよく、自然が雪舟を通して自己を描いたのでもかまいません。もともと物と我に区別があるわけではないのです。そうすれば、先ほども言いましたが、「客観世界は自己の反影である」ということは、それを逆から見れば、「自己は客観世界の反影である」とも言えるわけです。いわゆる客観は主観が映し出されたものであり、逆に言えば、その客観が映し出されたものとしていわゆる主観があるわけです。「主観から客観へ」と「客観から主観へ」が互いにひるがえって一つになっています。「私（主観）」は、私が見ている「外の世界（客観）」から離れて存在しているわけではない、ということです（これは、第二編「実在」の第九章「精神」で述べられています）。

天地同根万物一体である。印度（インド）の古賢（こけん）はこれを「それは汝である」Tat twam asi といい、パウロはもはや余生（よい）けるにあらず基督（キリスト）余に在（あ）りて生けるなりといい（加拉太（ガラテア）書第二章二〇）、孔子は心の欲する所に従うて矩（のり）を踰（こ）えずといわれたのである。

このような「真の自己」についての考え方は、古今東西の古典にも見られます。たとえば『碧巌録（へきがんろく）』（第四十則）や『荘子』（斉物論篇五）には、天と地は同じ根を持ち、万物は一体だと言われています。また、古代インドの賢者は、これを「汝はそれである（tat tvam asi; IT, You are）」と言いました（『チャーンドギヤ・ウパニシャッド』）。これは、ここでの文脈にそくして言えば、《汝つまり個（主観）としての生命原理（アートマン）が、それつまり全体（客観）としての宇宙原理（ブラフマン）である》ということでしょう。また、パウロは、「生きているのは、もはやわたしではありません。キリストがわたしの内に生きておられるのです」（『ガラテヤ信徒への手紙』20-20、新共同訳）と言いました。これは、《わたし（パウロ）という主観的で特定の自己だけが生きているのではなく、客観的で普遍的な存在であるキリストが、その自己の中に生きている》ということでしょう。また、孔子は「心の欲する所に従うて矩を踰えず」（『論語』為政篇四）と言いました。これはつまり、《主観的に欲することがそのまま客観的なルールと一致している》ということです。

以上、「どのような動機による行為が、善行為なのか」について考えてみました。この「動機」というのは、ふつうには内的で主観的なものですが、それが善行為となるからには、ただ内的で主観的なだけではなく、いわゆる外的で客観的な事実と結びついていなければなりませんでした。いわゆる主観的に完結してしまって、いわゆる客観（外界）を無視するような行為は、「善い行為」とは言えないのです。なぜなら、「善」とは、より大きくより深い「人格」における調和なのであって、さらなる大きさ深さを持つ客観世界を無視した行為は、「善」とは言えないからです。しかも、さらに西田の立場で厳密に言えば、むしろ、そもそも、そのようないわゆる主観と客観との違いを合一させるような、より深い統一こそが、まさに人格の要求なのであり、その要求を実現することが、最大の善い行為と言えます。

第十二章

善い行為で、いかなる結果を求めるのか（その具体的な中身）

〔善行為の目的（善の内容）〕

第十二章で西田は、前半では個人の重要性を語り、中ごろでその個人を包みこむ社会をどのように考えるかにつなげ、そして後半では、その社会の段階としての家族・国家・全人類へと論を展開していきます。特に第七段落よりうしろでは、「善」という言葉も、「行為」という言葉も登場せずに、第十章で登場した「人格」を鍵として、「個人」と「社会」の関係が語られているので、他の章と比べて、かなり異質な内容の章となっています。

読者によっては、その質の変化に違和感を持つかもしれませんし、その思想に、明治という時代的な限界を感じる人もいるかもしれませんが、そこは素直にそういうものだと思って、違和感があれば、違和感を残しながら、読み進めればよいでしょう。私のように「寛容原則」によって、できるだけ西田の意図を汲み取って読もうと思っている者にとっても、そこはちょっと無理があるんじゃないかと思うところもあります（もちろん、納得するところも多いわけですが）。

読んでいくうえで大事なことは、そういう「納得できないところ」が一部にあったとしても、そこに書かれていることすべてを否定してしまわないことでしょう。そもそも哲学書は、そこに書かれていることに百パーセント納得して読んでいくものではありません。できれば、そこに書かれていることを外から否定するのではなく、むしろその思考がどのように紡（つむ）がれていったのかを、筆者の内から探りながら読んだほうが、よほど有意義で楽しいと思います。

第一段落

人格其者を目的とする善行為を説明するについて、先ず善行為とは如何なる動機より発する行為でなければならぬかを示したが、これより如何なる目的をもった行為であるかを論じて見よう。

前の章で西田は、人格そのものを目的とする「善い行為」を説明していました。そして、その「善い行為」とは、単なる内的な動機から発する行為なのではなく、外的な事実とも一致した人格としての行為でなければならないことも説明していました。本来の西田の立場からしたら、内も外もないのですが、前章では、いわゆる「内」にウェイトをおいて考えてきたわけですから、ここから西田は、いわゆる「外」に視線を向けて、「善い行為」が、外的にどのような目的を持っているのか、を考えていきます。

> 善行為というのも単に意識内面の事にあらず、この事実界に或る客観的結果を生ずるのを目的とする動作であるから、我々は今この目的の具体的内容を明にせねばならぬ。前に論じたのはいわば善の形式で、今論ぜんとするのは善の内容である。

だいぶ前の話（第一章）で覚えていないかもしれませんが、人間の「行為」は、《意識をそなえた目的のある運動》と定義されていました。そして、たとえ何らかの妨害によって結果的には実際に行動がなされなくても、行為しようとした意識によっては、その「行為」の善悪・是非を語ることができる、という話がありました。

ただ、ここで気を付けておく必要があるのは、たとえ意図していた行為が実際にはできなかったとしても、その行為は初めから意識の内面だけで完結しようとしていたわけではない、ということです。意図していたのに結果的には実行されなくても、それは広い意味で「行為」と言えますが、最初からやろうともしていなかったのであれば、それはただの想像にすぎず、意志を伴った「行為」ではありません。つまり、外的に動こうとしたからこそ意志であり、「行為」だ、というわけです。

そして、ただの「行為」ではなく、「善い行為」を考えるにあたっても、それは単に意識の内面で済む話ではありません。いわゆる「意識の内面」を越えて、事実として外界に何らかの客観的結果を生じさせようとした動作でなければ、「善い行為」にはなりません（たとえ結果が伴わなくても、です）。人間の「行為」が、いわゆる客観的な結果を生み出すことを目的とする動作である以上は、いわゆる内面の話で終わるわけにはいかないのです。そこで、この章では、このいわゆる外的な「目的」が、具体的にどのようなものなのかを明らかにすることになります。前の章で考えたのは、いわば「善い行為がどのような動機で成り立つのか」という内的な枠組み（形式）の話でしたが、この章では「その善い行為が目指している外的で具体的な結果は何か」についての話になります。原文の「形式」や「内容」という言葉がわかりにくいのですが、西田はだいたいそういうことを言おうとしています。

第二段落

　意識の統一力であって兼ねて実在の統一力である人格は、先ず我々の個人において実現せられる。我々の意識の根柢(こんてい)には分析のできない個人性というものがある。意識活動は凡て(すべて)皆(みな)個人性の発動である。各人の知識、感情、意志は尽く(ことごと)その人に特有なる性質を具え(そな)て居る。意識現象ばかりでなく、各人の容貌(ようぼう)、言語、挙動(きょどう)の上にもこの個人性が現われて居る。

「善い行為」は何を目指すのか。言い換えれば、「善い意志」とは何の統一を目指すのか。前の章で「善い行為」とは人格を目的とした行為だと言われていました。そして、この「人格」というのは、意識における統一力であり、かつ実在における統一力だ、ということでした。もっとも、西田にしたら「意識現象はそのまま実在である」はずなので、西田自身の立場からは、それらを分けて言う必要もないのですが、あえて「意識」と「実在」を分けて言っても、人格というのは統一力なんだ、という話です。

　ここでは、「善い行為」はどのようにして成り立つかという話が、「人格」がどのように統一して現れてくるのかという話と重なって語られています。この統一は、ただ意識の「内」で統一していいるだけではなく、「外」でも統一しているというわけですが、西田がその「外」としてまず取りあげるのが「個人」になります。

つまり、この「人格」は、まずは私たちの個人において実現される、というわけです。私たちの意識の根底には、分析（分割）できない「個人性」がある。「個人性」というのは、「まさにその個人であるということ」です。簡単に「個性」と言ってもいいでしょう。

誰であっても、その人の意識が活動するということは、それ以上は分割できない、その人の「個人性」が根底にあって、それが発動するということだ、というわけです。そうすると、それぞれの人の知識・感情・意志は、どの人のどの意識現象をとっても、その人に特有の性質（個人性）をそなえていることになります。もちろんその個人性は、いわゆる内的な意識現象ばかりでなく、いわゆる外的なそれぞれの人の姿かたち・言葉・行動の上にも現われています。

> 肖像画の現わそうとするのは実にこの個人性である。この個人性は、人がこの世に生れると共に活動を始め死に至るまで種々の経験と境遇とに従うて種々の発展をなすのである。科学者はこれを脳の素質に帰するであろうが、余はしばしばいった様に実在の無限なる統一力の発現であると考える。それで我々は先ずこの個人性の実現ということを目的とせねばならぬ。即ちこれが最も直接なる善である。

たとえば、人物の肖像画というのは、けっして顔を部分（パーツ）に分割・分析するためではなく、それ以前の根底的な「個人性」をそのまま表現しようとして描かれるわけです。そして、この個人性は、一人の人間であれば、その人がこの世に生まれるとともに始まり、死ぬまで、その人の種々の経験と境遇にしたがって種々に発展し、動いていくものです。

もっとも、たとえば脳科学者であれば、この個人性の活動・発展を、すべて脳の性質に基づいて考えるかもしれません。しかしここで西田は、そのように分析的に考えずに、これまで何度か言ってきたように「意識現象が唯一の実在である」という立場から、「個人性が活動し発展していくというのは、実在が対立と統一を無限に続けていくことだ」と考えます。すべてを、分析的にではなく、統一的に考えていくのです。その方向で考えれば、私たちにとって「善い行為」とは、まずはこの「個人性の実現」を目的とする行為である、ということになります。すなわち、この「個人性の実現」が、私たちにとって最も直接的な善なのです。

> 健康とか知識とかいうものは固（もと）より尚（とうと）ぶべき者である。しかし健康、知識其者（そのもの）が善ではない。我々は単にこれにて満足はできぬ。個人において絶対の満足を与える者は自己の個人性の実現である。即ち他人に模倣（もほう）のできない自家の特色を実行の上に発揮するのである。個人性の発揮ということはその人の天賦（てんぷ）境遇の如何（いかん）に関せず誰にでもできることである。

もちろん健康や知識も、もとより大切にすべきことかもしれません。たしかに、不健康であることや、無知であることが「善いこと」とは言えないでしょう。しかし健康や知識そのものが善なのではありません。私たちは、ただ健康であったり、知識をもっているだけでは、満足できないものです。私たちが個人としての絶対の満足を得るためには、たんに健康や知識というだけではなく、まさに自己の「個人性」が実現することが必要なのです。

すなわち、他人が模倣することのできないような自分自身の特色を、自分の実際の行為において発揮するということです。この個人性の発揮ということは、その人の天から与えられた境遇がいかなるものであろうとも、それに関係なく誰にでもできることです。私たちは、もしいわゆる良い条件（素質と環境）が与えられたのであれば、その条件で自らの個人性を発揮すればよいですし、もしいわゆる悪い条件（素質と環境）が与えられたのだとしても、やはりその条件で自らの個人性を発揮するしかないのです。与えられた条件によって、誰もが「最高」にはなれませんが、それぞれの条件下で最善を尽くすことは誰にでもできるわけです。

いかなる人間でも皆各（おのおの）その顔の異なる様に、他人の模倣のできない一（いち）あって二（に）なき特色をもって居るのである。而（しか）してこの実現は各人に無上の満足を与え、また宇宙進化の上に欠くべからざる一員とならしむるのである。

いかなる人間でも、皆それぞれの顔が違っているように、他人が真似できないような唯一で二つとない特色をもっていて、それを発揮するということでは変わりはありません。そして、それぞれ人は、この個人性が実現することによって、それぞれの無上の満足を得ることができるでしょう。この個人性が実現されれば、それによって、宇宙全体としての進化・発展が促進されて、それぞれの人格が世界にとって欠かすことのできない一員となる。これが西田の「善」に結びついた個人についての考え方です。

> 従来世人はあまり個人的善ということに重きを置いて居らぬ。しかし余は個人の善ということは最も大切なるもので、凡て他の善の基礎となるであろうと思う。真に偉人とはその事業の偉大なるがために偉大なるのではなく、強大なる個人性を発揮したためである。

西田が生きていた時代、それまで世の人は、この「個人的な善」ということをあまり重要視していないようなのですが、西田はここで、この「個人的な善」ということが最も大切だと言います。そして、この個人的な善こそ、すべての他の善の基礎となるものだ、と言います。ですから、真の「偉い人」というのは、その人が成し遂げた事業の大きさでもって「偉い」というのではなく、その人がどれだけ強く大きな個人性を発揮したかどうかに、その「偉さ」があるというわけです。

高い処に登って呼べばその声は遠い処に達するであろうが、そは声が大きいのではない、立つ処が高いからである。余は自己の本分を忘れ徒らに他のために奔走した人よりも、能く自分の本色を発揮した人が偉大であると思う。

たとえて言えば、高いところに登って声を発すれば、その声は遠いところまで届くでしょうが、それは、その声が大きいのではなくて、ただ立っているところが高いということです。つまり、与えられた条件が良かったという話です。たまたま与えられた境遇や素質がすぐれている人が、結果的にすぐれた業績を残すというのは、それはそれで立派なことかもしれません。でも、西田は、その人の立派さは、その業績の大きさというよりは、その人がその人自身の個性を十分に発揮できたかどうかによるべきだ、と言います。

ときに私たちは、自らの個性を否定し、自分の本分を忘れて、むやみに他に迎合し、いたずらに他のために走りまわります。たしかにこの社会で生きていくためには、他のために行動しなければならないこともありますし、それによって結果的にその人が成したことが相対的に大きくなるかもしれません。しかしここで西田は、そのように自分の本来の特色を無視して何かを手にした人よりも、よく自分の本色（個人性）を見極めて、充分にそれを発揮した人のほうが（たとえその事業・業績は外的に小さくても）、偉大だと思う、と言います。

第三段落

しかし余がここに個人的善というのは私利私慾ということとは異なって居る。個人主義と利己主義とは厳しく区別しおかねばならぬ。利己主義とは自己の快楽を目的とした、つまり我儘（わがまま）ということである。個人主義はこれと正反対である。各人が自己の物質慾を恣（ほしいまま）にするという事はかえって個人性を没することになる。豕（ぶた）が幾匹（いくひき）居てもその間に個人性はない。

もちろん、前章でも述べていましたが、ここで個人性を重視した「個人的な善」というのは、私利私欲を優先するということではありません。西田は、「個人主義と、たんなる利己主義とは、はっきりと区別しなければならない」と繰り返し強調します。利己主義とは、自己の快楽を目的とした、つまりたんに我儘ということであって、個人主義は、これとは正反対のものだ、というのです。それぞれの人が自分の物欲にしたがって「欲しいまま」にするということは、かえってその人の個人性を没することになる。欲にまみれた行動というのは、どれも同じようなもので、むしろそこには個性がない。ここでは豚（ブタ）さんが欲望の象徴として扱われていますが、「豚が何匹いても、その間に個人性はない」というわけです。たしかに、本能に基づいた欲望というのは、あまり個人差がないので、その欲望を突き詰めていくと、だいたい没個性的になってしまいます。

また人は個人主義と共同主義と相（あい）反対する様にいうが、余はこの両者は一致するものであると

> 考える。一社会の中に居る個人が各充分に活動してその天分を発揮してこそ、始めて社会が進歩するのである。個人を無視した社会は決して健全なる社会といわれぬ。

次に、「個人的な善」の基礎となる個人主義について誤解を避けるために、個人主義と共同主義の関係を説明します。人によっては、個人主義と共同主義とを対立するもののように言いますが、西田はこの二つは一致するものだ、と考えています。個人性を重視しつつも、共同性を重視することは可能だ、というわけです（なお、個人主義と区別される「利己主義」は、明らかに「共同主義」と矛盾します）。つまり、一つの社会（共同体）の中にいる個人が、それぞれ十分に活動して、その与えられた個性を発揮してこそ、はじめて社会（共同体）が進歩する、というのです。むしろ、個人を無視した社会（共同体）は、けっして健全な社会（共同体）と言えません。

> 個人的善に最も必要なる徳は強盛なる意志である。イブセンのブラントの如き者が個人的道徳の理想である。これに反し意志の薄弱と虚栄心とは最も嫌うべき悪である（共に自重の念を失うより起るのである）。また個人に対し最大なる罪を犯したる者は失望の極自殺する者である。

私たちにとって、この「個人的な善」が成り立つのに最も必要な徳（あるべき性質）は、「強い意志」である、と西田は言います。たとえば、十九世紀のノルウェーの劇作家イプセンの詩劇「ブラン」の主人公である牧師ブランのように、自らを省みず、理想社会の実現に向けて努力する意志強固な人が、この「個人的な善（道徳）」の理想と言えます。西田自身、ふつうの人から見たら十分に意志の強い人ですけど、本人にしたら自らの意志の弱さを恥じていました。意志強固にあこがれていたんですね。ちなみに、このイプセンの「ブラン」は、当時すでに森鷗外に『万年草』として訳されていたので、西田はそれを読んだのかもしれません。

一方、意志の薄弱と虚栄心とは、この「個人的な善」にとって最も嫌うべき「悪」だ、と言います。西田は自分の意志の弱さを嘆き、かつ「虚栄」が大嫌いなんですね。意志が薄く弱々しければ、勇気をもって自己を立て直すことができない。また、うわべを飾って実際より自分をよく見せようと見栄をはれば、外見上はよく見えるかもしれないが、その「虚偽」は自分自身ではわかっています。けっきょく意志薄弱も虚栄心も、どちらも、真の意味で自己を大切にする「自尊の心」を失うことによって起こるものです。また、ここで西田は、失望が極みに達して自殺する人というのは、「個人」に対して最大の罪を犯した人だと言っています。

第四段落

右にいった様に真正の個人主義は決して非難すべき者でない、また社会と衝突すべき者でもない。しかしいわゆる各人の個人性という者は各独立で互に無関係なる実在であろうか。或いはまた我々個人の本には社会的自己なる者があって、我々の個人はその発現であろうか。もし前者ならば個人的善が我々の最上の善でなければならぬ。もし後者ならば我々には一層大なる社会の善があるといわねばならぬ。

このように、真の正しい意味での個人主義は、いわゆる利己主義とは違い、けっして非難すべきものではなく、社会と衝突すべきものでもない。これが西田の考え方です。それでは、そのように個人を考えた上で、あらためて「個人的な善」と「社会的な善」との関係について考えていきます。ここでは、その関係を、大きく二つに分けて考えています。

一つめは、それぞれの人の個人性というのは、それぞれ独立で、互いに無関係な存在だ、という考えです。二つめは、私たちの個人性の本には「社会的自己」というものがあって、その「社会的自己」の発現として、それぞれの個人性は関係しあっているのだ、という考えです。

もし一つめの考えのように、社会と個人が無関係なのだとしたら、やはり「個人的な善」のほうが、私たちにとって最上の善でなければならなくなります。あるいは、二つめのように考えるのであれば、それぞれ個人の基本には共通の「社会的自己」というものがあるので、そうした「個人的な善」よりもいっそう大きな「社会的な善」があると言わなければなりません。

余はアリストテレースがその政治学の始に、人は社会的動物であるといったのは動かすべからざる真理であると思う。今日の生理学上から考えて見ると我々の肉体が已に個人的の者ではない。我々の肉体の本は祖先の細胞にある。我々は我々の子孫と共に同一細胞の分裂に由りて生じた者である。生物の全種属を通じて同一の生物と見ることができる。生物学者は今日生物は死せずといって居る。

ここで西田は、アリストテレスがその『政治学』の最初に「人は社会的動物である」と言ったのは、動かすことのできない真理だと思う、と言います（つまり西田は、どちらかと言うと二つめの考え方に賛成しています）。また、最近の生物学の上から考えてみても、私たちの肉体がすでにたんに個人的なものではない、と言います。生物学によれば、私たちの肉体のもとは、祖先の細胞にあるわけで、私たちは、私たちの子孫とともに、同一の細胞が分裂することによって生じたものだそうです。また、その当時の生物学者も、生物の全種属を通して同じ一つの「生き物」だと見ることができれば、「（繁殖し継続する全体としての）生物は死なない」ということになる、と言っているようです。

意識生活について見てもその通である。人間が共同生活を営む処には必ず各人の意識を統一する社会的意識なる者がある。言語、風俗、習慣、制度、法律、宗教、文学等は凡てこの社会的意識の現象である。我々の個人的意識はこの中に発生しこの中に養成せられた者で、この大な

> る意識を構成する一細胞にすぎない。知識も道徳も趣味も凡て社会的意義をもって居る。最も普遍的なる学問すらも社会的因襲を脱しない（今日各国に学風というものがあるのはこれがためである）。

そしてこのことは、いわゆる生物的（肉体的）な生命だけでなく、私たちのような意識としての生命にも当てはまります。人間が共同生活を営むところには、必ずそれぞれの人の意識を統一している「社会的意識」がある、と言います。たとえば、言語・風俗・習慣・制度・法律・宗教・文学などは、すべてこの「社会的意識」が現れ出た現象と言えるでしょう。たとえば、今まさにこの文章を読んでいる読者は、これを書いている私（大態）と、共通の「社会的意識」を持っています。もちろんまったく同一ではありませんが、まったく違っていたら、このような文章を通して何かを伝達することもできません。言語を共有し、このような『善の研究』などという本を理解しようという意図を共有している点で、すでにそこには私たちを統一している何らかの「社会的意識」がある、ということです。

つまり、私たちの個人的意識は、この社会的意識の中で発生して、その中で養成されたものだと言えます。たとえて言えば、私たち一人ひとりの「個人的意識」は、より大きな「社会的意識」を構成する一細胞にすぎないとも言えます。私たちの知識・道徳・趣味というものは、それがたとえ個人的のように思われても、けっして単独で成り立っているわけではない。すべて、関係性の中で社会的な「意味（意義）」があります（「意味」と関係性については、第十章の第二段落を参照）。

最も普遍的とされる学問でさえも、その学問が成立している社会の因襲（古くからの風習）を脱してはいません。現在、各国に「学風」というものがあるのは、このような社会的因襲があるからだ、というわけです。

いわゆる個人の特性という者はこの社会的意識なる基礎の上に現われ来る多様なる変化にすぎない、いかに奇抜なる天才でもこの社会的意識の範囲を脱することはできぬ。かえって社会的意識の深大なる意義を発揮した人である（キリストの猶太教に対する関係がその一例である）。真に社会的意識と何らの関係なき者は狂人の意識の如きものにすぎぬ。

そして、いわゆる個人の特性（個性）というものも、この社会的意識を基礎として、その上に現われてきた多様な変化の一つにすぎないとも言えます。いかに奇抜のように思われる天才でも、この社会的意識の範囲を脱することはできません。天才というのは、その属している社会から逸脱しているというよりも、かえってその社会的意識を、誰よりも深く大きな意味において発揮することができた人なのでしょう。

たとえばイエス・キリストは（天才というのも変ですが）、彼の生きていた時代・地域の社会的意識としてのユダヤ教に対して、その深く大きな意味を発揮したと言えるでしょう。もし、個人性の基礎である真の社会的意識からかけ離れて、まったく無関係な意識を持つ人がいたとしたら、それはもう狂人と言うしかないでしょう（ただ、どんな狂人であれ、人間である以上は、社会的意識との関わりのなかでしか存在できないのですが）。

第五段落

　右の如き事実は誰も拒むことはできぬが、さてこの共同的意識なる者が個人的意識と同一の意味において存在する者で、一(ひとつ)の人格と見ることができるか否(いな)かに至っては種々の異論がある。

　このように、「社会（共同）的意識があるから、それに基づいて個人的な意識が成り立っている」という事実は、誰も否定することはできない、と西田は考えます。ただ、そもそも、この社会（共同）的意識というものが、個人的意識と同じような意味で存在するものかどうかは、意見が分かれるところなのです。また、その社会（共同）的意識は、いわゆる一つの「人格」とみなすことができるかどうかも、種々の異論があるので、そこを次に説明しています。

　ヘッフディングなどは統一的意識の実在を否定し、森は木の集合であってこれを分(わか)てば森なる者がない、社会も個人の集合で個人の外に社会という独立なる存在はないといって居る（Höffding, Ethik, S. 157）。

十八〜十九世紀のデンマークの哲学者ヘフディングなどは、「そうした社会的意識（言い換えれば、統一的な意識）などというものは実在しない」と考え、「森とは、木の集合なのであって、森を分けてみれば森というものは存在しない。同じく、社会も個人の集合なのであって、個人のほかに社会が独立して存在するのではない」と言う、とその考えを紹介しています。

> しかし分析した上で統一が実在せぬから統一がないとはいわれぬ。個人の意識でもこれを分析すれば別に統一的自己という者は見出（みいだ）されない。しかし統一の上に一つの特色があって、種々の現象はこの統一に由って成立する者と見做（みな）さねばならぬから、一つの生きた実在と看做（みな）すのである。

しかし西田にしたら、分割しておいて、「そこには統一が存在しない」と言うのは、当たり前だ、というのです。つまり、「分析した後に、統一が実在しない」からといって、「分析する前にも、統一がない」と言うのは、おかしな主張だと、いうわけです。それに、ある程度まとまりがあると思われる個人の意識でも、これを分析（分割）すれば、そこに統一的な自己というものを見いだすことはできません（なぜなら、もう分割してしまったんですから！　第二章の第四段落を参照）。

そのように考えるのではなく、まだ分割（分析）されていない「統一」にも、それ独自の特色が何かあったのではないか。そして、そんな「統一」を仮に分割して、分割された後の各々の現象を分析的に見たとしても、それら種々の現象も実はこの「統一」によって成立していると考えることもできるのではないか、というのです。そのように考えることができるからこそ、私たちは、それらを「一つの（統一性のある）生きた実在」つまり「まとまりのある個人の意識」だとみなすことができるのです。

社会的意識も同一の理由に由って一つの生きた実在と見ることができる。社会的意識にも個人的意識と同じ様に中心もある連絡もある立派に一の体系である。ただ個人的意識には肉体という一つの基礎がある。これは社会的意識と異なる点であるが、脳という者も決して単純なる物体でない、細胞の集合である。社会が個人という細胞に由って成って居ると違う所はない。

そのように「個人の意識」をまとまりのある「一つの生きた実在」と見ることができるように、社会的な意識も、やはり「一つの生きた実在」と見ることができるというわけです。社会的な意識にも個人の意識と同じように、中心もあり、連絡もある、立派な一つの「体系」なのです。ただし、個人の意識には肉体という一つの基礎があるのに対して、社会的な意識には、そういうものがありませんから、そこは異なっています。しかし、「肉体という基礎」と言っても、たとえば脳というものはけっして単純な物体ではなく、かなり込み入った細胞の集合と言えます。私たちの肉体も、細胞の集合によって成り立っているのだとしたら、社会も、個人という細胞の集合によって成り立っていると言っても、そう違わないのではないか、というわけです。

第六段落

斯くかく社会的意識なる者があって我々の個人的意識はその一部であるから、我々の要求の大部分は凡て社会的である。もし我々の欲望の中よりその他愛的要素を去ったならば、ほとんど何物も残らない位である。我々の生命慾も主なる原因は他愛にあるを以もって見ても明である。

このように、社会的な意識というものがあり、私たち個人の意識は、その一部なのですから、私たちの要求というものも、その大部分はすべて「社会的」ということになります。実際、もし私たちの欲望の中からその他愛的（≒社会的）な要素を取り去ってしまえば、ほとんど何も残らないくらいです。私たちが生きていこうとする欲求も、主な原因は他愛（≒社会性）にあるということを見ても、これは明らかだ、と言います。

西田のこの文章は、「他愛的」を「社会的」と重ねて読めばかろうじて意味がとれますが、その理解にはもう少し補足説明が必要でしょう。というのも、私たちの要求（欲望）は、本能的な欲求を基礎にしつつも、かなりの部分が社会によって作られているという意味では、確かに「社会的」なのですが、それがそのまま、文字通り「他愛的」なものだとは言えないからです。どうやら西田は、この文脈での「他愛」をもう少し広い意味で使っているようです。そもそも西田にとっての「愛」とは、前章でも言われたように、《自・他の合一の感情》だったわけですから、その意味では、狭義の「他愛」はその意味を失ってしまいます。おそらく西田は、自他の区別がなくなったところから、あえて他を愛するとした場合の愛を、ここで「他愛」と言っているのでしょう。つまり、「自他の合一の感得」としての愛を、その「他」との関係性に重きを置いて「他愛」と言っているわけです。そうだとしたら、ここでの「他愛的」という言葉は、《いわゆる他者との共同（社会）性を感得すること》という意味で、「社会的」と解釈できないこともありません。

我々は自己の満足よりもかえって自己の愛する者または自己の属する社会の満足によりて満足されるのである。元来我々の自己の中心は個体の中に限られたる者ではない。母の自己は子の中にあり、忠臣の自己は君主の中にある。自分の人格が偉〔大と〕なるに従うて、自己の要求が社会的となってくるのである。

前の文章の「他愛的（≒社会的）」の連関で話が続きます。つまり、私たちは、いわゆる自分だけが満足するよりも、むしろ自分が愛する者（他者）が満足したり、あるいは自分が属する社会が満足することによって、より満足する、というわけです。それというのも、もともと私たちの自己の中心は、この小さい個体の中に限られるものではないからです。たとえば、母親は、自らの生命（自己）を子の中に見るかもしれませんし、忠臣は、自らの生命（自己）を君主の中に見るかもしれません。自分の人格が大きくなればなるほど、その要求もより社会的になってくる、という考え方です。

第七段落

これより少しく社会的善の階級を述べよう。社会的意識に種々の階級がある。そのうち最小であって、直接なる者は家族である、家族とは我々の人格が社会に発展する最初の階級といわねばならぬ。男女相合して一家族を成すの目的は、単に子孫を遺すというよりも、一層深遠なる精神的（道徳的）目的をもって居る。

ここから西田は、少し社会的な善の段階（レベル）について話を展開していきます。社会的な意識には、種々の段階がある、というのです（この分類は、明治という時代性がうかがえます）。そのうち最小でありかつ直接な「社会」が、家族と言われます。家族とは、私たちの人格がより大きな社会へと発展する最初の段階です。ここで西田が言う「家族」というのは、江戸時代から明治に続く日本の「家制度」というよりも、その基本的構造として、男女が互いに出会って形成されるものという意味でしょう。そのような「家族」は、おそらくは縄文時代から、集落（社会）を形成する最小単位として存続してきたものでしょう。そして、生活を維持するための最小単位として男女が一つの家族を形成するといっても、その目的は、たんに子孫を残すというだけではなく、社会的な善という、いっそう深遠な精神的（道徳的）な目的を持っている、と西田は言います。つまり、「家族」とは、たんに子どもを産み育てるだけのものではない、ということです。

> プラトーの『シムポジューム』の中に、元は男女が一体であったのが、神に由って分割されたので、今に及んで男女が相慕うのであるという話がある。これはよほど面白い考である。人類という典型より見たならば、個人的男女は完全なる人でない、男女を合した者が完全なる一人である。

前の章でも紹介したプラトンの『饗宴』（193A）では、その登場人物アリストパネスによって、「もともと男女の別なく一体であったもの（アンドロギュノス）が、ゼウス神によって分割されたため、今になっても、男女はお互いに慕い合うのだ」という神話が語られています。西田は、この話を、おそらく（事実かどうかは別にしても）男も女も単体では完成されないという意味で「面白い考え」だと言っています。人類を代表する模範（典型）ということから考えてみれば、男性性を有するものだけでも、女性性を有するものだけでも、そのどちらかだけの個別のものは、完全な「一人」とは言えない、というわけです。男性性と女性性を合わせたものが、完全な「一人」

と言えるはずであり、そこに「家族」の「深淵なる精神的な目的」がある、ということなのでしょう（ただし、西田はここで触れていませんが、アリストパネスは、「男と男、女と女が一体だった者は、男同士、女同士で互いに慕い合う」とも言っていますから、そうしますと、男男、女女というパターンも完全な「人」と言えることになります）。

オットー・ヴァイニンゲルが人間は肉体においても精神においても男性的要素と女性的要素との結合より成った者である、両性の相愛するのはこの二つの要素が合して完全なる人間となるためであるといって居る。男子の性格が人類の完全なる典型でない様に、女子の性格も完全なる典型ではあるまい。男女の両性が相補うて完全なる人格の発展ができるのである。

これについて、十九～二十世紀のオーストリア出身の哲学者オットー・ヴァイニンガーは、その著書『性と性格』において、「人間は、肉体においても精神においても、男性的性質と女性的性質との結合より成ったものである。両性が相互に愛するのは、この二つの要素が合して完全なる人間となるためである」と言っています。男子の性格が人類の完全な典型ではないように、女子の性格も完全な典型ではない。男女の両性が互いに補うことで、完全な人格の発展ができる。西田は、このようにまとめていますが、実際のヴァイニンガーは、女性差別主義者で、女性が男性の不完全さを補うなどということを言いたいわけではありません。西田は、ヴァイニンガーを自分の都合に合った形で引用しています。

第八段落

しかし我々の社会的意識の発達は家族という様な小団体の中にかぎられたものではない。我々の精神的並びに物質的生活は凡てそれぞれの社会的団体において発達することができるのである。家族に次いで我々の意識活動の全体を統一し、一人格の発現とも看做すべき者は国家である。国家の目的については色々の説がある。

しかし、私たちの社会的意識の発達は、もちろん「家族」というような小集団の中に限られるものではありません。私たちの精神としての生活（生命）、そして物質としての生活（生命）は、すべて、家族という集団をさらに越えて、それぞれ属する社会的団体において発達することができる、と言います。そこで、西田が「家族」の次に、私たちの意識活動の全体を統一し、一つの人格が発現したものとみなすべきものとして、（いきなりですが）「国家」が挙げられています。この「国家」の目的については、いろいろな説がありますが、ここでは大きく二つに分けて説明しています。

或る人は国家の本体を主権の威力に置き、その目的は単に外は敵をふせぎ内は国民相互の間の生命財産を保護するにあると考えて居る（ショーペンハウエル、テーン、ホッブスなどはこれに属する）。

一つめは、国家の本来的な意義は、「主権の威力」にあるという考えです。国家の目的は、国外に対しては敵を防ぎ、国内では国民が互いに生命・財産を奪い合わずに保護し合う関係を維持することである、という考えです。つまり人間は、そのまま自然にしていたら、自らの生存権を守っていくためにエゴイスティックに何でもやるような野獣的な存在なので、そんな人間をコントロールして皆が幸せに生きていくためには、国家という仕組みが必要なのだ、という説です（ショーペンハウアー、テーン、ホッブズなどです）。

また或る人は国家の本体を個人の上に置き、その目的は単に個人の人格発展の調和にあると考えて居る（ルソーなどの説である）。

二つめは、国家の本来的な意義は、あくまで個人の上にあり、その目的は、個人の人格を発展・調和させることにある、という考えです。つまり、人間は、本来的に人道的（ヒューマニスティック）な存在なのだから、そうした人格を基礎としてそこから発展して互いに調和させていくために、国家という仕組みがあるのだ、という説です（ルソーなど）。

しかし国家の真正なる目的は第一の論者のいう様な物質的でまた消極的なものでなく、また第二の論者のいう様に個人の人格が国家の基礎でもない。我々の個人はかえって一（いち）社会の細胞として発達し来（きた）ったものである。国家の本体は我々の精神の根柢である共同的意識の発現である。我々は国家において人格の大なる発展を遂（と）げることができるのである。

しかし、国家の真に正しい目的は、一つめの考えのような、物質的で消極的なだけのものでもありませんし、また二つめの考えのような、国家の基礎としての個人の人格を発展させるだけのものでもありません。と言うのは、私たちの個人は、たしかに各々が特殊な個人なのですが、先ほども言ったように、一つの社会を構成する細胞として発達してきたものでもあるからです。国家の本来的な意義とは、むしろ、私たちの精神の根底である社会（共同）的意識が発現したものだ、と言えます。私たち個人個人は、国家においてこそ、人格の大いなる発展を遂げることができる、と言われます。

国家は統一した一の人格であって、国家の制度法律はかくの如き共同意識の意志の発現である（この説は古代ではプラトー、アリストテレース、近代ではヘーゲルの説である）。我々が国家のために尽（つく）すのは偉大なる人格の発展完成のためである。また国家が人を罰するのは復讐（ふくしゅう）のためでもなく、また社会安寧（あんねい）のためでもない、人格に犯すべからざる威厳があるためである。

そして「国家」は、統一した一つの人格なのであって、国家の制度や法律は、このような「社会（共同）的意識」（社会的人格）における意志が発現したものだ、というのです（この説は、古代ではプラトンやアリストテレス、近代ではヘーゲルの説になります）。

そうすると、私たちが国家のために尽くすのは、自らにおいて偉大な人格を発展・完成させるためだと言えます。そして、国家が人を罰するのは復讐のためでもなく、また社会の平穏（安寧）のためでもありません。統一された一つの人格である国家が、自らの犯してはいけない威厳を守るために、自らの一部である人を罰するのだ、というわけです。

もちろん、この西田の話はかなり理想的な話で、そんな理想的な国家はなかなか実現するものではありません。個人が、自ら偉大な人格を発展・完成してくれるような国家のために尽くしているつもりでも、実はただ搾取（さくしゅ）されているだけということもあり得ます。また、人格的に発展するためというよりも、たんなる見せしめのために人に罰を与えるという国家もあり得るでしょう。私たちが属する集団（たとえば、家族、会社、団体、国家）が、危うい誤まった方向に進むということも十分にあり得るのですから、そこは注意をする必要があります。このあたりの西田の書きぶりには、日本という国が、近代国家として成立して四十年ほどしか経っていない時期に書かれたという時代性が表れています。『善の研究』を書いていたころの西田は、弟を旅順で亡くした日露戦争への批判的視線を持ちつつも、まだ極度に軍国主義化した「国家」を実体験としては知らないのです。

第九段落

国家は今日(こんにち)の処では統一した共同的意識の最も偉大なる発現であるが、我々の人格的発現はここに止(とど)まることはできない、なお一層大(だい)なる者を要求する。それは即ち人類を打(だ)して一団とした人類的社会の団結である。此(かく)の如き理想は已にパウロの基督(キリスト)教においてまたストイック学派において現われて居る。しかしこの理想は容易に実現はできぬ。今日はなお武装的平和の時代である。

さて、国家というのは、今のところ、統一した社会(共同)的意識としては、最も大きく発現されたものですが、私たちの人格的発現は、国家として発現するところに止まることはできません。国家よりもなおいっそう大きなものへと発現することを要求するのです。そのいっそう大きな発現とは、すなわち、人類を一つのまとまりとした、人類的社会の団結だと西田は言います。

このような理想は、すでにパウロのキリスト教(ローマ・カトリック)において、またストア学派においても(あくまで、「理想」として、ですが)現われています。しかし、この理想は、簡単に実現できるものではありません。現在は、たとえ世界に平和が訪れたとしても、それはまだ武装的平和の時代にすぎない、と言います。この西田の言葉は、明治だけではなく、現代においても当てはまる言葉でしょう。

第十段落

遠き歴史の初から人類発達の跡をたどって見ると、国家というものは人類最終の目的ではない。人類の発展には一貫の意味目的があって、国家は各その一部の使命を充すために興亡盛衰する者であるらしい（万国史はヘーゲルのいわゆる世界的精神の発展である）。しかし真正の世界主義というは各国家がなくなるという意味ではない。各国家が益々強固となって各自の特徴を発揮し、世界の歴史に貢献するの意味である。

遠い歴史の初めから人類が発達してきた跡をたどってみると、国家というものは、人類の最終目的ではないように思えます。人類の発展には、一貫した意味や目的があって、国家というものは、それぞれその一貫した意味のうちの一部分の使命を果たすために、勃興しては滅亡し、繁栄しては衰退していくもののようです（「万国史」というのは、ヘーゲルが言うような世界的精神の発展の歴史のようです）。

しかし、真に正しい世界主義というものがあるとすれば、それはそれぞれの国家がなくなるという意味ではないでしょう。それぞれの国家がますます強固となって、各自の個性（特徴）を発揮し、それぞれの個性（特徴）によって、世界全体としての歴史に貢献するという意味においてこそ、本当の意味での「世界主義」と言えるでしょう。

この最後の段落で語られる国家観は、西田の晩年まで一貫したものと言えます。各国の歴史（各国史）ではなく、まさに「世界の歴史（世界史）」と言えるものに、それぞれの国家が貢献できるとすれば、それは、そのすべてが一色に染まってしまうようなグローバリズムではなく、各々が各々の個性や特色を保ち活かしつつも、それでも全体として調和のとれた世界文化を形成するべきだ、という考えです。

第十三章

どんな境遇や能力の人であっても、完全な善行はできる

〔完全なる善行〕

とうとう最終章にやってきました。前の二章をまとめるかたちで章が始まり、結論として簡潔な表現でまとめられています。ただ、そのあとの展開は、この第三編の「最終章」として全体を総括するというよりも、言い足りなかったこと、もう少し言っておきたいことを補足する内容になっています。

たとえば第三段落では、行為の善・悪を語る上でよく語られるテーマとして、「悪意が善い結果をもたらし、善意が悪い結果をもたらす」ということが語られていますが、このテーマはもう少し早い段階で登場してきてもよさそうな具体的な内容で、最終章にふさわしいかどうかは疑問です。また、第四段では、個人の特色と結びついた「完全なる善行」は誰にもできるはずのものだ、という話をしていますが、第十二章の前半で言い残したことを付け足しているように読めます。最後の第五段落は、『善の研究』において実は重要なテーマである「宗教」との関わりにふれていますが、「最後にひとこと」という感じで、示唆的に言いそえられているだけで終わっています。

このように、この章は、ここまで苦労してきて読み進めてきた最後のフィナーレを飾るというほどの盛り上がりがなく、いわゆる「まとめ」というわけでもありません。しかし、それでも章を単独で読んで興味深い点がいくつも書かれています。

第一段落

> 善とは一言にていえば人格の実現である。これを内より見れば、真摯（しんし）なる要求の満足、即ち意識統一であって、その極（きわみ）は自他相（あい）忘れ、主客相没するという所に到らねばならぬ。外（そと）に現われたる事実として見れば、小は個人性の発展より、進んで人類一般の統一的発達に到ってその頂点に達するのである。

善とは、一言でいえば「人格の実現」である、といきなり結論的な表現が出てきます。この人格の実現を、自己の「内」から、いわゆる主観的な動機として見れば、真摯な（まじめでひたむきな）要求を満足させること、すなわち意識が統一することであり、究極的には、自・他がともに忘れられ、主・客がともに没するというところに行きつくことになります（これは、第十一章で言われたことです）。

また、自己の「外」に結果として現れるような、いわゆる客観的な事実として見れば、小さいところは個人としての成長・発展ということであり、さらに進めば、国家も超えて人類全体の統一的な発達にいたって、頂点に達することになります（これは第十二章で言われたことでした）。

> この両様の見解よりしてなお一つ重要なる問題を説明せねばならぬ必要が起って来る。内（うち）に大なる満足を与うる者が必ずまた事実においても大なる善と称すべき者であろうか。即ち善に対

する二様の解釈はいつでも一致するであろうかの問題である。

このように、いわゆる自己の「内」からと「外」からの両方の見解を、前の二つの章で見てきましたが、ここで、なお重要な問題を一つ説明しなければならない、と西田は言います。それは、「内」で大いに満足を与えるものが、必ずしも「外」の事実として大いなる善と呼べるようなものとなるのか、という問題です。すなわち、これら二つの章で見てきたような善に対する解釈はいつでも一致するのかどうか、という問題です。西田は、この「問題」の内容について、次の段落で、自分の見解を述べています。

第二段落

余は先ずかつて述べた実在の論より推論して、この両見解は決して相矛盾衝突することがないと断言する。元来現象に内外の区別はない、主観的意識というも客観的実在界というも、同一の現象を異なった方面より見たので、具体的にはただ一つの事実があるだけである。しばしばいった様に世界は自己の意識統一に由りて成立するといってもよし、また自己は実在の或る特殊なる小体系といってもよい。

この「問題」は、実は、西田が主に第二編で展開し、この第三編でも少しだけ述べている「実在論」から推論すれば、特に「問題」ではないのです。つまり、西田は、この内的な善と外的な善は、けっして矛盾や衝突することはない、と断言します。その直接経験の立場からすれば、もともと現象には内と外の区別はないからです。

前の二つの章では、「主観的で内的な意識」とか、「客観的で外的な実在」などと分けて説明していましたが、それらもようするに同一の現象を異なった方面より見て、そう呼んでいるだけです。具体的にそこにあるのは、ただ一つの事実（実在）だけなのです。これまで何度も言われているように、いわゆる「外的な世界」というものも、自己の（内的な）意識統一によって成立すると言えます。また、いわゆる「内的な自己」というものも、実は、（外的な）実在が小さく特殊化（限定）した体系とも言える、というわけです。「内」と「外」は、お互いの影として、一つの「系」において統一されているのです。

仏教の根本的思想である様に、自己と宇宙とは同一の根柢をもって居る、否直に同一物である。この故に我々は自己の心内において、知識では無限の真理として、感情では無限の美として、意志では無限の善として、皆実在無限の意義を感ずることができるのである。我々が実在を知るというのは、自己の外の物を知るのではない、自己自身を知るのである。実在の真善美は直に自己の真善美でなければならぬ。

西田の基本的な立場というのは以下の通りです。つまり、仏教の根本的思想にもあるように、自己と宇宙とは同一の根底を持っている。いや、自己と宇宙は、「同一の根底を持っている」というよりも、まさにそのまま同一なのだ。そのように、いわゆる「内」と「外」が同一であるからこそ、私たちは自己の心の内において、知識としては無限の真理を得ることができ、感情としては無限の美を得ることができ、そして意志としては無限の善を得ることができる、というのです。

どうして私たちが、いわゆる外的な実在の無限の意味（真・美・善）を感得することができるのかというと、私たちにいわゆる内的な意識現象（知・情・意）があるからだ、というのです。つまり、私たちが実在を知るというのは、ただたんに「自己の外のものを知る」ということではなく、自己自身を知るということになります。ですから、（外的だと思われる）実在の真・善・美は、ただちにそのまま自己の真・善・美でなければならないことになります。

> しからば何故（なにゆえ）にこの世の中に偽醜悪（ぎしゅうあく）があるかの疑（うたがい）が起るであろう。深く考えて見れば世の中に絶対的真善美という者もなければ、絶対的偽醜悪という者もない。偽醜悪はいつも抽象的に物の一面を見て全豹（ぜんぴょう）を知らず、一方に偏（へん）して全体の統一に反する所に現われるのである（実在第五章においていった様に、一面より見れば偽醜悪は実在成立に必要である、いわゆる対立的原理より生ずるのである）。

それでは、どうしてこの世の中には、偽・醜・悪があるか。そのような疑問が起きてきます。しかし、直接経験の立場から深く考えてみれば、世の中には絶対的な真・善・美というものもなければ、絶対的な偽・醜・悪というものもありません。偽・醜・悪と言われるものは、いつも抽象的に物事の一面だけを見て、全貌を知らずに、一方に偏って全体の統一に反するところに現われるのです。

また（第二編「実在」の第五章で言われたことですが）、偽・醜・悪は、まったく不要・無意味なものというわけでもなく、一方より見れば実在が成立するのに必要なものとも言えます。実在とは、対立と統一の無限のはたらきなのですから、その「対立の原理」と「統一の原理」がなければ、実在は成立しないのです。この偽・醜・悪は、そのうちいわゆる「対立の原理」によって生じるものなのです。

ちなみに、このような考え方は、価値判断を不可能とするような「相対主義」ではありません。西田にとって、「善」とは、「統一の原理」へと向かうものですから。

> アウグスチヌスに従えば元来世の中に悪という者はない、神より造られたる自然は凡て善である、ただ本質の欠乏が悪である。また神は美しき詩の如くに対立を以て世界を飾った、影が画の美を増すが如く、もし達観する時は世界は罪を持ちながらに美である。

アウグスティヌスに従えば、もともと世の中に「悪」というものはなく、神より造られた自然はすべて「善」であり、いわゆる「悪」とは、ただその「善」という本質が欠如していることでした。あるいはまた、神は、美しい詩のように、対立（対位法？）によって世界を飾った、とも言えます。絵画において、影がその美を増すように、そのような立場に達した観方ができれば、世界は「罪」を含みながら「美しい」とも言えます。

第三段落

試（こころみ）に善の事実と善の要求との衝突する場合を考えて見ると二つあるのである。一（ひとつ）は或る行為が事実としては善であるがその動機は善でないというのと、一（ひとつ）は動機は善であるが事実としては善でないというのである。

そういうわけで、直接経験の立場からすれば、実は「外の善と内の善が一致しない」などという問題は、べつに成り立たないのですが、まあ、そうは言っても、そのような問題があるという人も多くいそうなので、ここで西田は、ためしに「善の（客観的な）事実と、善の（主観的な）要求とが衝突するような場合」を想定して話を続けています。

そして、そのように想定した場合、二つの状況が考えられています。一つめは、結果的に（事実として）善と言えそうな行為でありながら、その行為を起こした人の動機が善ではない、という状況です。二つめは、行為をしようとした動機は善と言えそうなのに、結果的に（事実として）善ではない、という状況です。

> 先ず第一の場合について考えて見ると、内面的動機が私利私欲であって、ただ外面的事実において善目的に合うて居るとしても、決してそれが人格実現を目的とする善行といわれまい。我々は時にかかる行為をも賞讃することがあるであろう。しかし、そは決して道徳の点より見たのでなく、単に利益という点より見たのである。道徳の点より見れば、かかる行為はたとい愚であっても己が至誠を尽した者に劣って居る。

まず一つめの場合について考えています。これは、たとえば内的な動機が自分勝手な私利私欲だったのに、たまたま外的な事実としては善い結果（目的）と合致した、という場合です。一言でいえば、悪意に基づく行為が善い結果を生む、という場合です。

この状況は、一見矛盾しているようですが、そんな場合でも、これまで述べてきたような「人格」との関わりで考えれば、**問題**はありません。なぜなら、たとえいわゆる善い結果を生みだした行為だとしても、それが「人格を実現する」という目的に合った行為でなければ、道徳的には善とは言えないからです。

私たちは、ときには「結果よければすべてよし（動機や手段は気にしない）」として、善い結果を生む悪意の行為を賞賛することがあります。しかし、その賞賛は、けっして道徳の視点から見た評価ではありません。それは単に利益という視点から見ているにすぎません。

もちろん、第八章で見た快楽説（功利主義）の立場からすれば、結果的にいわゆる利益が増すような行為こそが「善」なのかもしれません。しかし、「人格の実現こそが善である」という立場からすれば、たとえ愚かで結果的に利益が増さないにしても、自らの至誠を尽くし人格の完成に結びつく行為こそが優れているのです。結果的に利益を増すだけの行為は、そのような道徳的な視点からは劣っていると言えます。

> 或（ある）いは一個人が己自身を潔（いさぎよ）うする一人の善行よりも、たとい純粋なる善動機より出でずとするも、多数の人を利する行為の方が勝（まさ）って居るというのでもあろう。しかし人を益（えき）するというにも色々の意味があって、単に物質上の利益を与うるというならば、その利益が善い目的に用いらるれば善となるが、悪い目的に用いらるればかえって悪を助ける様にもなる。

あるいは別の人は、「悪意に基づく行為が善い結果を生む」ことを正当化して、こう言うかもしれません。――個人の動機として純粋で潔い善行を一人でしているよりも、たとえ不純な動機ながらも結果的に多数の人に利益をもたらす行為のほうが優れている――と。

これも第八章で見た功利主義的な「最大多数の最大幸福」の考え方です。しかし、「利益」と言っても、いろいろな意味があります。たとえそれがたんに「人に物質上の利益をもたらす」という意味だとしても、それがどうして「善い」と言えるのか。ここでの「善」の共通理解は、《何らかの目的に合致していること》でしたから、たしかに物質上の目的に合致しているという点では「善」と言えますが、すべての人が「物質上の利益」を目的としているわけではありません。

それに、その「物質上の利益」が善い目的に用いられれば「善」となるかもしれませんが、悪い目的に用いられれば逆に「悪」を助けることにもなります。そうしますと、けっきょくどの利益が善なのか悪なのかがわからないことになります。ややこしいことを言えば、「悪を助ける」という目的に合致しているという意味では、その目的に対しては「善」なのかもしれませんが、それは最大の善ではありません。

またいわゆる世道人心（せどうじんしん）を益するという真に道徳的裨益（ひえき）の意味でいうならば、その行為が内面的に真の善行でなかったならば、そは単に善行を助くる手段であって、善行其者（そのもの）ではない、たとい小であっても真の善行其者とは比較はできないのである。

あるいはまた、ある行為が人に利益をもたらすとしても、この「人に利益をもたらす」という言葉を、《世の道徳を増進させたり、人の心を助ける（世道人心を益する）ような、真に道徳的に役に立つ》という意味にとることもできるかもしれません。しかし、ある行為が真に善であると言うためには、その行為の結果から見て善なのではなく、行為それ自体として善でなければならないでしょう。

もしその行為が、たんに結果によって正当化されるような「善行為」で、それ自体としての「善行為」ではないならば、それはたんに《他の善行を助ける手段》なのであって、「善行そのもの」ではない、ということになります。逆に言えば、それ自体として真の善行でないならば、その行為の結果がどんなに立派で大きくても、それはあくまで善のための手段にすぎない、ということです。そんな手段としてすぐれた行為は、たとえ小さくても真の善行そのものと比較することはできないわけです。

次に第二の場合について考えて見よう。動機が善くとも、必ずしも事実上善とはいわれないことがある。個人の至誠と人類一般の最上の善とは衝突することがあるとはよく人のいう所である。

次に西田は、二つめの状況について考えます。つまり、たとえ動機が善くても、必ずしも事実としては善い結果にならないことがある、という状況についてです。これは、よく言われることで、個人がいかに至誠を尽くしても、人類全体としての最上の善と衝突することがある、という主張です。一言でいえば「善意の行為が、悪い結果に結びつく」ということです（西田は知らなかったかもしれませんが、諺にも「地獄への道は善意で舗装されている The road to hell is paved with good intention」などと言われます）。

しかしかくいう人は至誠という語を正当に解して居らぬと思う。もし至誠という語を真に精神全体の最深なる要求という意味に用いたならば、これらの人のいう所はほとんど事実でないと考える。

しかし、西田に言わせれば、このような主張をする人は、そもそも「至誠」や「善意」という言葉を正当に理解していないのです。もし「至誠」という言葉を、《真に精神全体（人格）の最も深い要求を充たすこと》という意味で使うならば、これらの人が言う「善意が悪い結果を生む」というのは、ほとんど事実とは言えません。なぜなら、ここで言う「精神全体（人格）」とは、一個人に限定されたものではなく、人類一般と結びつく無限なものだからです（ここは前章の最後のほうとつながってきます）。

したがって、そのような「至誠」、つまり《個人に限定されない最も深い要求を充たすために尽くすこと》が、人類全体の善と衝突するはずがありません。もしそこに衝突があるのだとしたら、その状況は、まだ至誠を尽くし切れていないということなのです。（さきほどの諺の「善意 good intention」も、はたして本当に善であったかどうか、あやしいものです。この諺が、《エゴイスティックで独りよがりな「善意」は、悪意よりもしまつが悪い》という意味なのだとしたら、たしかにそうだと思います。）

> 我々の真摯なる要求は我々の作為したものではない、自然の事実である。真および美において人心の根本に一般的要素を含む様に、善においても一般的要素を含んでおる。ファウストが人世について大煩悶の後、夜深く野の散歩より淋しき己が書斎にかえった時の様に、夜静に心平なるの時、自らこの感情が働いてくるのである（Goethe, Faust, Erster Teil, Studierzimmer）。

また、私たちの真摯な（まじめでひたむきな）最深の要求は、私たちが作為したものではなく、自然の（おのずから立ち現われてくる）事実です。言い換えれば、最奥から立ち現れてくる、直接経験の事実です。人の心の根本には、「真」および「美」について共通の性質（一般的要素）が含まれていて、そんな「真」や「美」と同じように、やはり「善」についても、共通の性質（一般的要素）が人の心に含まれているのです。

そのことについて、西田は次の例を挙げています。ゲーテの『ファウスト』第一部「書斎」において、主人公ファウスト博士が、人の世についてとても悶え苦しんだ後に、深夜に野の散歩から淋しい自分の書斎に帰ってきてランプを灯しました。まさにそのとき、ファウストの心の中に静かで明るく神聖な響きが自然と現われてきた、といいます。この例を挙げた西田の意図がはっきりしませんが、おそらくここで言いたいのは、そのような自然に感情が起こってくるのと同じように、誰でも人間であれば、「善」への作為のない真摯な要求がはたらいてくるのではないか、ということかと思います。

> 我々と全く意識の根柢を異にせるものがあったならばとにかく、凡ての人に共通なる理性を具した人間であるならば、必ず同一に考え同一に求めねばならぬと思う。勿論人類最大の要求が場合に由っては単に可能性に止まって、現実となって働かぬこともあるであろう、しかしかかる場合でも要求がないのではない、蔽われて居るのである、自己が真の自己を知らないのである。

たとえば、もしメフィストフェレスのような悪魔のように、私たち人間とは意識の根底がまったく異質なものであれば、同じようには考えられないでしょう。しかし、すべての人に共通の理性（一般的要素）をそなえた人間であるならば、そこには必ず何らかの同一性があり、同じように考え、同じような要求があるはずだ、というのです。

もちろん「最大の善行とは、人類最大の要求を充たすことだ」と言えば、とても話が大きすぎて、場合によってはたんなる可能性に止まって現実には働かないこともあるでしょう。しかし、このような人類規模の理想的な要求を充たすという場合でも、そうした方向への要求がまったくないのではありません。実はその最大の理想に向かって「善い行為」をしているのに、その事実が覆われていて気がつかないだけなのかもしれません。そのため、真の自己（人格）が実現するという人類最大の要求が隠れてしまい、まだ自己が真の自己を知らないでいるだけなのかもしれません。しかし、たとえ隠れて気がつかないとしても、そこには、人類規模の理想的な要求を充たそうとするはたらきが作用していると言えるわけです。

第四段落

右に述べた様な理由に由って、我々の最深なる要求と最大の目的とは自ら一致するものであると考える。我々が内に自己を鍛錬して自己の真体に達すると共に、外自ら人類一味の愛を生じて最上の善目的に合う様になる、これを完全なる真の善行というのである。

このような理由から、私たちの（いわゆる内的な）最深の要求と、（いわゆる外的な）最大の目的とは、おのずから一致するものと考えられます。私たちは、内には自己を鍛錬して自己の真の姿に到達し、それとともに、外にはおのずから人類を一つのものとした「愛」が生じて、最上の善なる目的に合うようになる。西田は、これを「完全な真の善行」と言います。

かくの如き完全なる善行は一方より見れば極めて難事の様であるが、また一方より見れば誰にもできなければならぬことである。道徳の事は自己の外にある者を求むるのではない、ただ自己にある者を見出すのである。

このような「完全な善行」を行うことは、一方より見れば極めて難しいことのようですが、また一方より見れば、誰にでもできなければならないことです。もちろん、自分の手の届かないものを求めるのは難しいことですし、人によってはその素質・境遇により、それに手が届かないかもしれません。しかし、道徳に関することは、自己の外にあるものを求めるのではなく、ただ自己の内にあるものを見いだすことです。すでに与えられている自己の内にあるものを見いだして発揮すればいいわけですし、また、この「自己の内にあるもの」というのは誰の中にもある共通の要素なのですから、当然、誰もができることなのです。

世人は往々善の本質とその外殻とを混ずるから、何か世界的人類的事業でもしなければ最大の善でない様に思って居る。しかし事業の種類はその人の能力と境遇とに由って定まるもので、誰にも同一の事業はできない。しかし我々はいかに事業が異なって居ても、同一の精神を以て働くことはできる。いかに小さい事業にしても、常に人類一味の愛情より働いて居る人は、偉大なる人類的人格を実現しつつある人といわねばならぬ。

ただ世の人は、そんな「善の本質」と「外側の殻」とを混同してしまって、何か世界的・人類的な大事業でもしなければ、最大の善でないように思っています。しかし前の章でも言われていたように、事業の種類・規模は、その人の能力と境遇とによって決まるものなので、誰もが同じ種類・規模の事業を実現できるものではありません。

歴史に名を残すような偉人と比べれば、私たち一人ひとりの行為は、分野も異なり、サイズもちっぽけかもしれません。しかし、そのように行為の種類や規模がどれだけ違っていたとしても、同一の精神をもってはたらくことはできます。いかに小さい行為、小さい事業であっても、常に人類を一つのものとした「愛」によってはたらいている人は、偉大な人類的「人格」を実現しつつある人と言わなければならないのです。

> ラファエルの高尚優美なる性格は聖母においてもその最も適当なる実現の材料を得たかも知れぬが、ラファエルの性格は啻に聖母においてのみではなく、彼の描きし凡ての画において現われて居るのである。

たとえば、ラファエロが描く高尚で優美な性格は、聖母という素材を通して最もはっきりと現われているかもしれませんが、その彼の性格はただ「聖母像」においてのみ現われているのではなく、彼の描いたすべての絵画に現われています。

つまり、ラファエロによって描かれたものであれば、それがたとえ聖母であっても、牧女(ぼくじょ)であっても、最高傑作(けっさく)であっても、習作(しゅうさく)であっても、そこには共通する「ラファエロであること（ラファエロ性）」が現われています。最高傑作は最高傑作としての個性を発揮し、習作は習作なりの意義を表しています。

> たといラファエルとミケランジェロと同一の画題を択(えら)んだにしても、ラファエルはラファエルの性格を現わしミケランジェロはミケランジェロの性格を現わすのである。美術や道徳の本体は精神にあって外界の事物にないのである。

また、たとえば、もしラファエロとミケランジェロが同一のテーマを選んだとしても、ラファエロはラファエロの性格を現わし、ミケランジェロはミケランジェロの性格を現わすでしょう。二人とも多くの芸術作品を残していますが、それら個別の作品には、やはり、明らかにラファエロのもの、明らかにミケランジェロのものとわかるように、いわゆる内的な個性が「外」に現われています。

芸術作品である以上、もちろん外的な表現は重要です。でも、芸術の**本質**は、いわゆる外ではなく、その現われ出てくる元(もと)（内）にあるのです。それと同様に、道徳の本質も、たんに外的な規模の大きさではなく、やはりいわゆる内的な精神にあるのです。

第五段落

終(おわり)に臨(のぞ)んで一言(いちげん)して置く。善を学問的に説明すれば色々の説明はできるが、実地上真の善とはただ一つあるのみである、即ち真の自己を知るというに尽きて居る。我々の真の自己は宇宙の本体である、真の自己を知れば啻に人類一般の善と合するばかりでなく、宇宙の本体と融合し神意と冥合(めいごう)するのである。宗教も道徳も実にここに尽きて居る。而(しか)して真の自己を知り神と合する法は、ただ主客合一の力を自得(じとく)するにあるのみである。

最後の段落となりました。西田は、ここでひとこと付け加えてこの第三編「善」を終えます。つまり、「善」を、学問的に説明すれば、いろいろの説明はできるが、実地の上での真の善とは、ただ一つしかない。すなわち、真の善とは、真の自己を知るということに尽きている、ということです。

私たちの真の自己は、宇宙の本体であり、私たちがそれを知れば、ただ人類一般の善と合致するばかりでなく、宇宙の本体とも融合し、神意とも冥合する、というのです。宗教も道徳も、実にここに尽きている。そして、真の自己を知り、神と合致する方法というのは、ただ「主・客が合一する力」（統一する力）を自得することにあるだけだと言います。

而してこの力を得るのは我々のこの偽我(ぎが)を殺し尽して一たびこの世の慾より死して後蘇(よみがえ)るの

> である（マホメットがいった様に天国は剣の影にある）。此の如くにして真に主客合一の境に到ることができる。これが宗教道徳美術の極意である。基督教ではこれを再生といい仏教ではこれを見性という。

そして、この「主・客が合一する力」を得るということは、ひとたび、私たちのこの「ニセの自己」、この世における独りよがり（エゴイスティック）な欲にまみれた自分を殺し尽くし、その死の後に蘇ることなのです（マホメットは「天国は剣の影にある」と言っています）。このようにして初めて、真に主・客が合一する境地に至ることができるのです。これが宗教・道徳・美術の極意です。キリスト教ではこれを「再生」と言い、仏教ではこれを「見性」と言います。

> 昔ローマ法皇ベネディクト十一世がジョットーに画家として腕を示すべき作を見せよといってやったら、ジョットーはただ一円形を描いて与えたという話がある。我々は道徳上においてこのジョットーの一円形を得ねばならぬ。

昔、ローマ法皇ベネディクト十一世が、使者を画家のジョットーにおくって、「画家として腕を示すべき作を見せよ」と言わせたとき、ジョットーはただ円形を一つだけ描いて与えたという話があります。このジョットーの一円形には、彼の画家としてのさまざまな技量が統一的に表わされていたのでしょう。ラファエロの性格が聖母に現われているように、その一円形にはジョットーの性格が出ているのです。これは芸術の話ですが、私たちは、いわゆる道徳・宗教においても、このジョットーの一円形のような「統一」を得なければなりません。

以上で、『善の研究』の第三編「善」が、すべて終わりました。

いかがでしたでしょうか。『善の研究』の原文を読んで意味のわからなかったものが、この「現代口語訳のような解説文」を読むことで、なんとなくでも意味が通ったでしょうか。少なくとも、西田が決してわざと難しいことを言って読者を煙に巻こうとしているわけではなく、彼なりに自分の考えを読者にわかってもらおうと苦心している様子はうかがえたでしょうか。

西田は、厳しい教師でもありましたが、学生に対して対等に向き合う教師でもありました。晩年、「日本を代表する哲学者」と呼ばれるようになっても、若い学生たちと夜遅くまで対話をするような人でしたから、きっとこの『善の研究』を書いていた若き高校教師時代も、なんとか学生たちにわかってもらおうと努力をしていたのだと思います。この『善の研究』は、そうした初学者にもわかってもらいたいというエネルギーに満ちた本なのです。そんな西田幾多郎といっしょに、読者もある程度はエネルギーを使いながら、苦労して山道を登るようにゆっくり考えて思索を深めていただけたとしたら、この本も役割を果たせたということになります。

最初に言いましたように、哲学はその結論だけを聞いてもあまり意味がありませんから、ここで西田自身の結論を書くことはしません。哲学という営みは、その結論に達するまでの過程が重要なのです。ロープウェイやヘリコプターでいきなり山の頂上に降り立っても、登山したことにはなりません。あるいは、推理小説の「謎解き」だけを読んでもあまり意味がない（楽しくない）ように、哲学書も、その結論だけを読んでもしかたないのです。哲学書を読む楽しみとは、ジグソーパズルのパーツを試行錯誤しながらはめていって、最終的に一枚の「絵」が完成するようなものかもしれません。いきなり、完成図を見せられても、だからなに？　ということになります。哲学する楽しみとは、思考のプロセスそのものにあり、そのように行きつ戻りつしながら、だんだんと全体像が頭のなかにできていくことなのです。

そのため、本文を読む前にこの「おわりに」を読む人もいるでしょうから、ここでネタバレはしません。ただ、本当に読み終わった人のために、読み返すときの目印となるような章だけはお伝えしておきます。もちろん各人にとって重要な章は違うと思いますが、この本の案内人からのおすすめポイントとしては、最終章までの中途としては、特に第三章、第九章、第十章が挙げられるでしょう。読み返し方として、たとえば、第三章と第九章を読んで、その後にその間の第四～八章を読んでみると、各倫理学説と西田の自説の関係がさらに明らかになるでしょう。また、そのあとに、第十章、第十三章を読み、その間の第十一、十二章を読めば、西田の考える「善なる行為」がより把握できると思います。そして、最後に第一章、第二章に戻ることで、この第三編「善」がどのような意図で始められたのか、西田がどうやって学生たち（読者たち）に彼の考えを伝えようとしたのかが、明らかになると思います。

最後に、一つだけ。西田は、西田なりに先人たちの思想を学び、自分で考え、目の前にいる学生たちや読者たちとの「対話」を通して、この『善の研究』を書きました。私も、その学生のつもりで『善の研究』を読み、納得したり疑問に思ったりしながら、私なりの解釈をさらに講座で参加者に伝え、参加者との「対話」を通して、この「解説のまじった現代口語訳」を書きました。

これらを読んだ皆さんも、西田の言うことに納得したり、あるいは疑問を持つこともあったでしょう。また、私の解釈が間違っていると思われるところもあるでしょう。私としては、できるだけ「誤読」は避けたつもりですが、やはりそれでも誤った解釈をしているはずです。もし読者がそうした箇所に出くわしたら、それを機会として、西田の（ついでに私の）述べていることを批判しつつ、そこでの「対話」を通して、ご自身の思考を深めていただければ幸いです（そして、できればその部分を教えていただければ幸いです）。

二〇二〇年三月　大熊玄

『善の研究』ならびに西田幾多郎に関する本

『善の研究』、西田幾多郎、下村寅太郎 解題、岩波書店〈岩波文庫〉、一九五〇。

『善の研究』、西田幾多郎、小坂国継 全注釈、講談社〈学術文庫〉、二〇〇六。

『善の研究』、西田幾多郎、藤田正勝 注解・解説、岩波書店〈岩波文庫〉、二〇一二。

『西田幾多郎随筆集』、西田幾多郎、上田閑照編、岩波書店〈岩波文庫〉、一九九六。


『西田哲学への導き　経験と自覚』、上田閑照、岩波書店〈同時代ライブラリー〉、一九九八。

『西田幾多郎とは誰か』、上田閑照、岩波書店〈現代文庫〉、二〇〇二。

『西田幾多郎の思想』、小坂国継、講談社〈学術文庫〉、二〇〇二。

『西田幾多郎―生きることと哲学』、藤田正勝、岩波書店〈岩波新書〉、二〇〇七。

『西田幾多郎『善の研究』』、氣多雅子、晃洋書房〈哲学書 概説シリーズ〉、二〇一一。

原文および解説文における引用文献（登場順）

『ソクラテスの弁明・クリトン』、プラトン、久保勉訳、岩波書店〈岩波文庫〉、一九六四。

『パンセ〈I〉』、パスカル、前田陽一・由木康訳、中央公論新社〈中央クラシックス〉、二〇〇一。

『聖書　新共同訳』、共同訳聖書実行委員会、日本聖書協会、一九八七。

『論語』、孔子、金谷治訳、岩波書店〈岩波文庫〉、一九九九。

『リヴァイアサン』、ホッブズ、水田洋訳、岩波書店〈岩波文庫〉、一九九二。

『荀子〈下〉』、荀子、金谷治訳、岩波書店〈岩波文庫〉、一九六二。

『プロタゴラス』、プラトン、藤沢令夫訳、岩波書店〈岩波文庫〉、一九八八。

『国家』、プラトン、藤沢令夫訳、岩波書店〈岩波文庫〉、一九七九。

『ギリシア哲学者列伝（上）』、ディオゲネス・ラエルティオス、加来彰俊訳、岩波書店〈岩波文庫〉、一九八四。

『ギリシア哲学者列伝（下）』、ディオゲネス・ラエルティオス、加来彰俊訳、岩波書店〈岩波文庫〉、一九九四。

『道徳および立法の原理序論』（『ベンサム、J・S・ミル』）、ベンサム、山下重一訳、中央公論社〈世界の名著〉、一九六七。

『功利主義論』（『ベンサム、J・S・ミル』）、J・S・ミル、伊原吉之助訳、中央公論社〈世界の名著〉、一九六七。

『方法序説』、デカルト、山田弘明訳、筑摩書房〈ちくま学芸文庫〉、二〇一〇。

『自由意志論』、アウグスティヌス、今泉三良・井沢弥男訳、創造社、一九六九。

『ニコマコス倫理学』、アリストテレス、朴一功訳、京都大学学術出版会〈西洋古典叢書〉、二〇〇二。

『心とは何か』、アリストテレス、桑子敏雄訳、講談社〈学術文庫〉、一九九九。

『エティカ』、スピノザ、工藤喜作・斎藤博訳、中央公論新社〈中央クラシックス〉、二〇〇七。

『ムンダカ・ウパニシャッド』（『インド思想入門：ヴェーダとウパニシャッド』）、前田専學、春秋社、二〇一六。

『神学大全』、トマス・アクィナス、山田晶訳、中央公論新社〈世界の名著〉、一九八〇。

『中庸』（『大学・中庸』）、子思、金谷治訳、岩波書店〈岩波文庫〉、一九九八。

『ゲーテ詩集〈二〉』、ゲーテ、竹山道雄訳、岩波書店〈岩波文庫〉、一九五三。

『無門関』、西村恵信訳注、岩波書店〈岩波文庫〉、一九九四。

『実践理性批判』、カント、波多野精一・宮本和吉・篠田英雄訳、岩波書店〈岩波文庫〉、一九七九。

『道徳形而上学の基礎づけ』、カント、中山元訳、光文社〈古典新訳文庫〉、二〇一二。

『饗宴』、プラトーン、堀進一訳、新潮社〈新潮文庫〉、一九六八。

『碧巌録〈中〉』、入矢義高・溝口雄三・末木文美士・伊藤文生訳注、岩波書店〈岩波文庫〉、一九九四。

『荘子 第一冊［内篇］』、荘子、金谷治訳注、岩波書店〈岩波文庫〉、一九七一。

『チャーンドギヤ・ウパニシャッド』（『ウパニシャッド』）、辻直四郎、講談社〈学術文庫〉、一九九〇。

『政治学』、アリストテレス、牛田徳子訳、京都大学学術出版会〈西洋古典叢書〉、二〇〇一。

『性と性格』、オットー・ヴァイニンガー、竹内章 訳、地方・小出版流通センター、一九八〇。

『ファウスト（上）』、ゲーテ、柴田翔訳、講談社〈文芸文庫〉二〇〇三。

大熊玄　おおくま・げん

一九七二年、千葉生まれ、新潟育ち。立命館大学史学科（東洋史学専攻）卒業、金沢大学大学院文学研究科修士課程（比較思想研究室・インド哲学）修了、同大学院社会環境科学研究科（博士後期）満期退学。専門は東洋思想・日本哲学（西田幾多郎、鈴木大拙）。一九九九年から約一年半のインド・プネー大学への留学より帰国後、石川県西田幾多郎記念哲学館の開館準備に携わる。金沢大学非常勤講師、石川県西田幾多郎記念哲学館専門員・学芸課長を経て、現在、同館副館長、立教大学文学部・大学院21世紀社会デザイン研究科准教授。著書『鈴木大拙の言葉　世界人としての日本人』（朝文社）、『鈴木大拙／大拙の言葉』（金沢市国際文化課）、『はじめての大拙─鈴木大拙　自然のままに生きていく一〇八の言葉』（ディスカバー・トゥエンティワン）。共著『鈴木大拙と日本文化』（朝文社）。編著書『西田幾多郎の世界』（石川県西田幾多郎記念哲学館）。

善とは何か　西田幾多郎『善の研究』講義

2020年4月 5 日　第1版第1刷発行
2022年5月19日　第1版第2刷発行

著者 ――――――――大熊玄

発行者――――――――株式会社 新泉社
東京都文京区湯島 1-2-5　聖堂前ビル
電話　03(5296)9620
FAX　03(5296)9621

印刷・製本――――――創栄図書印刷 株式会社

ISBN978-4-7877-2005-4 C0010